THE
12-Week
MBA

Bjorn Billhardt
Nathan Kracklauer

12週間MBA

現代のビジネスをリードするために
必須なコアスキルを身につける

ビョルン・ビルハルト ／ ネイサン・クラックラウアー

小金輝彦 訳

エミリー・J・クラックラウアーと
ジョスト・ビルハルトへ

アロイシウス・F・クラックラウアーと
ユッタ・ビルハルトを思って

THE 12-WEEK MBA: Learn the Skills You Need to Lead in Business Today
by Bjorn Billhardt and Nathan Kracklauer

Copyright ⓒ2024 by Enspire Learning Inc., d/b/a Abilitie

This edition published by arrangement with Hachette Go, an imprint of Perseus Books,
LLC, a subsidiary of Hachette Book Group, Inc., New York, New York, USA, through
Tuttle-Mori Agency, Inc., Tokyo. All rights reserved.

はじめに

　ハーバード・ビジネス・スクールのアントレプレナーシップの授業の初日、ビル・サールマン教授が学生たちに最初に見せたのは業界価値評価の図表だった。そのグラフは業界の隆盛を物語っていた。1970年代にはプラスチック業界が、1980年代には投資銀行が、そして1990年代にはドットコム企業が、それぞれピークに達して衰退した。

　サールマン教授は、次に衰退が始まる前の数年間にこれらの業界に入ったハーバード・ビジネス・スクールの学生数を提示した。MBAホルダーたちの流入は、毎度、その衰退を予言しているかのようだ。ある業界にハーバードの卒業生が集まれば集まるほど、その業界は深く落ち込んでいる。

　それは、謙虚さとはほど遠い野心に燃えるハーバードMBAたちの鼻をへし折る、皮肉を込めたパフォーマンスだった。それでも、そのデータは本物であり、重要な問題を提起している。従来のMBAは宣伝されているように「ビジネスを運営する」のに役立つスキルと知識を与えてくれるのか？　また、MBAを取得しなくても成功を収めたビジネスリーダーは、いくらでもいるのではないだろうか？

　MBAの価値についてのジョークはいくらでもある。たとえば、「電球を回して取りつけるのに何人のMBAが必要か？」【※1】というものだ。それでも毎年、何十万人という賢くて野心的な人たちがMBAのプログラムを受講している【※2】。彼らが期待しているのは、出世、高収入、あるいは自分で事業を始める自信につながるような、新しいノウハウ、知識、スキルだけではない。有益な人的交流と専門的なネットワークも構築したいのだ。そして、自分のリーダーとしての素質を雇用主に知らしめたいと思っている。2年の月日と数万ドルの出費をクジャクの羽のように誇示して、自分が出世の階段を上るにふさわしい存在だとアピールするのだ。

　ネットワークづくりと価値のアピールは、ロースクールやメディカルス

クールに通うと決める際にも重要な意味をもつ。医師や弁護士が実際に仕事ができるようになる前に、数年間の学習を要することに疑問を呈する者はいない。しかし、MBAに関しては疑問が依然として残る。投資銀行業務や会計といった専門的な分野を別にすると、学校で学ぶことができ、あらゆる企業組織や機能分野に活用できるような経営ノウハウははたして存在するのだろうか？

　私たち著者の答えははっきりしている。条件付きの「イエス！」だ。時間と費用を賄える人にとっては、従来の2年間のMBAプログラムは、知識と人脈と学歴を取得するのに最適と言えるかもしれない。だが勘違いしないでほしい。あなたは学歴のために金を払うことになるのだ。そして、多くの時間とお金を費やすことが実際には重要——多くをつぎ込めばつぎ込むほど、ネットワークは特別なものとなり、アピールする価値が高まる——なので、一流の学校だけを目指したほうがいいのかもしれない。一方で、もし時間とお金は別のところに使いたいが、自分や他人の会社を経営するノウハウを学びたいときは、どんな選択肢があるだろうか？

　本書は、少ない費用と時間で「事業を経営する」ために不可欠なスキルと知識を習得することを前提としている。従来のMBAプログラムで教えていることが間違いだと言っているのではない。だが、技術革新や市場環境の変化により次々と産業が衰退する時代にMBAがそれに対応するのは難しい。1900年代初頭にMBAがスタートしたときは、多くのビジネスが同じような方法で収益を得ていたので、教わったスキルの多くが20年後も通用するとあてにすることができた。今日では、MBAプログラムで習得するスキルは、最初の仕事に就いたとたん時代遅れになるだろう。

　これには2つの理由がある。1つには、データサイエンスやAIを活用した現代のビジネス・スキルが急速に発達しているからだ。ソーシャルメディア・マーケティングの活用手法に関する最新のベストプラクティスは、MBAのカリキュラムに組み込まれるころにはすでに時代遅れとなっている。2つ目の理由は、ビジネスの世界がいっそう複雑になっているからだ。MBA

プログラムで学ぶ内容の多くは、あなたが参入する業界、企業、機能部門では通用しない。今日のビジネススクールが教える魅力的なサプライチェーンの話題は、パンデミックがグローバル・サプライチェーンを破壊したり、あなたが目指す仕事が企業ソフトウェアの販売だったりすると、判断を誤らせるものとなる。従来のMBAで取り組むマーケティングに関するケーススタディはどうだろうか? それらはフレンドスター【※3】くらい古いマーケティング・チャネルに基づいている。

経営に必要な機能や業界に関する専門知識はより多様で複雑になっていて、MBAで得る知識の多くは仕事をしながらよりタイムリーかつ安価な方法で習得することが可能だ。実際、MBAで学ぶ内容の多くは、仕事をする際に放棄するか学び直さなければならないだろう。

2年制MBAプログラムから機能を重視した業界特有の内容を取り除くと、あとに残るのは、時代を超越した2つの普遍的なテーマだ。そのうちの1つは本書のパートⅠで扱う「数値」だ。アカウンティングやファイナンスといったツールを使って、ビジネスが生み出している価値を測定する。もう1つは、パートⅡで扱う「人」で、ほかの人たちとどう協力し、どう向き合うかを説明する。

このすみわけは、何をベースに行ったのだろうか？　私たちは過去20年にわたり、コカ・コーラ、マリオット、デルといった世界有数の規模と業績を誇る企業や、南極以外の全大陸の何百というスタートアップ企業のために、リーダーシップ・プログラムとビジネス・プログラムをつくっている。私たちの「ミニMBAコース」と「リーダーシップ・プログラム」は、これまで10万人以上のプロフェッショナルを支援してきた。そして、現実世界のビジネスを経営するために必要なスキルに関して言えば、真に普遍的なギャップを目の当たりにしてきた。

　企業は、自社の従業員をマネジメントの地位に引き上げるために、ビジネス感覚とリーダーシップ・スキルを備えた人物を見きわめようと、つねに苦労している。そして、そのギャップを埋めようと大金を投じているのだ（従業員の多くがMBAの資格をもっているというのに！）。

　当然ながら私たちも、この20年のあいだに自分たちの２つのビジネスを育てながら、同じ問題に直面してきた。私たちもリーダーシップを備えた人材を見つけ出して鼓舞するのに苦労し、ビジネス感覚と人材管理に関して考えられる限りの過ちを犯してきたのだ。２社間、そして人事という限られた分野に絞った状態にもかかわらず、一方の企業で得られた知見、つまりマーケティング、事業運営、人材管理に関しての教訓をもう１つの企業にうまく伝えることはできなかった。世界の発展とともに、学習した内容を放棄して学び直さなければならなかったのだ。

　だが、苦労して習得したビジネス感覚やリーダーシップ・スキルのなかには、時を経ても役に立つものがある。本書で紹介するのは、現実世界の企業に関する臨床的な観察と、起業家精神にあふれた実社会で過ごした時間の産物だ。

　1908年にハーバード大学が最初のMBAコースを開設したときは、「慎重を要する実験」と呼ばれた【※4】。本書のよりどころとなる12週間の「ミニMBAプログラム」は、その実験をきめ細かに、なおかつ著しく進化する世界の問題に焦点を当てて前進させるという、私たち自身のコミットメント

を示している。

　10人未満のチームだろうと巨大企業だろうと、世界には組織としてしか取り組めない課題がいくらでもある。マネジメントの地位は、エリートであるMBAホルダーの数よりもはるかに多い。そしてこれらの地位は、大学院のカリキュラムを終えるだけの時間と手段をもつ人たちよりも、もっと多様なバックグラウンドをもつ人たちによって埋められるべきだ。

　すぐれたビジネス感覚と経営慣行は、消費者、市民、同僚、従業員、株主といった個人としても、組織、コミュニティ、国家、そして不安定な状態で相互につながっている世界といった集団としても、成功には欠かせないのだ。

序章

　航空機エンジン、医療機器、風力タービンにはどんな共通点があるだろうか？　十分と言えるほどの共通点はない。ゼネラル・エレクトリック（General Electric：以降GE）の取締役会は2021年11月にそう判断して、アメリカを象徴するこのコングロマリットを3つの会社に分割した【※1】。

　GEほどアメリカ企業を象徴する会社はない。1892年に創業されたGEは、ダウ・ジョーンズ工業株価平均指数の最初の構成企業の1つであり、当時のほかのメンバー企業とは違って、100年以上そこにとどまっていた。2000年には株式市場評価額が6000億ドルを超え、世界で最も価値の高い会社となった。

　GEの絶頂期にCEOを務めたジャック・ウェルチに対し、同世代の意欲的な経営者たちは畏敬の念を抱いた。ウェルチの指揮のもと、GEは卓越した経営の見本とみなされた。そしてGEのリーダーシップ開発カリキュラムは、幹部研修のゴールドスタンダードとして高い評価を受けていた。2008年、私たちはウッドパネル張りの会議室で、トレーニング・ソリューションの1つをGEの企業リーダーシップ開発チームに売り込んでいた。まるでジュリアード音楽院のオーディションを受けるティーンエージャーのように、膝を震わせながら【※2】。

　だが、その時点（2008年）でGEの絶頂期はすでに過ぎていた。2000年のドットコム崩壊のあと、株価が最高水準に戻ることはなく、世界金融危機によってさらに落ち込んだ。Stock Analysisのような市場データによると2000年から2020年のあいだにGEの株式市場評価額は6000億ドルから1000億ドルにまで減少した。CEOのラリー・カルプと取締役会が会社を3つに分割したのは、この価値崩壊の状況を打開するためだった。

　この分社化は、はたして正しい経営判断だったのだろうか？

　意見は分かれるだろう。おそらくGEの取締役会でもそうだったはずだ。本当の答えは知りようがない。3つの後継企業のすべてが、その後見事な

業績を上げたとしよう。だが、分社化していなかったらもっと業績がよかったのではないだろうか？　あるいは最終的にどの会社も失敗するにしても、もし1つにまとまったままだったなら、その終焉がもっと早く訪れていたかもしれない。また「業績が上がる」とは何を意味するのだろうか？分社化が正しい選択だったかどうかを判断するために、後継企業3社の業績を個別に、あるいは全体として測定するのに使えるような評価値はあるのだろうか？　株式市場評価額？　もし市場評価額が評価値となるのなら結果はいつわかるのだろうか？

　こうした疑問に対する簡単な答えはない。だがそうした疑問そのもの、それとGEが直面した決断が「事業経営とは何か？」という本質を表している。GEの下したようなビジネス判断には、以下のような事柄が関わっている。

①価値を創造するための調整

　マネジメントの基本的な役割は、多くの、おそらくは数十万人の人々の行動を調整することで、個人としてよりも多くのことが達成できるようにすることだ。コングロマリットとしてのGEの歴史を見ると、全体が個々の総和よりもつねに大きいのが当然とは言えないことがわかる。そうであるときもあれば、そうでないときもある。GEの取締役会は2021年に、「そうでない」と判断したのだ。

②他者を通した実行

　取締役の決定は、第一歩にすぎない。それを実行するのは何年も掛かる大変な仕事だ。その決定に同意していようがいまいが、何千もの人たちが部門の分割に関与した。分割をうまく実施しないと顧客の喪失や訴訟といったあらゆる種類の問題に直面することになる。その過程で、独創的な新しいソリューションを必要とする新たな問題も発生した。そしてそうした仕事はすべて、通常の業務（ジェットエンジン、医療機器、パワータービ

ンの製造というささいな仕事）を中断せずに続けながらこなさなければならなかった。

③不確実な状況下での決断

　GEの取締役会が決断を下す前に結果を予測することは不可能だった。そして決断を下したあとも、別の選択肢を取っていたら結局はよくない結果に終わっていたと確実に知る方法もない。

④勝者と敗者の指定

　決断を下した人たちが最悪の結果に直面することはなかった。移行にともなう軋轢のなかで、新しい仕事を見つけなければならない人もいたかもしれず、前職よりいい仕事が見つかるとは限らなかった。定年を先延ばしにしなければならない人もいたかもしれない。それでも、もし取締役会が分社化しない道を選んでいたとしたら、同じような苦難に耐えなければならない人がいたはずだ。

　だが、いずれにしても、カルプやほかの取締役たちは、ラーメンやキャットフードで生き延びることはできなかっただろう。

　GEの分社化は、数十万人の人々と数千億ドルの資産に影響をおよぼす、壮大なスケールの決断だった。私たちがこれほど重要な決断をする機会はほとんどない。だが、ハイテク製造業から建物の保守管理までのあらゆる業界、人事管理から研究開発までのあらゆる機能部門、そして社員が10人以下のスタートアップから多国籍企業までのあらゆる組織において、経営者たちは基本的に似たような課題に取り組んでいる。

　本書は、どんなマネジメントの地位にも適用できる、時代を超えた普遍的な知識やスキルに焦点を当てている。

本書の概要

　これから12週間を掛けて本書を読むことで、読者はいくつかの概念を理解し、それを読書会の場や友人・同僚たちとともに探究する時間をもつことができる。だがそれだけではなく、仕事と生活において、ほかの冒険に挑む時間も十分にある。以下の概要は、主として、読者がいったん「休学」したあとで本書に戻ってくる際に参照する要約として活用できる。また、読者のこれまでの経験により、どの章を流し読みしたり飛ばしたりしても大丈夫かを判断する際の指標としても役に立つだろう。

　パートⅠは、企業のスコアボードに関連している。価値とは何か、どのように価値を創造するか、そしてきちんと成功しているか、それらをどうやって測定できるかを学んでいこう。

　第1章は、パートⅠの概要であり、株主価値と呼ばれる持続可能なキャッシュフローの源泉と、その3つの基本的なドライバー（原動力）である収益性、成長性、安全性について分析する。

　第2章から第4章では、それらのドライバーを1つひとつ精査する。

　第2章は、収益性を顧客のために創出された価値と、カスタマー・バリュー（顧客価値）を提供する際に消費された資源の観点から定義する。そして、収益性が損益計算書のなかでどのように報告されているかを見てから、収益性を上げるためにどんな方策を用いることができるかを検討する。価格（顧客が喜んで支払う額）とコスト（顧客価値を生み出すのに必要な額）をきちんと区別することが重要となる。

　第3章ではビジネスの規模を拡大させる重要性について説明する。また、市場の成長、マーケットシェアの拡大、新規市場への参入の違いを明確にして、企業がこれらの方策をどのように活用できるかを検討する。

　将来の成長を確定した未来として語ることはできない。語れるのは予測だけだ。予測とは、世界がどう発展するかについてのストーリーだ。投資

家というのは、より信頼できるストーリーをより高く評価する。投資家の信頼は第4章のテーマであり、そこでは企業が（最終的には現金配当の支払いというかたちの）「約束」を履行する能力に対する投資家の信頼という観点で、安全性を定義している。キャッシュフローの予測可能性は、収益性や成長性とちょうど同じように、価値創造への重要なインプットとなる。

第5章から第7章では、キャッシュフローに関する投資家の信頼というレンズを通して、ほかの2つの重要な財務報告書である貸借対照表とキャッシュフロー計算書を見ていく。

第5章では、過去の取引の記録として、またさまざまなステークホルダーに対する将来のコミットメントの記録として、貸借対照表を分析する。

第6章では、キャッシュフロー計算書の概要を説明し、「会計利益」と「キャッシュフロー」という厳しい現実のきわめて重要な違いに焦点を当てる。

第7章では、企業の収益とキャッシュフローを乖離させる要因を示して、その洞察を深める。一見したところ成長を続けていて儲かっている企業が、実際は崩壊に向かっているという、奇妙な現象が起きているかもしれない。

企業価値に大きな影響を与える価値のドライバーである収益性、成長性、安全性を検討したあと、第8章から第10章では、それらの相互作用について見ていく。

第8章では、コスト構造（ビジネスモデルにおける固定費と変動費の相対的な重要性）について説明しよう。このコスト構造によって、企業の成長プロファイルが収益性の向上（または低下）に、あるいはリスクの増加（または削減）にどう結びつくのかが決まってくる。

第9章と第10章は、企業評価の裏に潜む謎をあきらかにする。

第9章はかなりテクニカルだ。企業の価値評価の背後にある枠組み——ディスカウント・キャッシュフロー（DCF）法【訳注／将来のキャッシュフローを現在価値に割り引いて企業価値を評価する方法】——と、企業の本源的価値を計算するためにそれがどう使われるかを説明する。DCFを扱うことに疑問を持たれるかもしれないが、上位概念を理解するためには必要な内容だ。

第10章は、あらゆる地位や機能部門のマネジャーが、収益性、成長性、安全性という３つのドライバーを通して、いかに価値につながっているかを説明する。株主価値が、企業のより幅広いステークホルダーたち（投資家はもちろんのこと、顧客、従業員、コミュニティ、環境まで）の価値創造について教えてくれることについての考察でパートⅠを締め括ろう。

パートⅠで紹介する概念は、利益追求型の組織では、組織の活動や意思決定がそれなしにはほとんど理解できないほど浸透している【※1】。それでも、仕事中につねに注意を引きつけることはないかもしれない。

パートⅡのトピックについては逆のことが言える。パートⅡでは、第11章を土台に、他者を通して組織目標を達成し（第12章から第15章）、他者と協力して決断を下すことで複雑な分業体制における活動を調整する（第16章から第19章）。

信頼はビジネスの基盤であり、信頼関係の構築には適切な期待値の設定が不可欠だ。これらは、パートⅠにおける投資家の信頼に関する議論を支えるテーマでもある。第12章ではそうしたテーマを取り上げて、しっかりとパートⅡの中心に据え、信頼構築に欠かせない基本的要素である経営者と従業員の関係を掘り下げる。調整された組織行動はその関係をよりどころとしている。第12章では相互の期待値を設定するための実用的なヒントを提供するのに加え、パートⅡに繰り返し登場するもう１つのテーマを紹介する。それはヒポクラテスの誓いの一節である「何よりも、害をなしてはならない」の経営者バージョンだ。

日常業務において、信頼関係に「害をなす」最大の機会は、第13章のテーマである「フィードバック」を与える際に生じることがある。だが、現在の業績を達成し将来のための能力を育てるという２つの目標をマネジャーが追求するにはフィードバックが不可欠だ。

第14章では、従業員のエンゲージメントとモチベーションに注目している。やはり「何よりも、害をなしてはならない」を最良の指針とする分野だ。ここでは、さまざまな内発的モチベーターとその維持方法、そして細

心の注意と敬意をもって従業員に最良の成果を出させるために、それらを活かす方法を検討していく。

リーダーシップは、非常に大きくてわかりづらいテーマだ。第15章では、リーダーシップの一般的な解釈のいくつかを経営と対比させてざっと見たあと、社会的ジレンマとされる集団行動の問題を克服するリーダーシップが要はどういうものかについて、見落とされている解釈を紹介する。

第16章では、経営における主要課題の1つ、組織のあらゆる機能部門や地位における足並みのそろった意思決定とは何かをあきらかにする。その際は、チームを組織の基本的な意思決定単位とみなしている。そして、不確実性のもとでは、意思決定の質はその成果の質では決まらないことを示す。良質な集団的意思決定には、良質なプロセスがともなうものなのだ。意思決定を構造化するために、意思決定のための基本的モデル（定義し、検討し、実行する）を紹介し、以降の章はこの3つの要素をもとにして議論する。

第17章では、定義づけの段階を取り上げる。私たちの一般的な方法は、意思決定の各段階で何がうまくいかないかをあきらかにするというものだ。チームは重要な意思決定の機会を逃したり、あまり重要でない意思決定に時間を掛けすぎたりする傾向がある。また魅力的な選択肢を見落として、誤った選択肢に固執し、利用可能なデータを活用できなかったり、分析麻痺【訳注／意思決定の過程で情報や選択肢が過剰になることで決断を下せなくなる状態】に陥ったりする。ここでは、こうした失敗を克服するためにチームが使うテクニックを検討する。

チームが意思決定する際によく陥る落とし穴は、誰によって、どのようになされるかを明確にできないことだ。第18章では、3つの審議方法（合意、多数決、単独の決定者）に注目し、それぞれのメリットとデメリットを比較する。実行段階については、明確に定義されたプロセスを一貫して適用することで、たとえ全員が合意していなくても、チームが足並みをそろえていられるかを検討する。全員が合意していないのはよくあることで、全会一致などありえないと言ってもいい。

第19章では、意見の相違が、集団の意思決定における障害ではなく、むしろ避けずに育むべき強力なツールであることを説明する。このためにも、いくつかの簡単なテクニックを提案し、チームにおける多様性の大切さを強調している。

　結論となる第20章では、「数値」と「人」という2つの要素を組み合わせることで、何が経営を価値とやりがいのあるものにするかに関する考えを、経営にともなう喜びや失望とともに、読者と共有する。

Contents

はじめに 3

序章 8

本書の概要 11

パート I | 数値

1週目 | 経営者視点の「数値」とは？

第1章 | 価値 25

企業価値とは何か？ 26

ノキアの事例を読み解く 28

ノキアの衰退とアップルの成功 32

第1章の要点 34

2週目 | 損益計算書を通して 企業はどのように測定されるのか？

第2章 | 収益性 35

損益計算書を作成する 37

利益、マージン、そしてコモンサイズ化 ……………………… 44

収益性のレバーとしての費用 ……………………………… 45

収益性のレバーとしての価格と価値認識 …………………… 47

第2章の要点 ……………………………………………… 49

第3章 | 成長性 …………………………………………… 51

誰にとっての「成長」か？ ………………………………… 52

事業成長のレバー ………………………………………… 53

事業者が語る夢物語とリアルなストーリー ………………… 58

第3章の要点 ……………………………………………… 63

3週目 | ステークホルダーから見た経営リスクと 「約束」としての貸借対照表

第4章 | 経営リスク …………………………………… 65

約束とリスク ……………………………………………… 66

投資家の視点から見える「リスク」 ………………………… 67

信頼を高めてより多くの価値を創造する …………………… 72

第4章の要点 ……………………………………………… 74

第5章 | 貸借対照表 …………………………………… 75

会社の資源を数値化する ………………………………… 76

貸借対照表の作成 ………………………………………… 78

実際の事例：AT&Tの貸借対照表 ………………………… 88

第5章の要点 ……………………………………………… 92

4週目 | なぜキャッシュフローと利益は同じではないのか？

第6章 | 基本的なキャッシュフロー　93

簡略化したキャッシュフロー計算書を作成する　94
サンドイッチもジェット機も同じく数値化する　97
発生主義会計とは？　98
第6章の要点　101

第7章 | キャッシュフローと運転資本　103

純利益と営業活動によるキャッシュフローの不一致　104
事業の成長と多額の売掛金を抱えてあえぐ　112
運転資本を正しく管理する　113
第7章の要点　118

5週目 | 日々の意思決定における収益性、成長性、安全性の相互作用

第8章 | コスト構造　119

経済学VS会計学　120
損益分岐（ブレークイーブン）分析　123
収益性、成長性、安全性のトレードオフ　126
売上と予測分析とビジネスモデルの関係性　131
第8章の要点　133

6週目 企業価値の選定と それが経営にどうつながるのか？

第9章 評価基盤 135

リスク、リターン、貨幣の時間的価値................................138
本質的価値（イントリンシック・バリュー）とは？............143
企業の生命線、資本コスト..145
企業価値の永続性..148
企業価値の算出：継続価値と現在価値..............................150
第9章の要点..152

第10章 価値の創造 155

評価の実例：ネットフリックス..156
企業価値と個人の貢献..159
プロジェクトを評価する..161
株主価値とステークホルダー価値....................................163
第10章の要点..165

パート **II** | 人

7週目 | マネジメントの基礎としての信頼関係

第11章 | 喜びと失望 ································ 167

組織はなぜ必要か？ ································ 168
組織は人間関係の集合体 ···························· 170
第11章の要点 ···································· 171

第12章 | 信頼と期待 ································ 173

期待値を設定する ································ 177
信頼関係を築くコミュニケーション ·················· 180
グローバル時代のコミュニケーション ················ 181
第12章の要点 ···································· 184

8週目 | ピープルマネジメントの要点

第13章 | フィードバックにおける冒険 ·············· 185

フィードバック：ピープルマネジメントの核心部 ········ 187
いいフィードバックと悪いフィードバック ·············· 189
行動に関するフィードバック ························ 193

信頼関係を築くフィードバック ——————————————— 196
第13章の要点 ——————————————————————— 198

第14章 エンゲージメントとモチベーション ———— 199

ストーリー1：危機とチャンス ——————————————— 200
ストーリー2：危機？ いったいどんな？ ————————— 201
人の内発的動機づけ要因を理解する ——————————— 204
相手のことをしっかりと把握する ————————————— 210
第14章の要点 ——————————————————————— 212

9週目 リーダーシップの要点

第15章 リーダーシップ —————————————————— 213

社会的ジレンマとは？ ——————————————————— 217
ビジネスにおける社会的ジレンマ ————————————— 219
競争優位性としてのリーダーシップ ——————————— 220
リーダーシップの実践 ——————————————————— 222
ビジネスにおけるリーダーシップ ————————————— 225
第15章の要点 ——————————————————————— 226

10週目 | 集団的意思決定とその基本的枠組み

第16章 | 集団行動と意思決定 227

意思決定主体としてのチーム 229

ビジネスとゲーム、そしてビジネスゲーム 231

コンテンツの罠 233

意思決定の単純なモデル 237

第16章の要点 239

11週目 | 組織の意思決定のフレームワーク

第17章 | 「決定」を定義づける 241

戦略を通して意思決定を減らす 242

自動運転モードにともなうリスク 246

選択肢を検討しデータを収集する 249

第17章の要点 252

第18章 | 組織としての熟考とその遂行 253

組織として連携して遂行する 257

熟考のための意思決定手続きを比較する 260

プロセス保護者 261

第18章の要点 263

12週目 | 「人」と「組織」をマネジメントする

第19章 | 「意見の相違」がもつ力 265

「集団浅慮」を回避する 267
悪魔の代弁者 268
多様性が生み出すイノベーション 272
第19章の要点 274

第20章 | 「責任を負う」とはどういうことか? 275

「正解の選択」は何だったのか? 277
責任回避しないマネジャー 279
マネジメントは天職である 280

謝辞 282
用語集 284
注 303
参考文献 311

パート I

数値

1 週目

経営者視点の「数値」とは？

第 1 章

価値

「企業の目的とは何だろうか？」。私たちのリーダーシップ・トレーニング・プログラムの多くは、たいていこの質問から始まる。そして、「金を儲けること」という即答を聞くことが最も多い。より経験豊富な参加者からは、「株主のために価値を創造すること」といった、より洗練された答えが出てくることもある。だが、簡単な答えが出尽くしてしまうと、気まずい沈黙が広がる。

やがて、少しずつ別の答えも出てくる。「顧客のためにすばらしい製品をつくる」。たいてい誰かが思い切ってそう口にする。まれに「社会のために価値のあるものをつくり出す」とか、「やりがいがあって儲かる仕事を提供する」といった答えが出てくることもある。

「そのすべてだ」というのが、私たちの答えだ。ビジネスの目的は、幅広いステークホルダーのために価値を生み出すことにある。ステークホルダーには、企業の所有者（所有権が株式に分割されているときは「株主」と呼ばれる）が含まれている。だが、顧客、サプライヤー、従業員、そして社会全体もまた、企業の存続と繁栄に関わっている。株主価値の創造が何よりも重要だという考え方がビジネスの世界で「最も偉大で」かつ「最も愚かな」考えと言われている（ジャック・ウェルチの言葉であり、私たちが言ったのではない【※1】。このGEの元CEOについては第15章で詳しく触れる）が、あまりにも偏狭だ。

企業価値とは何か？

株主だけに限らず、より幅広いステークホルダーのために価値を創造するのが、ビジネスの真の目的なのだろうか？　そうだとすると、ステークホルダーのための価値をどれだけ生み出しているか、どうしたらわかるのだろうか？

この質問に簡単に答えることはできない。本章では株主価値、事業主のために生み出される価値と、それをどう測定するかに焦点を当てている。株主価値の測定だけでもかなり大変なので、少しでも物事を単純にしておきたいのだ。しかしながら、本書のパートⅠを読み終え、株主価値の背後

にある考えを正しく理解していれば、より幅広いステークホルダーの価値について、ぼんやりとでも何かを理解できるかもしれない。私たちは固くそう信じている。もし読者と直接会う機会があれば、酒でも飲みながら、ぜひこの問題をもっと深く探求してみたいものだ。

株主価値が測定基準だろうが目的そのものだろうが、その本質が何であるかを理解すべきではないだろうか？　じつに驚くべきことに、私たちは多くのマネジャーたちが、株主価値が何を意味するのか、そして自分たちの行動がそれをどのように生み出し、あるいは破壊しているかを漠然としか認識していないのを目にしてきた。私たちは、エグゼクティブ教育プログラムの準備の一環として、世界的な自動車メーカーの最高財務責任者（CFO）にインタビューする機会があった。私たちはそのCFOに、取締役になるべく育成されている有望なシニア・マネジャーのあいだにどんな知識のギャップが見られるかを聞いてみた。CFOは、そうした高いレベルにおいても価値と財務管理に関する誤解が蔓延していると不満を述べた。

従来のMBAプログラムでは、企業のベータ値やオプション価格算出のためのブラック・ショールズ・モデルといった概念とマルチプル法を使った企業の価値算定方法を理解し、企業や資産の価値を評価する方法をいくつか学ぶ。ウォールストリートで働くか、あるいは次の世界金融危機を画策したいのであれば、それはすべて有用かもしれない【※2】。

だが多くの経営幹部にとって、こうした知識は余分な知恵に思える。最悪の場合は危険な足手まといとなりかねない。だがマネジャーたちは、株主価値と彼らの下した決断がどうつながっているか、そしてほかの機能部門のマネジャーが下した決断とどう相互に作用し合っているかを理解すべきだ。そのためには、金融の専門用語に堪能になる必要がある。共通言語（リンガ・フランカ）を理解することで、販売、マーケティング、ロジスティクス、HR、カスタマーサービスといった異なる部門（それぞれが、独自の一風変わった成功の評価基準をもつ）が、意思の疎通を図って連携し、価値創造の進捗状況を測定することが可能となるのだ。

さて、株主価値とは何だろうか？　先に答えをお伝えしておこう。

Shareholder value originates in a company's
discounted future net cash flow.
株主価値は企業の将来のネットキャッシュフローを
割り引いたものから生まれる

　パートⅠでは、この堅苦しい表現を詳しく読み解いていく。この導入部
の残りはその予告編だ。

ノキアの事例を読み解く

　2007年初頭、フィンランドのテクノロジー企業ノキア（Nokia）の株主
たちは、当然のように楽観的だった。ノキアのブランドは強力で、丈夫さ
とバッテリー寿命で名を馳せたフィーチャーフォンが市場を支配していた
からだ。世界の生活水準は向上していて、ノキアは中産階級が出現しつつ
ある国々で足場を固めていた。ポータブルデバイスではイノベーションの
波が迫っていて、ノキアはその波に乗るための最適な位置にいる企業に見
えた。何しろ、ノキアの子会社の１つがフィーチャーフォンを有用にする
ためのネットワークインフラを手掛けていたのだから。

　投資家たちは口々にノキアの将来に関する魅力的な物語を語っていた。
とはいえ過去には、運命が突然逆転することなどいくらでもあった。とり
わけ家電のように、テクノロジーの進化が早い業界ではそうだ。たとえば、
アップル（Apple）の例がある。パーソナル・コンピューティングにおけ
るアップルの初期の成功が市場の独占につながることは一度もなかったし、
オペレーティングシステムはマイクロソフト（Microsoft）の後塵を拝した。
実際、アップルが倒産を免れたのは、ライバル企業からのタイムリーな資
金注入があったおかげにほかならない。2007年初頭には、ノキアの見通し
はバラ色に見えていたかもしれないが、不安の種もあった。どんな危険な
兆候が間近に潜んでいるかは、誰にもわからない。

　それでも楽観的な見通しのほうがより説得力があったようで、2007年の
あいだ、ノキアの株価は着実に上昇した。年初に21ドルだった株価は11月

まで上昇を続けて過去最高の40ドルに達した。

　21ドル。40ドル。そうした数値の背後には何があるのだろうか？

　先に述べたように、株主とはビジネスの全体あるいは一部を所有する人をいう。上場企業の株主が家や電話を所有するのと同じ意味で、本当の所有者なのかどうかは物議を醸す問題だが【※3】、本書では株主の説明はこれくらいにとどめておく。一方、「価値」は「美」と同じように、見る人次第だ。株主が株式を売却するとき、その売却価格は、株主がその企業をどれだけ評価しているかを反映している。もし、企業をもっと高く評価していたのなら、その価格では株式を売却しなかっただろう。同様に、買い手もその値段で同意したのだから、その株価は買い手の想定する価値も反映していることになる。もし買い手がそれだけの価値を認めていなかったら買わなかったはずだ。2007年7月初旬、ノキアの株は29ドル前後で取引されていた。買い手は少なくともそれだけの価値があると考えたに違いない。売り手はノキアの価値に不安を感じ、29ドルで売れれば御の字だと判断したのかもしれない。売り手と買い手の価値の見方は、それぞれ違うとも言える。株価は両者の価値認識が一致する点であり、そこで取引が成立する。

　最初の重要なポイントは、価値はつねに主観的なものだということだ。それはある特定の人の認識だ。その価格は、売り手と買い手のあいだの契約で客観的に設定されるが、両者の主観的な認識によって決まる。第2に、取引が成立するしないにかかわらず、現在の所有者と潜在的な買い手はその企業の価値を評価する。価格を通して見ることはできなくても、価値はそこに存在している。

　だとすると、どうなるのだろうか？　株主のための価値創造とは、その企業に対して温かく穏やかな気持ちを株主に抱かせることなのだろうか？たしかに、ある意味ではそのとおりだ。しかし企業は、宝石やフィットネスマシンや裏庭付きの家とは違う。企業を所有するメリットは、心から欲しいと思うものを買うために使えるキャッシュをもたらすことにある。多くの人は、味気ないキャッシュそのものに、温かく穏やかな気持ちを抱いたりはしない。だが企業を所有することは、将来のキャッシュを約束する。

翌年、2年後、そしてその後ずっと長期間にわたって。

約束につきまとう問題は、それが破られる場合があることだ。

企業を所有していると、約束された将来のキャッシュフローを期待する。だが、そうしたキャッシュフローが実現しないシナリオは、いくらでも想像できる。新型コロナウイルス感染症の大流行が、数え切れないほど多くのレストランを廃業に追い込んだように、世界的な危機によって企業が提供するサービスに対する需要がなくなる可能性がある。顧客の好みが「気まぐれ」とも評される玩具メーカーによく起こるように、顧客の嗜好の変化によって製品に対する需要が減少するかもしれない。あるいは新しいテクノロジーの出現で製品が陳腐化するケースもあるだろう。ノキアについては、あとで話を戻すことにする。

まずはこれらの例を振り返ってみよう。レストランのオーナーや玩具メーカーは、迫りくる危機を警告してくれる水晶玉をもってはいない。だが、完全に不意をつかれたというわけでもない。そしてここに、投資家の感情が関わってくる。将来のキャッシュフローの流れを想定することは可能だが、そうした話をある程度疑うことはあるかもしれない。誰でも多かれ少なかれそうだろう。投資話のなかには、いっそう自信を抱かせるものもあれば、胃潰瘍を引き起こしかねないものもある。同じように、投資家としては、短期的なキャッシュフローのほうが、長期的なキャッシュフローよりも信用しやすいだろう。企業のキャッシュフロー予測を計算するときは、おそらく長期的なキャッシュフローのほうを少なく見積もるはずだ。つまり割り引いているのだ。

それでは、投資家はどのようにして、将来のキャッシュフローを予測するのだろうか？　企業は、販売する製品を顧客が購入すると、持続的なキャッシュフローの源泉をもつことになる。そのため投資家は、その会社の将来の売上予測を必要とする。だがキャッシュは入ってくるだけでなく、サプライヤーや従業員への支払いや政府に納める税金というかたちで会社から出ていく。理論的に株主が入手できるキャッシュは、入ってくる額と出ていく額の差であるネット（正味）キャッシュフローに限られる。要は、

安く買って高く売ればいいのだ。企業がサプライヤーから原材料（労働力も含む）を安く購入して、顧客にもっと高い値段で製品を売ることができれば、利益を得ることができる。

これは誰もが知っていて、安く買って高く売ることについて話す際は、たいてい「利益」という用語を使う。だが、キャッシュフローと利益は同じものではない。なぜ同じでないのか、そして何がこの２つを別物にしているのかは、この先の章で探求する主要なテーマだ。利益とキャッシュフローの乖離は、投資家が企業の展望に不安を抱くおもな理由の１つとなっている。

次のような構図が浮かび上がってくる。ある企業の所有者が企業の価値を認めるのは、その企業が将来的に確実なキャッシュフローをもたらし、株主はそれを使って必要なものや欲しいものを買うことができるからだ。所有者は、その企業の将来の業績予測に基づく明確な数値を使って、そうしたキャッシュフローを予測できる。翌年は1000ドル、その次の年は5000ドル、そしてその後はずっと年間１万ドルのキャッシュフローが見込まれるかもしれない。だが株主は、キャッシュが見込みどおり入ってこないリスクがつねにあることを認識している。そこで、会社に対する信頼、あるいは信頼の欠如の度合いに合わせて、キャッシュフローを割り引くことになる。

それは経営者にとって、何を意味するのだろうか？　これらの期間に価値を生み出すために、はたして何ができるだろうか？　入ってくるキャッシュ（インフロー）を出ていくキャッシュ（アウトフロー）より増やせば、企業のネットキャッシュフローを増やすことは可能だ。また、企業のネットキャッシュフローを生み出す能力に対する株主の信頼を高めることもできる。本章とパートⅠの残りで、経営者として日々の行動で影響を与えることのできる、３つの価値ドライバーについて調べていく。

- **収益性**：顧客が喜んで支払う額と、顧客の望むものをつくるのに必要なコストの差額を生み出す

- **成長性**：より多くの顧客に、より多くの製品・サービスを購入してもらう
- **安全性**：約束を履行する能力に対する株主の信頼を高める

　ノキアは2007年のアニュアルレポートのなかで、すばらしい１年だったと総括した【※4】。売上は2006年より24％高く、税引前利益はさらに大幅に44％増加した。この報告書のなかで、ノキアはモバイルデバイス市場でさらに10％の成長を見込み、より高いマーケットシェアを目指していた。価値を生み出す３つのドライバーのうち、少なくとも２つは間違いなくエンジンが掛かっているように思えた。だが、興味深いことに、2007年度のアニュアルレポートが公開されたのは2008年３月31日で、そのときの株価は32ドル前後と、前年秋の高値から20％も下落していた。ノキアの将来について投資家に不安を抱かせた理由は何だったのだろうか？

ノキアの衰退とアップルの成功

　注意深い読者ならば、キャッシュフローに問題があったのかと思うかもしれない。残念ながらそうではない。ネットキャッシュフローは７倍以上に増えていた。

　しかし、何かが起きていた。前年の夏、ノキアの投資家たちは、ある小さな出来事を見落としていたように思える。それは、2007年６月29日のアップルによる新製品の発売だ。だが、2008年３月の時点で、ノキアの投資家たちが前年の11月まで信じていた筋書きに、iPhoneが深刻な脅威をもたらしたのはあきらかだった。

　iPhoneが実質的にノキアをモバイルデバイス市場から締め出したのを知っている今となっては（ノキアは2014年にかつて主要事業だったモバイルデバイス事業をマイクロソフトに売却し、ネットワークインフラに注力する道を選んだ）、2008年３月の時点で、たとえ29ドルでもノキアの株を買う人がいたのが不思議に思える。だが、ノキアの衰退とアップルの成功は、その時点ではまだはっきりしていなかった。投資家たちがかつて40ドルの

高値をつけた、将来のキャッシュフローに関する「約束」をノキアが果たせるかどうかは、不確かなままだったのだ。

　私たちがなぜ「約束」という言葉を使いつづけるのか、読者は不思議に思うかもしれない。約束の履行には、2つの面がある。1つは守れる約束をすること、もう1つは守れない約束をしないことだ。本パートの中心的なテーマは「信頼」で、基本的には約束を守ることを重視している。企業の価値は、評価や株価に表れるかもしれないが、それは株主と企業の経営者間の信頼関係の上に成り立っている。経営者とはキャッシュフローに関する約束をしてそれを履行する人であり、守れる約束だけをして、その約束を守る人なのだ。

　ビジネスにおいて、数値と人は密接に絡み合っている。

ノキアの株価(USD)

第1章の要点

　企業の目的は、投資家、顧客、従業員、サプライヤー、コミュニティ、環境といった、さまざまなステークホルダーのために価値を生み出すことにある。

　企業の価値は、見る人によって違う。企業は、売り手と買い手の価値認識が一致する価格で売買され、取引が成立する。

　株主価値は、企業の将来のネットキャッシュフローを割り引いたものから生まれる。株主価値を生み出す主要なドライバーは、収益性、成長性、安全性だ。

2 週目

損益計算書を通して
企業はどのように測定されるのか？

第 2 章

収益性

1984年より前に生まれた人ならば、世界が２つの陣営に分裂し、互いに核兵器を向け合っていた時代を覚えているはずだ。冷戦は利益の追求が経済関係の原則を構成すべきか否かについて意見を異にする、イデオロギー間の対立だと言ってほぼ間違いない。利益の概念がきちんと定義され、世界を燃え上がらせるくらい重要であることを望む人もいるだろう。読者には、本章を読み終えたときに判断していただきたい。

ビジネスは、ニーズと欲求があって始まる。私たちは誰でもその２つをもっていて、お金、時間、スキルといった限られた資源を使ってほしいものを手に入れようと、絶えず努力を続けている。あなたは特別な誰かと最高の食事体験を分かち合いたいと考えているとしよう。ミシュランの星つきレストランの値段を知ると食欲が失せるかもしれない。だが、まったく同じ食事体験を自力で再現するには、どれだけのお金と時間が掛かるか考えてみてほしい。最高の（そして最も高価な）食材と高性能の器具だけでなく、その食事をつくるための長年の訓練も考慮に入れるべきだ。そのすべてと比べてみれば、レストランの勘定など格安ではないか！

ニーズを満たすために顧客が投入すべき資源と、顧客のためにそれと同じものをつくるのに企業が投入すべき資源の差。そこに利益を出す機会が生まれる。その差のどこかに、顧客が「よし、金を支払うだけの価値がある。結局のところ、自分でそれだけの価値を生もうとしたら、もっと多く金を使わなければならない」と認める価格が存在する。収益性は、顧客が進んで支払う額と、その価値を生むために企業が消費する資源の費用の差から生まれる。

ビジネスは、利益を増やすために２つのレバーを引くことができる。まず、同じだけの顧客価値を生むのに消費する資源を少なくする努力をすることができる。あるいは、顧客により大きな価値を認めさせて、より多くの金を支払わせることもできる。この２つのレバーは、相反する働きをすることがある。新鮮な材料をけちると、顧客はサラダに50ドルを払ってはくれないだろう。一方、半日掛けてマッシュポテトでエッフェル塔の彫刻をつくれば、コストは跳ね上がる。利益の管理は、この２つのレバーのバ

ランスを取り、あるいは綱渡りの綱を揺らす顧客、競合他社、従業員、サプライヤーと一緒になって遂行する行為なのだ。

損益計算書を作成する

チーズサンドイッチ専門のフードトラックで、簡素な飲食店を始める計画を立てているとしよう。まずは、顧客のために価値をつくり出すのに、どんな種類の資源を投入するかを決める必要がある。対象とする顧客は、風味、栄養価、手軽さといったものに価値を認めている。消費する資源は「費用」と呼ばれる。もし顧客に、こちらが決めた値段で買わせることができれば、「売上」が発生する。売上と費用の差額が「利益」と呼ばれるものだ。

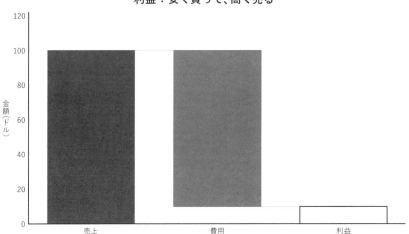

顧客は私たちが生み出す価値にある程度まではお金を払うつもりがある。顧客も毎朝サンドイッチをつくって持参することはできる。だがフードトラックが有望なビジネスなのは、顧客がつくるよりも新鮮でおいしいサンドイッチを速く安価で提供できるからだ。準備する時間がいらない点も重要だ。

利益は個々のサンドイッチのレベル、あるいは日、週、四半期、年度のベースといった、異なる尺度で見ることができる。売上に関して言えば、

規模がもたらす金額への影響はいたって明快だ。サンドイッチを多く売れば売るほど、売上は増加するからだ。だが、消費する資源に目を向けると、おもに2つの理由から物事はすぐに複雑になる。資源のなかには、金額で評価するのが難しいものがあるから、そして1つの資源の消費を特定の食事やあるいは特定の期間にさえ帰することができるとは限らないからだ。たとえば、まな板はいつか擦り減ってしまうだろう。だがまな板の代金はどの個別のサンドイッチ、あるいはどの日、どの週、どの月、どの四半期、どの年の勘定に経費として計上すべきだろうか？　こうした疑問は利益の定義を曖昧にして、経理担当者の仕事を増やしている。

　損益計算書（P/L）は、一定の期間における売上と費用、つまりは何を顧客に提供し、どんな資源を消費するかを記録するものだ。株式が証券取引所で売買される企業は、P/Lを四半期および年度ベースで公表することが法律で義務づけられており、通常は企業のウェブサイトでそれを閲覧できる。

　費用の最初のカテゴリーは、サンドイッチのように顧客が価値を認めるものをつくるのに消費される資源だ。私たちのフードトラックの場合、こうした資源は、材料、労働、そしてエネルギーの投入量となる。もしバイク便を使ってデリバリー・サービスを提供するならば、運転手の労働も「売上原価」と呼ばれるものにカウントされる。「売上原価」というのは紛らわしい用語だ。なぜなら、厳密に言うと、販売活動のコストではないからだ。それは、販売するもの（チーズサンドイッチ、袋入りのフライドポテト、ソーダなど）をつくって提供するコストを指している（製品を販売する企業では、「コスト・オブ・レベニュー」や「コスト・オブ・グッズ・ソールド（COGS）」、サービスを提供する企業では、「コスト・オブ・サービス」と表現されることもある）。

　売上と売上原価の差は粗利益と呼ばれている。粗利益は、とくにビジネスの健全性を表す尺度だ。原則として、顧客も自分で材料から料理をつくることができるはずだ。顧客が私たちの投入コストよりも高い値段を払おうとするのは、格別においしいレシピ、きわめて効率的な製造工程、サプ

ライヤーからの安価な調達といった、何か特別な能力が私たちにあるからに違いない。あるいは私たちが目に見えない利益を提供できるからかもしれない。有名人がソーシャルメディアでうちのチーズを絶賛してくれたら、フードトラックに食べに来てくれた顧客も買い損ねてはいけないと先を争って同じものを買ってくれる。

　私たちは顧客が買ってくれるものをつくるだけでなく、まずは顧客を買う気にさせなければならない。顧客にフードトラックのことを知ってもらう必要があるが、それはサルモネラ菌の大流行と関連づけてではない。そのためには、お金を払ってグーグルマップに載るようにしたり、チラシを印刷して配ったりすることもある。粗利益が非常に重要な指標であるのは、より多くの顧客を買う気にさせたり、顧客により多くを買ってもらったりするために使える経費がどれだけ残るかを決めるからだ。その費用を販売およびマーケティング費用という。

　フードトラックの運営には、ほかにも避けられない費用がともなう。少なくとも会計業務は必要だ。私たちはお金を数えるよりも調理するほうが得意なので、お金を払って経理担当を雇うことになる。その費用は、顧客価値を創造したり、顧客を買う気にさせたりするのには何の関係もないが、それでもビジネスモデルの一部であることには変わりない。フードトラックよりも複雑なビジネスの場合、会計業務のほかにも多くの一般管理費が掛かることがある。たとえば、人事、IT、あるいは社用ジェット機を乗り回す経営陣などがそうだ。多くの企業の財務報告書では、そうした費用を販売費および一般管理費（SG&A）という１つの項目にまとめている。

　フードトラックの簡素なメニューは、私たちの売りの１つだが、ビーガン（完全菜食主義者）の顧客を締め出している。私たちがチーズサンドに代わるオールベジタブルのサンドイッチの開発を目指しているのはそのためだ。レシピはまだ完成していないが、研究開発（R&D）に時間と費用を掛けて取り組んでいれば、いずれは成果が出るのではないだろうか。

　擦り減っていくまな板はどうだろうか？　そしてトラックそのものはもとより、そのほかのキッチン用品の損耗は？　こうした資源は、最初に購

入するときと、まったく使えなくなって買い替えるときに費用が発生する。長期性の資源の消費は、特定のサンドイッチ、日、週、月、年度に紐づけするのは不可能だ。うちの経理担当者のマーガレットは、このような長期性の資源を「資産」と呼んでいる。資産には、それぞれ固有の予想耐用年数がある。マーガレットがまな板のような有形資産に関する消費を計算するには、耐用年数で使い切ると想定した減価償却費（depreci-ation）というかたちで示すしかない。

　一方で、会計ソフトなどは、いかなる意味でも使い切ることはない。だが、時の経過とともに陳腐化するので、やはり入れ替えが必要となる。マーガレットはこのような無形固定資産の消費を、償却（amortization）と呼んでいる。

　売上原価、SG&A、R&D、減価償却費、償却費が合わさって営業費用を構成する。営業費用はビジネスにつきもので、それを除いたあとに残るのが営業利益だ。営業利益を生むことができるビジネスは、少なくとも原理上は、永久に存続できる。あるいは、「一貫して営業損失を生み出すビジネスは、破綻する運命にある」と言ったほうがいいかもしれない。顧客が払ってくれるお金を使って補充するよりも多くの資源を消費するからだ。

　ビジネスでは営業費用にはとても分類できないような費用、つまり営業外費用も発生する。1つには、フードトラックは直接支払いをしていない資源を多く使っているからだ。私たちはフードトラックで道路や橋の上を走り、公共の広場に駐車することがある。そしてチーズが盗まれないよう、警察や法制度に頼っている。公共財は政府が税金というかたちで調達した資金を使って賄っている。税金や政府と商取引との関係は、多くの疑問や論争を生んでいるが、そのどれもが本書の範疇からは外れている。ここでは、ビジネスは、何らかの方法で賄われている公共財を使用し消費していると言うにとどめておく。

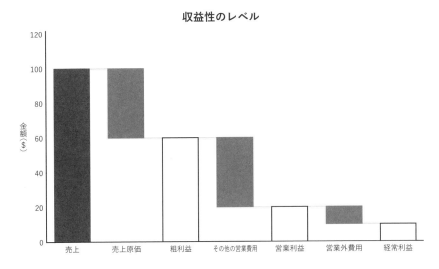

　顧客のための価値を生み出すためにビジネスが消費する費用は、これですべてではない。時間の問題があるからだ。売上から始めてそこからすべての経費を差し引くという損益計算書の構造は、ある意味で誤解を招く恐れがある。実際に顧客がチーズサンドイッチを買うのは、資源のほとんどの支払いがなされ消費されたあとのことだ。レジに最初にお金が入る前に、トラック、器具、材料を買うか借りるかしなければならないし、宣伝やおいしいレシピの開発も必要となる。売上が発生するのは、資源がある程度不可逆的に投入されたあとなのだ。この前もって投入する資源を投資と呼ぶ。事前に資源を投入できるようにするためには、誰かが使用可能な備蓄をもっていなくてはならない。現実にはそれは、チーズサンドをつくる資源に変換できる現金の備蓄を意味する。その現金を出してくれる人を投資家、現金の備蓄を資本と呼ぶ。

　営業損失を出しつづけるビジネスはいずれ初期投資を使い果たしてしまう。それは投資家が資本を失うことを意味するだけでなく、そのビジネスにはもはや、顧客、従業員、サプライヤーのために価値を創造する力がないことも意味する。営業損失が長期間続くのは、誰にとっても悪い話だ。

ライバルのフードトラックにとっては違うだろうが。

最後に、重要なことだが、資本は売上が発生する前に投入されなければならないので、投資というのはいつも不確実性をともなう事業となる。私たちのフードトラックは営業利益どころか、粗利益さえも生まないかもしれない。実際、初期投資が行われる際には、事業者も投資家も売上が発生するかどうかさえ確信がもてないのだ。

こう考えると、1章の議論と投資家が直面する不確実性に立ち戻ってしまう。ビジネスではたいてい、私たちが顧客のために生み出す価値に対して顧客がお金を払うよりも前に、資源を投入する。投資家は資本を回収できるかどうかわからない。彼らは、この不安を受け入れる見返りを期待するのだ。

別のかたちでの見返りを選択する投資家もいるかもしれない。負債と呼ばれる投資契約では、企業は決められた期日に最初の投資額を返済し、それまでのあいだ利息と呼ばれる手数料を支払うことに同意する。

利息もまた、ビジネスにともなう費用だが、ビジネス自体にとって本質的なものではないので営業費用とはみなされない。企業は投資家とのあいだで別のかたちの契約を結ぶことで、営業モデルを変えることなく利息の支払いを完全に避けられる。資本契約の場合、企業は特定の期日に投資家の資本を返済したり、一定の賃借料を支払ったりする約束はしない。その代わり、出資者はこれまでに出てきたすべての経費（売上原価、SG&A、R&D、減価償却費、利息、税金など）の支払いがすんだあとの残額に対して、無期限に有効な権利を有する。そうした残額は純利益と呼ばれる。純利益は、結局のところ、安く買って高く売るときに生じるものだ【※1】。

単純な損益計算書(P/L)	
	（アメリカドル）
売上	**10,000**
売上原価	6,000
粗利益	**4,000**
一般管理費(SG&A)	1,500
研究開発費(R&D)	1,500
減価償却(Depreciation)／償却(Amortization)	200
営業利益	**800**
支払利息	300
税金	100
純利益	**400**

　ある意味P/Lは、価値がいかに創造されすべてのステークホルダーのあいだで分配されるかについて、何かを教えてくれる。

　顧客価値は、売上、とくに価格に表れる。従業員やサプライヤーがビジネスから得る価値はいくつかの個別項目に反映される。そうした費用が、彼らの収入となるのだ。企業は税金というかたちで公共財に寄与し、そこからみんなと同じように恩恵を受けている。そして投資家価値は債権者の場合は利息に、株主の場合は純利益に反映される。ステークホルダー価値を見るための完璧なレンズとはとても言えないが、まずはそこから見ていくことにしよう。

利益、マージン、そしてコモンサイズ化

単純な損益計算書(P/L)			
	（米ドル）		（対売上比）
売上	**10,000**		**100%**
売上原価	6,000		60%
粗利益	**4,000**	**粗利益率**	**40%**
一般管理費（SG&A）	1,500		15%
研究開発費（R&D）	1,500		15%
減価償却（Depreciation）／償却（Amortization）	200		2%
営業利益	**800**	**営業利益率**	**8%**
支払利息	300		3%
税金	100		1%
純利益	**400**	**純利益率**	**4%**

　ここまで、利益については一定のドルやユーロやその他の通貨といった絶対額で語ってきた。チーズサンドイッチを10ドルで販売し、材料費と人件費に6ドル掛かったとすると、4ドルの粗利益が出る。もし四半期に1000食売ったならば、粗利益は4000ドルになる。だが、利益には、対売上比のように相対的な観点で表現することもできる。売上のうちのいくらが粗利益になるのだろうか？　1ドルの売上に対して、0.4ドル、もしくは40%の利益が生じる。利益という言葉はたいてい絶対額を表すのに使われ、相対的なレベルを表すには利益率という言葉が使われる。そのため、10ドルの食事を1000食販売して、1食につき6ドル相当のチーズ、パン、労働力などを消費したとすると、粗利益は4000ドルで、粗利益率（グロスマージン）は40%となる。同じように、ほかに営業費用として3200ドル掛かったとすると、営業利益は800ドル、営業利益率は8%となる。そして、利息と税金を支払ったあと400ドル残ったとすると、売上高純利益率は4%となる。残念ながら、誰もが同じ用語を使っているとは限らないが、2つの異なる概念を表すには、2つの異なる用語（「利益」と「利益率」）を使っ

たほうが便利なので、本書ではそれを使うことにする。

　絶対額と相対的なパーセンテージは、量を調べる方法としてどちらも重要だ。来月の賃借料を支払うだけの金を稼げるかどうか知りたい場合、どうしても気になるのは利益の絶対額だ。だが、フードトラックの業績が、日、月、年を追うごとにどう伸びていくかを知りたいのならば、絶対額は混乱を招く可能性がある。売上と費用は、時とともに増減するからだ。時を超えて比較するには、利益率のほうが状況を的確に示すかもしれない。事業の売上が増えれば、おそらく利益の絶対額も増えるだろう。だが、利益率が低下しているとしたら、効率性の向上を図る必要があることを意味している。

　自分たちの業績をほかのフードサービス事業とベンチマークしたいと考える場合もある。私たちがバーガーキング（Burger King）のような企業と肩を並べるような利益額を出すことは、まずありえない。だが、１ドルの売上につき、大手企業と同じだけの利益を生んでいるかどうかを知ることは役に立つだろう。絶対額の代わりに、利益率（売上に対する利益の割合）を使ってコモンサイズ化を図ることで、自分たちの業績を自社の過去の実績や他社の業績とベンチマークしやすくなる。

▌収益性のレバーとしての費用

　収益性は、成長性、安全性と並ぶ、株主価値の３つのドライバーの１つだ。価値の源泉と言ってもいい。成長性と安全性というほかの２つのドライバーは、利益は増えるか減るか、それはどれくらい信用できそうかといった、将来の利益を特徴づけるものだ。

　収益性を向上させるには、費用を減らすか、顧客により高い値段で買ってもらえばいい。だが、これら２つのレバーを機能させるには具体的に何をすればいいのだろうか？

　マネジメント・トレーニング・プログラムでその質問を改めてすると、得られる答えのほとんどは費用の削減に関連するものだ。おそらくそれは予想どおりと言っていい。なぜなら、誰もが少ない資源で多くのことを成

し遂げる方法を探すに違いないからだ。

　費用を削減する方法は無数にある。たとえば、サプライヤーと交渉して、価格を下げてもらうことができる。人件費は、製造・販売・管理、R&Dと、どの部門においても最大の費用となることが多い。給与と賃金の交渉は、労使双方がかなり緊迫することが多い。従業員は労働組合として団結して交渉に当たり、ときには操業を停止させることがある。企業は事業活動を人件費が安く組合の力が弱い地域に移すと脅かすことがあり、しばしばそれを実行する。1960年代に私たちの祖父の１人が製造業を営んでいた。彼はアメリカ国内で人件費の削減を図ろうと、会社を重さが何トンもある機械ごと、ウィスコンシン州からテキサス州に川船で移したのだ。

　また、原材料を減らすか、安い原材料を使うことも可能だ。フードトラックの場合、チーズをより薄くスライスすればいい。あるいは、作業プロセスを見直すこともできる。サンドイッチをつくる時間を短縮できるようにクッキングステーションをつくり直せば、ランチのピークタイムに、より多くの顧客に対応できるはずだ。

　交渉とプロセス改善という手段は、学習が可能なスキルだ。だが、何が効果的かは、どんなビジネスをしているか、あるいはどんな機能を果たしているかによって違う。単なる交渉人やプロセスエンジニアとは異なり、すぐれたマネジャーになるのに必要なのは、異なるレバー同士がいかに相互作用するのか、ときには協力し合い、ときには別の方向に作用するかを理解する能力だ。

　1990年代後半と21世紀の最初の数年に、ノキアは手頃な値段で信頼のおける携帯電話を製造することで知られていた。ノキアの主要な強みの１つは、デザイン・ツー・コスト（design-to-cost）だった。ノキアは、原材料や労働力の面で、製造プロセスが非常に効率的になるように携帯電話を設計していた。このデザイン・ツー・コストの取り組みによって売上原価を下げ、かなりの粗利益を実現することができたのだ。そこにはいったいどんなトレードオフがあったのだろうか？　一方でノキアは、売上原価を節約するために、R&D費用の前払いを意識的に選択した。だが第３章で見て

いくように、R&Dをデザイン・ツー・コストに向かわせるのに、もう1つのトレードオフが関わっていたかもしれない。

そのようなバランスを取る行動は、あらゆるところで見られる。チーズを節約すれば売上原価は下がるかもしれないが、味の劣るサンドイッチでは、口コミによる無料の宣伝効果は期待できない。多くの人に知ってもらうには、チラシにもっとお金を掛けざるをえないだろう。中古のトラックを購入すれば、いまはお金の節約になるが、長期的にはメンテナンスの費用のほうが高くつく可能性がある。

収益性のレバーとしての価格と価値認識

費用については、これくらいにしておこう。一方で、価格設定は収益性において同じくらいに重要な要因だ。より重要だと言ってもいい。組織のなかで価格設定の決断に積極的に関わる人はごく少数なので、販売やマーケティング部門以外の従業員はそのまま受け入れることが多い。同時に、ビジネスのほかの部門における活動や決定が、間接的に価格設定に大きな影響を与えていて、顧客が進んで支払う額にかなりの違いをもたらす可能性がある。実際に、顧客はより高い値段を払おうという気にさせられることがある。少なくとも、競争の激しい市場でライバルが価格を下げても、同じ値段を払いつづけてくれるかもしれない。その秘訣は、より多くの価値を提供することだ。

繰り返しになるが、業界、市場、顧客に特化した、顧客価値の増大法は限りなくたくさんある。より良質な原料、おいしいレシピをつくるためのR&D、どんな顧客が高級サンドイッチを求めているかを知るためのマーケティングに、より多くの費用を掛けざるをえないといったトレードオフを受け入れれば製品の質を向上させられる。あるいは、ファストフード店がやっているように、違う製品をセットにして販売することもできる。マクドナルドやバーガーキングなどは、ハンバーガーを原価に近い値段で提供することで、値引きしている印象を与えてセットメニューを買わせている。原価の安いポテトフライやソーダで利益を出しているのだ。

最後に、ごく一部の顧客に焦点を当て、より高い値段を払ってもらえるよう、その特異性の高いニーズに合わせて製品をつくる場合を考えてみよう。ランチのピークは忘れて、その代わりに、保育園のお迎えの時間に合わせてオフィスを出なくてはならないという問題を抱えた親たちのニーズに応えるのだ。そうした親たちは、小さな玩具つきの持ち帰り用ミールボックスに、喜んで50%の追加料金を払うに違いない。顧客セグメンテーション、高品質、賢いセット販売は、どれも価格を高く維持するための方策だ。だが、それにともなうトレードオフのせいで、より高い利益を生むための価格と費用の開きを必ずしももたらすとは限らない。

　収益性を上げるために、費用を節約するにしても、顧客に製品の価値を認識させてより高い価格を払ってもらうにしても、経営者はトレードオフを考慮しながら、意思決定の全体的な影響を評価することになる。

第2章の要点

利益とは、株主が事業への出資を無期限に提供することに対する報酬で、所定の会計期間における売上と費用の差額だ。

損益計算書（P/L）
- 一定期間（通常は四半期か年度）に達成された売上と発生した費用を示す
- 費用を使用される目的別に分類する

ビジネスの健全性に関するさまざまな疑問に答えるために、費用のいくつかを含めたり除外したりすることで、異なる利益段階を定義している。最も一般的な利益段階には、粗利益、営業利益、純利益がある。

利益を売上に対するパーセンテージ（粗利益率、営業利益率、純利益率）として計算してコモンサイズ化することで、時を超えて、そして異なる企業間で比較がしやすくなる。

収益性は以下の2つの方法で増加させることができる。

①費用を削減する

たとえば、積極的にサプライヤーと交渉して、販売単位の投入原料を減らすか、ビジネスのあらゆる領域でプロセスを改善する。

②顧客価値を増大し、その価値を認めてより高い値段を払ってくれるよう顧客に依頼する

経営上の選択には、必ずと言っていいほどトレードオフがともなう。トレードオフの理解が、価値管理の中心にある。

2週目

損益計算書を通して
企業はどのように測定されるのか？

第3章

成長性

大きいことはすばらしい？　大企業は当然ながら小企業よりも価値がある？　会社の規模はどうやって測ればいいのだろうか？　従業員数？　顧客数？　売上？

株主価値創造の観点からすれば「利益」が重要となる。ほかのすべてが同じならば、利益は多いほうが少ないよりもいい。着実な増益を約束する企業は利益が頭打ちになった企業よりも価値がある。その約束が信用できるものならば。

前章で見たように、原則としては、着実に費用を減らすか価格を引き上げれば利益を増やすことができる。しかし、販売する製品やサービスの費用をどこまで下げられるか、価格をどこまで引き上げられるかには限界がある。利益を増やす最も現実的な方法が収益性をできるだけ高く保ちながら、販売数量を増やすことであるのはそのためだ。収益の増大が目標であり、売上の増大は、たいていはその手段となる。

▌誰にとっての「成長」か？

あるタイプの投資家（銀行のような債権者）にとっては、成長性はそれほど重要ではない。債権者は、企業が利息をきちんと支払い、期日に元本を返済すれば満足する。それにひきかえ別のタイプの投資家である株主に対しては、企業は決められた金額を定期的に支払う契約上の義務はない。代わりに株主は、もし余剰金があれば配当というかたちで企業から現金を引き出すことができるかもしれない。

それは、とてつもない「もし」だ。企業が費用を支払って余りある売上を着実に上げつづけなければ、株主が望むときに余剰金が使える状態にはならないからだ。たとえ一時的に現金があったとしても、それを引き出してしまうと、この先余剰金を生み出す力が失われ、企業の成長が妨げられてしまう。もし、前章で紹介した私たちのフードトラックが余剰金のすべてをオーナーたちと分け合ってしまったら、まな板やトラックそのものが使い物にならなくなっても買い替えるお金がないだろう。現金を要求する株主の権利は債権者よりもはるかに弱い。株主が債権者よりも大きなリス

クを受け入れるのは、いずれはその企業が同じ額ではなく着実に増額された配当を支払ってくれるのを期待しているからだ。

売上を増やす方法は明快だ。より多くの顧客を買う気にさせるか顧客により多くのものを買ってもらえばいい。それは、オーガニックグロースと呼ばれるもので、健康な木の幹から新しい枝が伸びるようなものだ。もう1つの方法として、ほかの企業を事業ごと買収して、「より多くの顧客を買い取る」こともできる。このインオーガニックグロースは、他人の果樹園の木を自分の果樹園に移植するようなものだ。

事業成長のレバー

フードトラックのサンドイッチがどんどん売れるようになると、私たちは別の場所に2台目のトラックを買って利益倍増を図ろうと思うかもしれない。もし成功が続けば、本格的なレストランを開いて、いずれはトライステート【訳注／3つの州に接する】エリアでさらに店舗を増やすかもしれない。こう考えていくと、将来はどうなるのだろうか？　ヴェネツィアやアムステルダムの運河に浮かぶチーズ・ゴンドラ？　最終的にはマクドナルドの買収？　事業拡大の各段階で将来の売上と利益を見積もり、事業をその軌道に乗せるために次に取るべき手段を決めることになる。

そのためには成長性のドライバーを欲求とニーズをもつ顧客の集まり、ほかの人にお金を払って顧客に製品やサービスを提供させる力といった、市場の観点で分析するのが有用だ。チーズサンドイッチのトラックの場合、対象とする市場は、徒歩圏内にいて、牛の乳腺からの分泌物を固く凝固させたもの（チーズとも言う）に抵抗のない、お腹をすかせた人たちだ。そんな市場を拡大させたり縮小させたりするものは何だろうか？

私たちは2人とも、1990年代にテキサス州オースティンに移り住んで、テキサス大学に通った。当時のオースティンは人口が50万人ほどの街だった。それ以降、街の規模は倍以上になった。もし、私たちが学生だったときに、ある程度まともなフードトラックを起業していたら、その地域の人口増加のおかげで事業は成長していたはずだ。市場は単に人口動態的に成

長することができる。だが同時に、顧客行動の変化によって成長することもある。サンドイッチは飽きられて、はやらなくなる可能性はあるが、子ども時代の郷愁を感じさせる栄養価の高いベジタリアンフードとして、ふたたび注目を浴びる日が来るかもしれない。最後に、サンドイッチが流行るかどうかにかかわらず、経済状況全体（景気）が変化する可能性がある。不況によって失業者が増えれば大勢の人が生活費を節約するために、フードトラックに向かわずにランチを持参するようになる。

　前述した3つの要因（人口動態的な成長、顧客行動の変化、経済状況）が、市場の成長に影響を与えるのはあきらかだ。だがそれらの要因は、どんな意味で、私たちがマネジャーとしてコントロールするレバーとなるのだろうか？　私たちは人口動態的な成長にささやかな貢献はできるかもしれないが、それがビジネスに影響することはまずない。個々の企業はたとえ大企業であっても、全体的な経済状況をコントロールすることはできない。せいぜい提供する製品・サービス、その品質および販売・宣伝活動が顧客行動に影響を与える可能性があるくらいだ。市場の成長は、売上拡大の重要な要因ではあるが、簡単にコントロールできるものではない。企業にできるのは、取り組むべき市場に関して賢い選択をすることくらいだ。

　だが、フードトラック事業を伸ばすには別の方法もある。既存市場でのシェアを拡大するのだ。私たちがトラックを停めているオフィスパークでは、お腹をすかせたビジネスパーソンに別の選択肢がいくつかある。コンビニでは新鮮さは疑問だが手頃な価格のパック詰めサンドイッチを売っている。スムージーの売店もある。しゃれたレストランでは、ランチタイムにマルガリータを半額で提供している。ビジネスを拡大するには、そうした選択肢から顧客を引き離さなければならない。つまり「競争」だ。

　市場シェアをめぐって競う方法はたくさんある。価格はあきらかにその1つで、価格を下げれば、シェアを拡大、つまりはライバルを犠牲にして売上を増やすことができるかもしれない。当然ながら、このやり方にはサンドイッチ1個当たりの収益性が下がるというトレードオフがともなう。そしてそれは地元のフードサービス市場で、徹底的な価格戦争を引き起こ

す恐れがある。顧客は喜ぶだろうが、売り手の利益は減少し、市場シェアは最終的に元の状態に戻るかもしれない。

また、顧客が魅力を感じるすべてのこと（おいしいレシピ、感じのいい接客、迅速な提供など）に関して、より大きな価値を提供することも可能だ。ただし、その取り組みがうまくいった場合でも、やはりトレードオフがともなう。より大きな価値を提供しようとすると、おそらく費用が増大するので売上が改善しても利益は増えない可能性がある。一方で、競合他社もただ手をこまねいているわけではない。彼らもまた、かつての顧客をふたたび取り戻す方法を見つけようとするはずだ。

競合する企業は、価格を下げたとしても製品やサービスを改善しない限り、成長という点ではたいした成果はないかもしれない。達成すべき目標は、単に衰退を防ぐだけのものになってしまうことが多い。もちろんそれでも実際に衰退するよりはいい。だが、競争するためにできることがどれだけあろうと、市場シェアを拡大して成長するのは容易ではない。

市場シェアはゼロサムゲームだ。誰かがシェアを増やせば、その分ほかの誰かがシェアを失う。

市場シェアのゼロサムという本質は、成長がしばしば競合他社とその顧客の買収というかたちで達成される理由を説明している。合併と買収（M&A）にもトレードオフがともなう。買収に使われた財源は、ほかの価値創造的な投資に向けることもできたはずだ。それにM&Aもゼロサムゲームなのだ。競合他社もM&Aを行って、私たちをのけ者にすることができる。あるいは、抗しがたいオファーを私たちに突きつけてくる可能性もあるのだ。

市場の成長はすばらしいが、それを操作する手段はほとんどない。それにひきかえ、市場シェアを獲得するためにやれることはたくさんある。だが競争という文脈では、このゼロサムゲームが成長への影響を制限するかもしれない。それでは、利益を増やしつづけるには、どこに目を向ければいいのだろうか？　成長志向の企業はつねに新たな市場を探している。新たな市場とは何を意味するのだろうか？　ときには技術革新が人間のニー

ズと欲求を満たすまったく新しい方法を提供するかもしれない。パーソナル・コンピューティング、インターネット、AIはみな、そうしたイノベーションの例として頭に浮かぶ。多くの企業にとって、R&Dは既存の製品とプロセスだけでなく、まったく新しい製品とプロセスの改善にも力を注ぐ。そうした新製品は完全に新しい市場を開拓し、場合によっては定義することさえある。そしてもし、自分ですばらしいアイデアを思いつかないのなら、それをもっているビジネスを買うこともできる。多くの合併や買収は、市場シェアを獲得するためではなく、新たな市場へ参入するために行われているのだ。

　ほかの新しい市場としては、歴史的に未開拓だったコミュニティがある。過去半世紀くらいのあいだ、世界的な成長と個々の企業の売上拡大の多くは、発展途上世界への地理的拡張によるものだった。

　ときには、誰かがまったく新しいニーズや欲求を発見（発明）することもあるようだ。1975年に起こった《ペット・ロック》ブームはとりわけ愉快な例だ【※1】。ゲイリー・ダウルは、友人たちから、ペットの世話に関する苦労話を聞かされるのにうんざりしていた。そこでダウルは、メキシコの海岸で採った石をこの手間の掛からない「ペット」の世話をする方法を書いたマニュアルを同梱して販売することにした。すると、なんと100万個以上も売れたのだ。

　多くの場合、社会的なイノベーションは、技術的なものとは違って、完全に新しい市場をつくり出した。MBAの学位の例を見てみよう。誰かが組織を管理するには学校で学ぶことのできる一連のスキルが必要だという考えを思いついた。そうしたスキルを備えていることを学校が証明すれば、その証明書をもつ人たちはより高い初任給を得ることができるというわけだ。そうやって「MBA」という数10億ドル規模の市場が誕生した。

　ある市場が真に新しいものかどうかは、用語の定義の問題であることが多い。電気自動車メーカーのテスラの成長予測は、電気自動車という「新しい」市場でのプレゼンスをもとになされている。だが当然ながら、「個人的な交通手段」という市場は新しいものではない。テスラの車はエンジン

を搭載した車よりも進化していく顧客の要求に、より適合しているだけかもしれない。企業の成長は、とりわけ効果的な市場シェア獲得とちょうど同じくらい容易に特徴づけることができる。それと同時にテスラの車とマーケティング戦略は、顧客行動の変化に対応しつつ、その変化をみずから形成してもいる。テスラの取ったような競争力のある行動が市場に与える影響があまりにも大きくて、市場をつくり変えてしまう場合によく使われるのが「ディスラプション（破壊的）」という言葉だ。破壊的なイノベーションにはたいてい、未開拓の市場を認識する、顧客行動を変える、そして最終的に市場シェアをマーケットリーダーから劇的に奪い取るという、3方向からの取り組みがともなう。

　要約すると、成長を生み出すために、企業は成長している市場での活動に注力し、もし可能ならば顧客行動に影響を与えてその成長を加速させる。それは、少なくとも自社の持ち分を競合他社から死守するために市場シェアを奪い合うゼロサムゲームでの戦いとなる。だが、最も重要な成長の機会のなかには、新規市場から生まれるものがある。そうした機会は、未開拓の市場という言葉で定義されることもあれば、技術的もしくは社会学的なイノベーションによってもたらされることもある。

　あなたは仕事において、こうした成長志向に貢献しているかもしれない。だが経営者としては、それにともなうトレードオフを理解しておく必要がある。新規顧客を獲得するための値下げは利益に貢献するだろうか？　それとも、競合他社による報復的な値下げを招くだけなのか？　イノベーションによって、値上げしたり、市場シェアを獲得したり、あるいは完全な新規市場を開拓したりすることが可能になるだろうか？　もしくは、現在の売上を減らし、顧客を自社の1つの製品から別の製品に誘導するだけなのか？　そしてもし新製品が旧製品の売上を継承することができなければ、ほかの企業が代わりにそうするのだろうか？

　2004年、ノキアはタッチスクリーンやインターネット対応電話といったR&D研究所が生み出したいくつかの技術を評価する際にこうした疑問を慎重に検討した【※2】。ノキアはすでに携帯電話の市場で圧倒的なシェアを誇

っていたが、タッチスクリーン電話の市場はまだ想像するのが難しかった。4インチのスクリーンを本当に眺めたいという人が十分にいるだろうか？それと同時に、タッチスクリーン電話は製造コストが高かったのでノキアの有名な「デザイン・ツー・コスト」の原則からすると受け入れがたかった。簡単に置き忘れたり、盗まれたり、落としたりするものに1000ドルも払うなんてばかげていると思われていた時代に高い価格で売らなければならないからだ。ノキアは、そうした製品は現実的ではないと判断し、開発の打ち切りを決めた。その結果、2007年にノキアを襲ったディスラプションに対しては完全に無防備だった。

事業者が語る夢物語とリアルなストーリー

私たちはフードトラックを何年も運営しているので、うちの経理担当者は売上や利益がどう推移してきたかを報告することができる。過去の成長の記録が手に入るからだ。だが過去は将来の指針としては完璧とは言えない。投資家が株を所有している企業に価値を見出すとき、その価値は過去のキャッシュフローではなく、将来のキャッシュフローから生まれるものだ。過去の業績は、有能な経営者（経営陣）と将来を切り開くための強固な基盤を備え、経営がうまくいっている企業のこれまでの状態を証明するにすぎない。

将来を予測して、それに対する計画を立てるのは、マネジャーの重要な仕事だ。コングロマリットのCEOやCFOだろうが、スモールビジネスの起業家だろうが、あるいは大きな組織のなかの小グループのリーダーだろうが、それは変わらない。企業はその売上と経費を予想しなければならない。理想を言えば、以下のような質問に対する答えは知っておきたい。

- どんな顧客が買ってくれるか？　どれくらい多く？　いつ？　どんな値段で？
- どんな資源が必要になるか？　いつ？　どこで？　いくら掛かるか？

フードトラックの経営者として、私たちはこうした質問に自分たちなりに答えることはできるかもしれない。大企業は、将来の売上、費用、利益の予測をするために多くのソースからさまざまな情報を数多く集めなくてはならない。それは、何千人もの人たちを巻き込む作業になることもある。そうした情報を伝えるだけでも膨大な仕事だ。だが、たとえ関連する情報がすべて手元にそろっていたとしても、自分たちが立てた予測が実現すると100％確信することはない。最も当てにしている顧客がチーズに飽きてしまうかもしれない。世界的なトマトの病害でトマトが手に入らなくなる恐れもある。地元の卸売業者が廃業してしまう可能性もある。

それでも、ただ両手を空に向かって振り上げているわけにはいかない。何らかの計画を立てる必要がある。将来起こりそうなもっともらしいストーリーを考え出して、それを投資家に向かって説明しなければならないのだ。

ここでは「ストーリー」という言葉をかなり意識的に使っている。もちろん、スプレッドシートや財務報告書を使って話をすることはできるだろう。だが、予測がいかにデータに基づいたものであっても「ストーリー」であることに変わりはない。それが夢物語で終わるか現実になるかは将来になってみなければわからない。

企業の経営者たちが、成長に関するストーリーをどう語っているかを知るために、スイスを拠点とするセメント大手のホルシム（Holcim）を見てみよう。セメントは2000年以上前からつくられていて、ビル、橋、鉄道、道路といった大型の物理的インフラで使用される。そして、建設業界は経済環境にきわめて敏感だ。不況のあいだはプロジェクトがしばしば凍結され、中止になることもあるからだ。景気後退はあいかわらず予測がつかないので、中期的に見るとセメントの需要はきわめて不安定と言わざるをえない。経済学者たちは、過去5回の景気後退のうち9回を見事に予想していたとは、経済学者のポール・サミュエルソンの言葉だ。セメント市場は、世界的な巨大企業、多くの中規模企業、そして何千もの小規模で地元に密着した工場1つの企業までが参入している、かなり細分化された市場だ。

当然ながら競争は激しい。

アニュアルレポートはすべて、企業の業績に関する過去のデータを使った財務諸表を載せている【※3】。投資家は、直近の業績だけでなく、経営幹部が将来について語る内容にも同じくらい注目している。ホルシムの2020年のアニュアルレポートは、CEOのヤン・イエニッシュによる有用な説明をインタビューというかたちで掲載している。2021年に向けてホルシムをどう位置づけるかを問われて、彼はこう答えている。「すべての地域で前向きな需要動向が見られるので、2021年に向けての大きな成長を確信しています。インフラと気候対策が政府の優先事項であり、景気回復を促進するために、世界中でかつてない規模の経済対策が展開されているので、当社も自分たちの役割を果たす所存です」。

「成長」や「前向きな需要動向」といった言葉が、成長への期待を明確に伝えている。だがイエニッシュは、この成長を達成すべきものとしてみなしている。成長は「確信」していても命を賭けて誓っているわけではない。同時に彼は、成長をけん引する要因についてのストーリーも語っている。新型コロナウイルス感染症の世界的大流行は、グローバル経済の大部分とともに建設業にもダメージを与えた。それに対して世界各国の政府は経済を刺激するための支出をしていた。そうした政府の支出は大量のセメントを消費する高額なインフラに向かうことが多かった。

イエニッシュは中期的な成長はどこから生まれるかという質問に対してより長く意味深い答えを述べており、そのなかで「都市化、人口増加」「前例がない世界規模でのインフラへの投資」「環境配慮型建物への大掛かりな移行を加速させるまたとない機会」に言及した。

この成長ストーリーには、3つの主要なテーマがある。政府によるインフラ投資は、中期にわたって展開しつづけなければならない。インフラの建設には時間が掛かり、政府の支出は経済の変動にはそれほど左右されない。そしてそれは、成長のための強固な基盤を供給する。2つ目のより大きく長期的なテーマは、市場の成長と新規市場に関するものだ。人口増加は容易に理解できる。人が増えれば、家も増える。だが市場の成長は都市

化による顧客行動の変化からも生まれる。人口が密集する地域は道路、鉄道、港湾、空港、鉄道の駅といったインフラがより多く必要となるからだ。最後に、環境配慮型建物という新規市場のヒントもそこには含まれている。セメント製造は炭素集約型の製造プロセスで知られており、それ自体が世界の温室効果ガスの排出量の８％を占めている【※4】。サステナビリティの傾向を先取りできるセメント企業は有利な立場にある。

　だがホルシムは有利な立場にあるのだろうか？　この成長ストーリーはよさそうに聞こえる。だが、証券会社に電話してホルシムの株を買うのは待ったほうがいい。本書にも書いているように、このストーリーが計画どおりに実現するかどうかはまったくわからないからだ。読者が本書を目にするころには、世界の全セメントメーカーが勢いのあるWÛDという名のスタートアップに圧倒されて、事業から撤退しているかもしれない。WÛDの新建材が彗星のごとく現れて炭素を凌駕してしまうのだ。その一方で、着用できるセメントが売れるようになっているかもしれない。あるいは、すべてがイエニッシュが述べたとおりになっている可能性だってある。だが、ゼロサムの戦いの場では、100の個々ではささいな、だが全体では決定的な理由によって、ほかのセメントメーカーが頭角を現してきた。

　企業の経営陣が語るストーリーは割り引いて聞くべきだ。経営幹部は個人的な利益や評判のために、意識的にせよ無意識にせよ、暗い話ではなく明るい話をしがちだからだ。たとえ純粋な心の持ち主であっても、ビジネスリーダーは期待値の設定には慎重にならざるをえない。悲観的な見通しは、全従業員のやる気を失わせ、予想したとおりのお粗末な業績につながることがある。暗い予言によって弱気にさせられた投資家は、株を売却して株価を引き下げ、みずからその予言を的中させてしまう。これらの理由によって、CEOは全員の利益を考慮し、公式声明のなかでは楽観的になりすぎてしまうのかもしれない。

　それと同時に彼らは、過大な約束をして結果を出せない事態にならないよう気をつけなければならない。なぜなら、約束を破ることほど投資家の信頼を揺るがすものはないからだ。経営幹部は絶妙なバランスを保たなけ

ればならない。だがそれは、社員が仕事をやり遂げるのにどれくらいの時間が掛かるかと上司に尋ねられた際に、バランスをとった回答をするのとたいして変わらない。

投資家は経営幹部が語るストーリーに関して第三者の裏づけを探し求める。競合他社の話に耳を傾け、業界アナリストの報告書を読んで、すべてをより幅広い経済および政治のニュースと関連づけて判断するのだ。

投資家は企業の財務諸表からも成長に関する洞察を得ることができる。成長はどこからか生まれなければならず、いますぐ準備に取り掛かる必要がある。明日調理するレシピのために今日買い物をしなければならないのとまったく一緒だ。財務諸表は企業の最近の支出のうちのどれが成長を加速させる可能性があるかを示している。そのヒントはどこを見れば得られるのだろうか？

私たちは、売上、マーケティング、R&D、あるいは生産的資産などに多額の支出を必要とする。支出は成長を保証するものではないが、前提条件ではあるかもしれない。もしCEOがいいことばかりを約束する一方で、支出を減らしているのがわかったら、少なくとも私たちのウソ発見器が点滅し始めるはずだ。企業がいま実際に取り組んでいることは、そのストーリーと整合性がとれていなければならない。CEOは口先だけでなく行動で証明する必要があるのだ【※5】。

だが、企業のリーダーが自分の語るストーリーを信じていようがいまいが、なるようにしかならない。その不確実性にいかに取り組むかが、次章のテーマだ。

第3章の要点

売上拡大は、利益の増加を実現するための最も持続可能な方法だ。

企業は現在の市場に内在する成長性を捉えようと努力することができる。市場シェアを増やすか、新規市場に参入すればいいのだ。

成長は報告すべきものではなく、計画すべきものだ。計画は実現するかもしれないし、しないかもしれない。

企業の経営幹部は将来の業績に対する適切な期待値を設定することで、投資家に信頼を植えつける。

3 週目

ステークホルダーから見た経営リスクと 「約束」 としての貸借対照表

第 4 章

経営リスク

私たちはみな、リスクがビジネスと投資の中心にあることを知っている。リスクには多くの定義と解釈がある【※1】。だが、それらはすべて、「将来がどうなるかはわからないが、何が起きるかという想定を現在の行動のよりどころにしなくてはならない」という、基本的な課題に取り組んでいる。

私たちとしては、「約束」という単純な観点からリスクについて話したいと思う。企業は多くの方法で説明することができる。企業は資源の集まりであり、人々の集まりでもある。それだけでなく、複雑な人間関係からなっている。

企業を多くのステークホルダーに対してなされる約束の塊として考えるとわかりやすい。企業は顧客に財やサービスを期待された品質レベルで予定どおりに提供することを約束する。従業員には給与を払うことを約束する。サプライヤーには請求書の支払いを約束する。債権者には決められたスケジュールにしたがって利息と元本の支払いを約束する。そして、ほかの約束をすべて果たしたあとに株主のために何かが残されることを約束する。それが「利益」と呼ばれるものだ。

約束とリスク

私たちはつねに約束をしている。ときには、そのつもりがなくても何の意図もない約束を耳にすることもある。何らかの不思議な力によって「あなたは『アベンジャーズ』の映画が好きになる」という言葉が、寝る時間が迫った9歳の子どもの耳には「いますぐ観よう」に変わってしまうことがある。人が口にすることは期待なのだ。一方では、守れない約束をするのを避け、そしてもう一方では、約束を守る意思があることを他者にわかってもらおうとする（子どもが言う「神様に賭けて誓うよ。もしうそだったら死んでもいい」のように）。企業は神様に賭けて誓いはしないが、契約のような手段を使ってなんとしても約束を果たそうとする。

私たちは期待値を設定すると同時に、みずからも期待を抱く。その期待が、他者の明確な、あるいは暗黙の約束に基づくものか、みずからの想像力がつくり出すものかにかかわらず。期待のなかには実現しないものもあ

る。おそらく何かを期待と勘違いしたのだろう。意図的に欺かれたのかも
しれない。契約に解釈の幅があった可能性もある。あるいは、世界が約束
をした当事者に最も厳粛な誓いを破ることを余儀なくさせたのかもしれな
い。毎年、何千という企業が債権者に対する約束を破って、破産を宣言す
る羽目になる。それはどうにもならない事情によることが多い。

　私たちになされた約束を100％額面どおりに受け取ることはできない。
約束は割り引いて考える必要がある。投資家は企業を将来のキャッシュフ
ローを約束する存在として見ている。そしてその約束に対する信頼は、多
少なりとも保証されている。第3章で見たように、経営幹部の仕事の大部
分は、投資家の期待と一定の信頼を形成することにある。

投資家の視点から見える「リスク」

　イングリッドという投資家の視点で世界を眺めてみよう。イングリッド
にとって、新しいフードトラックに1万ドルという資金を提供するのは、
見返りを得るチャンスだ。だが当然ながら将来は不確実だ。何が起きるか
正確にはわからない。次のマクドナルドとなる事業に出資することになる
かもしれない。

　イングリッドは、あれこれ想像して期待を抱くことはできるが、無謀な
夢が現実となる可能性が低いことも知っている。本当にすばらしい結果は
残念ながら得られそうにないと考えているのだ。ある程度起こりうる満足
のいく結果もいくつか考えられる。残念な結果となる可能性もある。

　イングリッドにとって破滅的な結果は、ベンチャーにつぎ込んだ全額を
失うことだが、それは起こりそうもないと思っている。

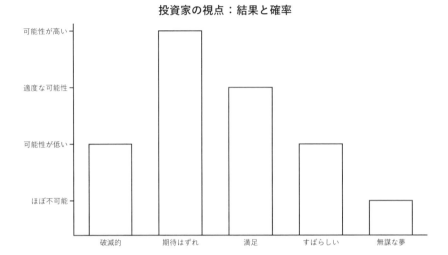

結果は金額で表される。それは、どんなものになるか正確に把握できるという意味ではない。イングリッドにとって起こりうる最悪の結果は、資本の破滅的な損失で投資した全額を失うことだ【※2】。この最悪のシナリオ以外でイングリッドが選択せざるをえない典型的な結果がいくつかある。

- ちょうどブレークイーブンとなる：0ドル
- 満足のいく金額を得る：1000ドル
- 思いがけない金額を手にする：5000ドル
- 無謀な夢をかなえる：5万ドル

イングリッドが出資するかしないかを決めるには、この情報だけで十分だろうか？ 投資家がさまざまな結果に対して抱く信頼の度合いを決断に反映させる必要があるのはあきらかだ。そこでイングリッドは、この投資の期待値を計算することになる。

彼女はまず、起こりうる結果のそれぞれに対する信頼度を確率に変換する。0と1のあいだで、たいていはパーセンテージで表す（例：50%）。

結果		確率	
	（米ドル）		（パーセンテージ）
破滅的	−10,000	可能性が低い	10%
期待はずれ	0	可能性が高い	50%
満足	1,000	適度な可能性	25%
すばらしい	5,000	可能性が低い	10%
無謀な夢	50,000	ほぼ不可能	5%

　イングリッドが計算したように、起こりうる結果のそれぞれに、それに対する信頼度で重みづけをしたものを合計した結果が期待値だ。この場合、期待値は2250ドルとなる（期待値＝−10,000×10％＋0×50％＋1,000×25％＋5,000×10％＋50,000×5％＝2,250)。

　イングリッドの投資判断がこの2250ドルという素朴な数値に凝縮されているのだ。それで……それは何を意味するのだろうか？

　そこが悩ましいところだ。2250ドルというこの期待値は最も可能性の高い結果ではない。実際、イングリッドが報酬を計算するために選んだ選択肢のなかに入ってもいない。「もし1000台のフードトラックに1万ドルずつ投資したら、トラック1台当たりの平均報酬は2250ドルになるか」といったようなものだろうか？　あなたが直感的にそう考えたとしたら、統計学についてある程度知っていることになる。だが、それならば、この解釈が有効なのは、フードトラックへの投資が繰り返し何度も試行され、それぞれの試行が互いに影響し合わないと想定した場合に限ることもおそらくわかっているはずだ。それは、ビジネスに関しては現実的な想定ではない。

　期待値に関する最も適切な説明は「期待値はそれ自体はほとんど何も語らないが、いまこの瞬間に提示されている異なる投資の選択肢を比較するのに役に立つ」というものだ。イングリッドは現金を眠らせておくこともできるが、その場合、結果は0ドルで、それは確実だ（インフレーション、銀行口座の利子、国債などは無視している）。「そうか！　2250ドルが手に入るならば0よりずっといい。期待値からすれば、どう考えてもイングリッ

ドはお金を眠らせておくよりもフードトラックに投資すべきだ」とあなた
は考えているかもしれない。

　ただ、それも状況による。もし最悪の事態が起こって1万ドルを失った
らイングリッドはどれだけのダメージを受けるだろうか？　2250ドルか
5000ドル、もしくは5万ドル余計に手に入れることでイングリッドの人生
がどれだけ変わるだろうか？　この機会を諦めたからといって、イングリ
ッドが愚かだとか賢いとか決めつけることはできない。期待値は投資案件
を比較するのに役に立つが、それがすべてではない。

　イングリッドは、ほかに何を検討すべきだろうか？　イングリッドには、
こうした見返りをともなう投資の選択肢がもう1つあり、フードトラック
と並べて参照できると仮定しよう。期待値は同じとする。だが、新たな機
会は2つの重要な点で異なっている。

- 新しい選択肢のほうが、出資額が少ない。5000ドルだけなので、すべ
  て失ったとしても損失は5000ドルに抑えられる
- 結果がより魅力的な選択肢の2つにかなり近い

　これら2つの理由によって、イングリッドはフードトラックよりも新し
い機会を選択すると言えるだろう。それでは、もし新しい機会もまた同じ
フードトラックの場合はどうだろう？

最初のフードトラックのケース	
結果	確率
（米ドル）	（パーセンテージ）
−10,000	10%
0	50%
1,000	25%
5,000	10%
50,000	5%

期待値：$2,250

　説明しよう。チーズの事業者である私たちは、イングリッドが私たちの提案に不安を感じていることがわかった。そこである程度の調査をしてから、以下の新しい情報をもって、ふたたびイングリッドのもとを訪れた。

- 購入せずに賃借できるフードトラックを見つけたので、先行投資を減らせる
- 追加のマーケット調査を実施して、潜在顧客が予想以上に多いことがわかった
- 品質について妥協することなく、費用を削減する方法をいくつも見つけた

修正されたフードトラックのケース	
結果	確率
（米ドル）	（パーセンテージ）
−5,000	10%
0	24%
1,000	25%
5,000	40%
50,000	1%

期待値：$2,250

　私たちはイングリッドに表やグラフを見せた。イングリッドのために、サンドイッチの見本もつくった（とても気に入ってくれた！）。熱意もアピールした。以前は不安を感じていたイングリッドがいまは興奮している。そして投資することに決めてくれたのだ。

信頼を高めてより多くの価値を創造する

　ここでは何が起こったのだろうか？　私たちは、2つの方法でイングリッドの期待値をつくり変えた。最悪の場合のシナリオを抑えて、より狭い範囲の結果に対する彼女の信頼を高めたのだ。その結果イングリッドは、最初のオファーよりも修正されたシナリオのほうを選んだ。この選択はイングリッドが新しいオファーをより高く評価しているということ以外に何

を意味するのだろうか？　じつのところ、私たちは価値を創造したのだ。当然ながら、もしそれを実現できなければ、すぐにその価値を破壊し、イングリッドの信頼を失ってしまうことになる。

　企業は投資家に対して、将来のキャッシュフローを約束する。投資家が認める価値は、期待される結果によって測定されるキャッシュフローの規模と、それに対する投資家の信頼に掛かっている。企業の経営者の発言と彼らの行動の両方を通して投資家の信頼を形成することも企業がしていることの一部だ。経営者の言葉や行動は、投資家の信頼を高めたり損なったりすることで価値を生み出したり破壊したりする。

　このあとの章では、企業の業績とその業績の伝え方が、どのように投資家の信頼を形成するのかを検討する。その前に、株主の視点を簡単におさらいしておこう。株主に対して、企業はそのほかの約束をすべて果たしたあとに、株主のために何かが残ることを約束する。したがって株主は、企業がどんな約束を誰に対してしているのかを知りたがることになる。同じように株主は、企業に対してどんな約束が誰によってなされているかも知りたいだろう。また、約束を果たすために、企業がどんな資源を投入できるかも知りたいと思うはずだ。

　先に検討した損益計算書とともに、貸借対照表とキャッシュフロー計算書がこれらの疑問に答えるのに役に立つ。3つの財務諸表すべてが一緒になって機能し、企業の直近の業績について報告する。そうすることで、企業の将来に対する投資家の信頼を形成するのに一役買っているのだ。

　確率論と統計分析のツールキットが投資家や経営者が業績の金銭的な価値を定量化するのに役に立つ。それでもなお、将来は単純化できないほど不確実で企業が約束を果たすのを妨げかねないリスクの多くが定量化できないままだ。有名な経済学者のジョン・メイナード・ケインズは、不確実性についてこう言っている。「私は不確実という言葉をヨーロッパ戦争の見通しや（中略）新しい発見の陳腐化について使っている。（中略）これらの事柄については、何らかの計算可能な確率を形成するための科学的な根拠はまったくない。（中略）それにもかかわらず、私たちは行動や決断の必要

性によって（中略）この不都合な事実に全力で目をつぶることを余儀なくされている【※3】」

　別の言い方をすると、ビジネスが本当に退屈になることは決してないということだ。

第4章の要点

　企業は株主に対して、通常はキャッシュフローという観点で、将来の約束をする。将来のキャッシュフローには、つねに不確実性がともなう。

　投資家は出資が高額になるほど、そして起こりうる結果の幅が広いほど、強い不安を感じる。彼らは、不安の少ないビジネス機会を高く評価する。

　経営者の発言や行動は、投資家の信頼を高めたり損なったりすることで、価値を創造したり破壊したりする。価値の管理には、キャッシュフローの規模だけでなく、予測可能性の改善も含まれる。

3 週目

ステークホルダーから見た経営リスクと
「約束」としての貸借対照表

第 5 章

貸借対照表

株主が企業の将来のキャッシュフローを確信していればいるほど、その
キャッシュフローは価値あるものになる。ここで、T社とP社という、ど
ちらも年間売上が数十億ドルある2つの企業を考えてみよう。T社は1750
億ドル近くの負債を抱えていて、それに対して毎年約70億ドルの利息を支
払っている。一方のP社はこれと言った負債がなく、いかなる利息も払っ
ていない。不安を感じさせるのはどちらの企業だろうか？

　私たちのような人間は「負債」という言葉を目にしただけで、不安のレ
ベルが急上昇する。多くの人が、住宅ローン、自動車ローン、学生ローン、
クレジットカードのローンといった、何らかの負債にさらされてきたから
だ。負債はたいてい融通のきかないスケジュールにしたがって現金の支払
いをするよう義務づける契約だ。この約束をまだ手にしていないお金を使
って果たさなければならない場合がある。そうでなかったら、そもそもお
金を借りる必要があっただろうか？　最善の意図をもってしても将来手に
入ると期待しているお金が約束を守るために必要なタイミングで入ってく
るとは限らない。

会社の資源を数値化する

　企業は成長性と収益性に関する野心に資金を提供するためにお金を借り
ることがある。そして、債権者にそのお金を手数料である利息をつけて返
済することに合意する。企業は将来の利益で利息の支払いをする。株主の
観点からすれば、利息は株主が権利をもっている利益を減らしてしまう。
利益を減らすのは、それ自体、聞こえが悪い。だが、もっと重要なのは状
況によっては企業が負債契約をきちんと履行するのを妨げる可能性がある
ことだ。企業が約束した支払いをしない、これをデフォルト（債務不履行）
というが、その場合には必要ならば債権者は裁判所に訴えて企業の所有権
を株主から債権者に移すことで、企業に支払いをさせることができる。そ
の場合は、株主は資本をすべて失うという最悪の事態に見舞われることも
ある（これを倒産という）。

　会社に対する債権者の権利は株主の権利よりも高く位置づけられる。し

たがって、当然ながら企業の株主は債権者がローンの支払いに関して感じるよりも大きな不安を将来のキャッシュフローに感じている。そのため投資家は、ほかのすべての条件が同じならばP社のように負債のない企業よりもT社のように負債を負った企業により強い不安を感じるはずだと、つい思いたくなる。だが、ほかのすべての条件は同じではない。実際には、債権者が喜んでお金を貸し、経営者がお金を借りることに株主が満足しているのは、まさにT社がローリスクだからだ。その負債は財務の脆弱性の要因ではなく、財務の健全性を示す兆候なのかもしれない。反対に、負債のないP社は、あえてお金を貸そうという債権者がいないのかもしれない。

これらは、仮定上の事例ではない。Tは、アメリカの電気通信大手AT&Tのティッカーシンボル【訳注／個々の銘柄を識別するためにつけられたコード】だ。P社は、アメリカのデータアナリティクス会社のパランティア・テクノロジーズで、10億ドルを超える年間売上を誇るが、創業してからの約20年で利益を出したことが一度もない【※1】。利益の欠如は、パランティアが負債性資本を引きつけるのに苦労したに違いない理由を説明するただ1つの要因だ。AT&Tはそうした問題には直面していない。本章では、投資家がAT&Tの約束を守る能力にこれほど高い信頼を寄せている理由を調べる。株主はなぜ進んで（おそらくは喜んで）負債者が上位の権利をもつ出資をするのを認めるのだろうか。

私たちは起業家として、会社の基盤が顧客のために創造する価値であることを痛感している。顧客がいなくてはビジネスは成立しない。それだけだ。企業は資源を集めて、それを顧客が高く評価してくれるような財やサービスに変える。顧客はお金を払うことでその価値を享受する。企業はそのお金を使って、さらに財やサービスをつくる。そうしたウィンウィンのサイクルが永遠に続けば……。だがいったい何が、そのサイクルを誘発するのだろうか？

顧客が生産者が資源を得てそれを顧客の欲するものに変えることができるよう、前もってお金を払うことでそのきっかけを提供するほど、企業を信頼することはめったにない。企業がまず顧客の欲する何かをつくってか

ら、顧客にお金を払ってもらう場合のほうがはるかに多い。しかし、最初に企業は原材料、ツール、労働力、知的財産といった資源を必要とする。そうした資源は購入可能だが、それはいったい誰のお金で買えばいいのだろうか？　それは投資家のお金だ。

貸借対照表の作成

私たちがフードトラックの事業を起業したとき、オーナーとして自分たちの資金（自己資本）2万5000ドルを銀行口座に入金し、さらに銀行から2万5000ドルを借り入れたとしよう。この初期の状態で、企業の銀行口座には5万ドルの現金があることになる。

オーナーの私たちと銀行はどちらも、会社に対して請求する権利をもっている。銀行は2万5000ドル（と将来の利息）に対して、そして私たちはすべての債務が履行されたあとに残るものすべてに対して。スタート時点では、それは私たちが最初に投資した分の2万5000ドルだ。これをすべて記録するには、現金5万ドルという会社の資源を会社に対する請求権の残高と並べて書き留めておけばいい。そうすれば、それが最初につくる貸借対照表となり、そこには、開業時に企業が何を所有し、どんな支払い義務を抱えているかという概略が示されている（本章の表の数値はとくに指定がない限りすべて米ドル建て）。

資産		負債と資本	
現金	50,000	負債	25,000
		資本	25,000
トータル	**50,000**	**トータル**	**50,000**

貸借対照表は、その名が示すとおり、つねにバランスがとれていて、複式簿記という会計手法に基づいて作成される。複式簿記は事務的な間違いと不正行為をする機会を減らすやり方で、商取引を記録するために導入された（ミスや不正は当然ながら企業の投資家たちがさらされているリスクの一部にすぎない）。企業の資産（私たちの例では5万ドルの現金残高）は、

負債と資本の合計額とつねに一致しなくてはならない。貸借対照表は、企業が所有しているどんな資産に対しても誰かが請求する権利をもっていることを示している。契約に基づいた企業への請求権は企業の負債となる。私たちの例では、現時点での負債は銀行から借りた2万5000ドルだけだ。株主資本は負債がすべて返済された場合に株主が請求できる2万5000ドルとなる。

　フードトラックのローンの条項に、今後10年間にわたって年末に2500ドルの利息と2500ドルの元本を返済しなければならないと明記されているとしよう。多くの現実のローンの条件とは異なるが、ここでは計算を単純にしておく。私たちが負債を返済する限り、銀行側は満足だろう。私たちは毎年5000ドルの支払いをすることになるが、負債を完済するまでは、それだけの現金が銀行の預金にあるはずだ。だが、株主投資家としては気が気ではない。10年後、請求できるものが何も残っていなかったら、資本をすべて失うことになってしまうからだ。

　当然ながら、私たちが企業を興して資金を投入した理由は、その現金を使って何かをするためだった。チーズやパンやトマトを購入し、トラックを買うか借りるかして、サンドイッチをつくる。そして、一定の顧客を喜ばせて、利息の支払いを含む費用をすべてカバーするだけのお金を払ってもらうのだ。実際、ローン契約は、私たちに仕事に取り掛かるよう大きな圧力を掛けている【※2】。

　最初のステップとして、私たちは必要な資源である在庫と設備を購入する。我が社の経理担当者であるマーガレットが、これらの取引を会社の帳簿にきちんと記録したものをざっと眺めてみると、我が社はこんな感じになる。

資産		負債および資本	
現金	5,000	負債	25,000
在庫	5,000	資本	25,000
設備	40,000		
トータル	50,000	トータル	50,000

　私たちは、現金という資産の一部を、在庫と設備という別の２つの資産に変えている（長期間にわたって使用されるその他の物的資産には、設備のほかに建物や土地がある。現実世界の貸借対照表は、これらの固定資産を有形固定資産（PP&E）という項目に分類している）。資産の総額は変わっていないし、負債と資本も何も変わってはいない。債権者と株主は以前と同じ請求権をもっている。だが、彼らはこの状況についてどう感じているだろうか？　債権者はこの概況を見て、少し不安が強まったかもしれない。それでもまだ、元本と利息を併せた１年分のローンの支払額は、かろうじて銀行口座に残っている。それ以降の支払いに後れを生じさせないためには、企業は成果を挙げなくてはならない。当然ながら状況が悪くなれば、銀行は設備を差し押さえることができる。だがその時点で、設備には未払いの負債をカバーするだけの価値が残っているだろうか？　おそらくそれだけの価値はないだろう。銀行は、少なくとも資本の一部を失うことになるはずだ。

　開業の直前に、私たちは株主として企業を最初に設立したときとちょうど同じくらい不安を感じるかもしれない。だが当面は、別の種類のリスクに直面する。万が一、まったく売れなかったら在庫は腐ってしまうだろう。その場合、サンドイッチにして販売する場合と同じで、在庫はなくなるものの、顧客価値はまったく創造されず、顧客から対価として支払いを受けることもない。

　最初の月がうまくいったと仮定してみよう。在庫をすべて販売し、顧客から２万ドルを現金で回収する。さらに、フードトラックの経営幹部である自分たちにささやかな報酬を支払い、経理担当者のマーガレットに給与

を払って、宣伝に多少お金を使うと、販管費および一般管理費（SG&A）の合計が5000ドルとなる。当月の簡略化した損益計算書は、こんな感じだ。

1月目の営業利益	
売上	20,000
売上原価	5,000
一般管理費（SG&A）	5,000
営業利益	10,000

　結果として、利益は1万ドルとなる（単純化するために、いまのところ利息と減価償却費、そして税金全般を無視している）。そう、その利益が株主として私たちがもつ請求権だ。それをまったく引き出さなければ、この利益は会社に残る。そこで、この段階で私たちが最初に支払った自己資本（払込資本）と、私たちに請求権はあるが会社に残そうと決めた利益（利益剰余金）を区別しておくのがいいだろう。利益剰余金とは、企業がこれまでに得た利益の総額で株主がまだ引き出さないと決めたものだ。利益を増やすさらなる機会が会社にある限り、株主はそうした選択をしつづける可能性がある。そうなれば、利益剰余金は新たな生産性資産に資金を提供することができる。以下もまた、会社の概要を示している。

資産		負債および資本	
現金	20,000	負債(借入金)	25,000
在庫	0	資本	
設備	40,000	払込資本	25,000
		利益余剰金	10,000
トータル	60,000	トータル	60,000

　私たちは2万ドルの現金をどうやって手に入れたのだろうか？　トラック（−40000ドル）と在庫（−5000ドル）を購入したので、最初は現金が5000ドルしかなかった。その後、顧客から2万ドル受け取り、SG&Aとして5000ドルを支払ったのだ。

もし株主が、利益に対する請求権の一部を行使しようと決めたなら、会社にある現金の一部（たとえば5000ドル）を配当として自分たちに支払うことができる。そうすると、会社の勘定の資産側にある現金と負債および資本の側にある請求権残高がともに減ることになる。

資産		負債および資本	
現金	15,000	負債(借入金)	25,000
在庫	0	資本	
設備	40,000	払込資本	25,000
		利益余剰金	5,000
トータル	**55,000**	**トータル**	**55,000**

　いまステークホルダーたちはどう感じているだろうか？　報告すべきいい話と悪い話がある。私たちの銀行口座には３年分のローンの支払いを賄うだけの現金がある。そして、利益を得てそれを株主に配分した１カ月の実績もある。だがその一方、次の月も同じ業績を再現することができるのだろうか？　競争の圧力によって、創造する顧客価値とそのために必要な費用の差が縮小してしまうことはないだろうか？

　いずれにしても、在庫は使い切ってしまった。事業を継続したかったら、在庫をなんとか確保する必要がある。私たちが優良顧客であるならば卸売業者は向こう１カ月、材料をいま購入して１カ月後に支払うことを認めてくれるだろう。次の表では、後払いを前提にして、現金を減らさずに在庫を5000ドルに戻している。たしかに現金は温存したものの、今度は卸売業者という新たなステークホルダーがうちの会社に対して請求権をもつことになる。この取引に関する請求書は、いずれ支払期日がやってくる。私たちはそれを買掛金と呼んでいる。買掛金もまた負債だが利息が掛からないという点で、銀行からの借入金とは異なる【※3】。買掛金は専用の勘定項目を設けて区別することにする。

資産		負債および資本	
現金	15,000	負債	
在庫	5,000	買掛金	5,000
設備	40,000	借入金	25,000
		資本	
		払込資本	25,000
		利益余剰金	5,000
トータル	60,000	トータル	60,000

　ビジネスに話を戻そう。当年の残りの11カ月間に以下のことが起きる。

- 毎月、2万ドル分のサンドイッチを販売する
- 毎月、5000ドル分の在庫を使い果たす。そしてその分、毎月同じ支払い条件で卸売業者から購入してそれを補充する。つまり毎月、前月の5000ドルの請求書を支払って、30日間後の後払いで翌月の材料を仕入れるのだ。卸売業者がうちの会社に対してもつ請求権、つまりは買掛金は毎月変わらないまま
- 毎月、5000ドルのSG&Aを計上する
- 毎月、5000ドルの配当金を株主である自分たちに支払う
- 利息の1回目の支払いをして（2500ドル）、元本の1回目の返済をする（2500ドル）
- うちの経理担当者は、設備の耐用年数を20年とみなしているので、設備の価値が2000ドル減額されている【※4】

資産		負債および資本	
現金	65,000	負債	
在庫	5,000	買掛金	5,000
設備	38,000	借入金	22,500
		資本	
		払込資本	25,000
		利益余剰金	55,500
トータル	108,000	トータル	108,000

　今度は、私たちはどんな気分になるだろうか？　債権者としても株主としてもいい気分だ。未払いの負債や買掛金を賄えるだけのかなりの現金残高があるからだ。この1年間、私たちは利益を生み出し、株主にお金を分配した実績がある。もし事業を拡大したかったら、それができるだけの資金もある。現金が使える状態にあるのは、配当として引き出さずに会社に残しておいたからだ。

　拡大の機会はおのずと現れる。ニューエイジという地元のクラウド・コンピューティングのスタートアップは、多くの社員が昼休みに私たちのフードトラックまで来るのに、かなりの距離を運転していることに気づいたのだ。ニューエイジは社屋のなかにカフェテリアのような売店を開いてはどうかと、私たちに打診してきた。ニューエイジが社員の食べた分を支払ってくれるというのだ——それも高めの値段で。だがここに1つ落とし穴がある。売れた分を月末に集計して1本の請求書を発行し、30日後に支払いたいという。この機会に乗じるには、以下のような措置を取る必要がある。

- 4万ドルの現金を使って、売店を設置する
- 在庫の量を2倍に増やさなくてはならない。卸売業者は、いままでどおり後払いで材料を卸すことに合意してくれる

売店が初日の営業を始める直前の概況はこうなる。

資産		負債および資本	
現金	25,000	負債	
在庫	10,000	買掛金	10,000
設備	78,000	借入金	22,500
		資本	
		払込資本	25,000
		利益余剰金	55,500
トータル	**113,000**	**トータル**	**113,000**

　現金残高はいまやかなり減ってしまい、新しい売店の営業がフードトラックのように成功するかどうかは不透明だ。現実には、売店をつくったせいでフードトラックのビジネスが多少の打撃を受けるかもしれない。もし失敗すれば、はるかに大量の在庫をだめにしてしまう可能性がある。一方で、買掛金が増えたせいで債務総額が膨らんでいる。もう一度言うが、ステークホルダーの信頼は不安と期待の組み合わせによって形成される。そしてその割合はサプライヤー、債権者、株主という立場でそれぞれ異なる。

　1カ月間2つの場所で営業してみて、期待したとおりの成果を挙げることができたとする。フードトラックはサンドイッチを2万ドル売り上げ、お客は現金で支払ってくれる。売店は2万5000ドルとさらに多く売り上げて、合計すると4万5000ドルの売上となった。こうした数値を達成するためには、SG&Aを2倍に増やさなくてはならず、当然ながら材料も1万ドル消費した。当月の利益は2万5000ドルでその業績をもとに、私たちは配当の支払いを倍の1万ドルに引き上げることを決めた。

　売店での売上については、法人顧客であるニューエイジに2万5000ドルの請求書を送っている。だが、まだ現金が入ってくるわけではない。1社の法人顧客による支払いの約束は、どう特徴づければいいだろうか？　他者がうちの会社に対して請求できるものが負債であるように、私たちが他者に対して請求できるものは資産となる。それを売掛金と呼ぶことにして

概況を見てみよう。

資産		負債および資本	
現金	15,000	負債	
売掛金	25,000	買掛金	10,000
在庫	10,000	借入金	22,500
設備	78,000	資本	
		払込資本	25,000
		利益余剰金	70,500
トータル	**128,000**	**トータル**	**128,000**

　いまや私たちのサンドイッチのビジネスは堅固に見えるかもしれない。
だがいまでは多くのことが、請求書の支払いをニューエイジがするかどう
かにかかっている。経済全体が悪化しているとしたら？　個人の客はフー
ドトラックに来るのをやめ、法人顧客は債権者との約束を守るのに必死で
私たちにまで頭が回らないかもしれない。我が社の売掛金と在庫の価値は
ゼロとなり、サプライヤーと銀行に対する3万2500ドルの債務を賄うため
の現金が1万5000ドルしか残らない可能性がある。すべてのステークホル
ダーが胃が痛い思いをするに違いない。

　だが、まだパニック状態になる理由はない。たしかに負債をすべてカバ
ーするだけの現金はない。しかし、そうした約束は予定が決まっている。
サプライヤーには30日後に支払う約束をしていて、負債の清算期限がどん
どん近づいてくる。今年は借入金の元本の返済でさらに2500ドルを支払わ
なくてはならない。だが、残りの2万ドルの借入金は、支払い期限が来年
以降までやって来ない。それまでには経済が好転しているかもしれない。
私たちは、目の前の難局を切り抜けることさえできればいい。もし貸借対
照表が約束の期限が近い将来なのか、それともずっと先なのかをステーク
ホルダーに伝えることができれば便利ではないだろうか？

　貸借対照表は、まさにその役割を果たすもので、そのなかでは流動負債
と固定負債が区別されている。便宜上、流動負債は1年以内に支払わなく

てはならない債務とされている。そのほかのすべての債務は固定負債となる。同じように、一般的には、1年以内に現金化できる資産を流動資産としている。在庫はたいてい、すぐに売れる（そして現金化される）か、だめになってしまう。私たちは顧客が1年以内に約束（売掛金として計上されている）を履行してくれることも期待している。現金はすでに流動資産だ。そして、設備は1年以内に（あるいはずっと）現金化する予定がないので固定資産の一部となる。

資産		負債および資本	
流動資産		**流動負債**	
現金	15,000	買掛金	10,000
売掛金	25,000	短期借入金	2,500
在庫	10,000		
固定資産		**固定負債**	
設備	78,000	長期借入金	20,000
		資本	
		払込資本	25,000
		利益余剰金	70,500
トータル	**128,000**	**トータル**	**128,000**

　銀行からの借入金は2つに分けられる。長期借入金は、返済期限が1年を超えるものなので固定負債に計上している。そして流動負債のうち、今年の年末に返済期限が到来する分は、短期借入金に分類している。現実社会の貸借対照表では「1年以内に返済予定の長期借入金」と表記されることもある。

　この私たちの財務状態を見ると、ステークホルダーに対する短期的な約束が私たちに対してなされている短期的な約束とどの程度バランスがとれているかがわかる。短期的（1年以内）には、たとえ法人顧客が約束の履

行を怠り在庫がだめになったとしても、私たちには約束を履行するだけの現金がある。財政状態をこのように示すことで、会社がさらされている主要なリスクのいくつかを、その緊急性とともにステークホルダーに伝えることができる。

　上場企業の貸借対照表は、たいていこれまで見てきた私たちの例よりもはるかに複雑だ。年金契約、長期のリース契約、顧客による前払い、金融保証、その他の多くの要素を含む、あらゆる約束（他者に対してしたものと他者からされたもの）が加味されているからだ。だが、私たちの簡略化した例は、マネジャーが理解しておくべき主要な特徴をカバーしている。マネジャーは正確な会計計算を知る必要はない。だが、自分たちの行動がそれらの勘定項目をいかに増加させ、減少させ、互いに相殺させるか、そしてそうした動きがステークホルダーの信頼にどう影響するかは理解しておくべきだ。

▍実際の事例：AT&Tの貸借対照表

　AT&Tの2021年の貸借対照表を例として見てみよう【※5】。この表では、金額は100万ドル単位で表示されていて、いくつかの勘定項目が1つにまとめられている。

「短期借入金」と「長期借入金」の項目を見ると、AT&Tには約1750億ドルの有利子負債があり、流動と固定のその他の負債が同じくらいある。AT&Tの資本調達における資本の割合は3分の1にすぎない。つまり資本1ドルに対して負債が2ドルあることになるのだ【※6】。だが、AT&Tが負債に苦しんでいるとは考えずに、こう尋ねてみよう。「債権者たちはなぜ、それほど多くの資金を進んで貸したのだろうか？」「株主たちはなぜ、自分たちより強い請求権による負担をそれほど多く負うことを認めているのだろうか？」。ここでは詳しい説明をするつもりはないが、以下のような質問について考えてみてほしい。

AT&Tの2021年度の貸借対照表（簡略版）			
資産		**負債および資本**	
流動資産		**流動負債**	
現金	21,169	買掛金	50,661
売掛金	17,571	短期借入金	24,630
在庫	3,464	その他の短期負債	10,297
その他の流動資産	17,793		
固定資産		**固定負債**	
有形固定資産	125,904	長期借入金	152,724
無形固定資産	311,699	その他の長期負債	129,455
その他の固定資産	54,022		
		資本	183,855
トータル	551,622	**トータル**	551,622

① 「AT&Tは、どれだけ多くの顧客から、現金を受け取っているのだろうか？」

通常、電気通信事業者はあらゆる形態や規模の顧客を何百万人も抱えることになる。顧客の一部は、プロバイダーを変更するかもしれないし、いつ支払いができなくなるかもわからない。だが、大勢の顧客が一度にそうなる可能性は非常に低い。それに、電気通信は基本的で必要不可欠なものだ。クルーズ旅行などとは違い、経済が厳しい状況になったからといって、なしですませることはできない。

② 「顧客はどんな条件で支払うのか？」

電気通信業者は、サブスクリプション契約によって、顧客から月ごとに料金を徴収することが多い。そうした契約は2年といった一定期間にわたり顧客を拘束し、自動的に更新されるので解約するのが容易ではない。な

かには契約を結ばない顧客もいるが、たいていは前払いをしている。その
ため、AT&Tは定期的で頻繁な入金の流れをかなりはっきりと見通すこと
ができる。それは、たとえば自動車メーカーとはまったく違う。自動車の
場合は、買い替えの間隔が長くて予測がつかず、顧客が競合他社を選ぶ可
能性がつねにあるからだ。

　同じように、アマゾンのような企業は、サブスクリプション契約を結ば
せるために、いろいろな特典（配送料無料、コンテンツへの無制限なアク
セスなど）を提供している。定期的で予測可能なキャッシュフローはとて
も魅力的だからだ。IT業界では、多くの企業がサブスクリプション契約を
もとにした「サービスとしてのソフトウェア（SaaS）」を提供している。た
とえば、マイクロソフトは法人と個人の顧客に対して、シングルライセン
スよりもサブスクリプションベースの〈Office 365〉の購入を強く推奨し、
入ってくるキャッシュフローをより定期的で予測可能なものにしている。
ソフトウェアのサブスクリプションは、費用が予測しやすくなるという点
で、顧客にとっても好都合となり得る。詳しくはのちほど検討するが、ビ
ジネス上の決定は、価格や費用や利益だけでなく、円滑さや予測可能性に
も基づいてなされることが多い。

③「債務はどのように保証されているのだろうか？」

　この点は、簡略化した貸借対照表から読み取るのは難しい。AT&Tの資
産の約4分の1は有形で、それはAT&Tの場合、不動産や北米中に張り巡
らされたケーブルを含む電気通信ネットワークインフラのすべてを意味す
る。これらの資産の一部はイノベーションによって陳腐化したり、おのず
と劣化したりする可能性のあるハイテク機器だ。だがこうした機器の多く
は長いあいだ使用することができる。一方で、多くの無形資産はセルラー
無線ネットワークに電波スペクトルの一部を使用するためのライセンスで
構成されている。もし何らかの理由でAT&Tが金融債務を履行できなかっ
たら債権者はほかの企業が切望するかなり有用な一連の資産を差し押さえ
ることができる。

つまり債権者たちは、AT&Tの膨大で多様化した顧客基盤が生み出す着実で頻繁で予測可能なキャッシュフローが非常に市場性の高い資産によって保証されていることを知っているのだ。

債権者たちがAT&Tに対し、わずかな利息で負債性資本を提供するのをいとわないのは、AT&Tとそのビジネスモデルが堅固だからだ。借入金は企業の財務的な脆弱性の原因というより財務的な堅実性を示す兆候なのだ。だがAT&Tがいくら強固に見えても、不安の種がないわけではない。最良のビジネスモデルをもつ企業でも実力以上に債務を抱えている場合があるからだ。それでも、キャッシュフローの予測が可能な企業が債権者と株主の双方にとって魅力的な投資先となっているのはたしかだ。

貸借対照表は、しばしば「財政状態計算書」とも呼ばれるが、財政状態計算書という名称は示唆的だ。状態（ポジション）という単語は、何かがほかのものとの関連で物質界に位置しているという、空間概念から来ている。そして世界における私たちのポジションが、次に私たちに何が起きるかについて、多くを教えてくれる。もし私たちが山の頂にいるのなら、次にどこに行けてどこに行けないか、動くのにどれだけの労力が必要か、どんな周囲の環境（稲妻、風など）が脅威となりそうかがわかるのだ。

同じように、貸借対照表は次に私たちの会社に起こりそうなことについて、何かを教えてくれる。どんな約束が誰に対してなされていて、それはどれほど緊急性のあるものなのか？　そうした約束を履行するために、どんな資源を自由に使うことができるのか？　貸借対照表が教えてくれるのは、私たちが直面するかもしれない脅威だけではない。財政状態は、私たちがどんな新しい約束をすることができるのか、そしてそれがいかに信用できるものになるかについても教えてくれるのだ。

貸借対照表だけで、企業の脆弱性と機会について知る必要があることがすべてわかるわけではない。だが、これから起こりうることの概要は知ることができる。

第5章の要点

　貸借対照表は、過去の取引の記録であり、企業が所有するかコントロールしているもの（資産）と、義務を負っているもの（負債と資本）を示している。

　会計等式（資産＝負債＋資本）は、当然ながらつねに正しい。企業が何をコントロールしていようと、結局は誰かがそれに対して請求権をもっている。貸借対照表の左右のバランスがとれていない場合は、会計上の間違いがあるはずだ。

　貸借対照表は、流動負債と固定負債、流動資産と固定資産というように区別することで、時間の概念を組み込んでいる。

　貸借対照表で報告される資本の価値を、株主価値と混同してはいけない。

　財政状態計算書としての貸借対照表は、企業の将来にどんな機会や脅威が現れるかについての洞察を提供する。

4 週目

なぜキャッシュフローと利益は
同じではないのか？

第 6 章

基本的なキャッシュフロー

収益性が生まれるのは、顧客が進んで支払う価格とその価値を生み出すために必要な費用とのあいだに差があるときだ。倒産は企業の現金が底をついて、もはや債権者への約束が果たせなくなったときに起こる。収益性と倒産がまったく違う言葉で定義されていることに留意してほしい。そうすれば、おのずと本章の主要なメッセージに気づくはずだ。

Cash flow and profits are not the same thing.
キャッシュフローと利益は同じものではない

何が両者を違うものにしているのだろうか？　それは大きな謎などではない。財やサービスの代金の支払いは、その財やサービスが提供されると同時になされるとは限らない。それだけの話だ。もし読者が本書をクレジットカードで購入し、そのクレジットカードの引き落としがほぼ6週間後であるならば、バリューチェーン（価値連鎖）のなかのどこかの誰かのためにキャッシュフローと利益を乖離させたことになる。概念はいたって単純だが、企業がそれを忘れたせいで劇的な失敗につながることがある。いったい何がキャッシュフローを利益から切り離しているのかを調べてみよう。

簡略化したキャッシュフロー計算書を作成する

フードトラックのビジネスを立ち上げたとき、私たちは2万5000ドルの自己資金を会社の口座に入れ、銀行にも2万5000ドルの融資を認めてもらった。それらは、会社への2つのキャッシュフローだったが、顧客への売上でも利益でもなかった。反対に、ローンの元本を返済したり、自分たちに配当金を支払ったりすれば、顧客価値やそれを生み出すために必要な費用とは関係のないキャッシュのアウトフローとなる。企業と投資家のあいだのこうした現金の動きは、損益計算書からは読み取ることができない（慣例により、債権者に払う利息は費用とみなされ、損益計算書に記載される）。

私たちは調理器具を購入したときに、現金を会社の銀行口座からトラッ

クやまな板などのサプライヤーに送金した。そうした取引は創業時にいっせいに発生したもので、特定のサンドイッチに紐づけることはできない。資産のために支出した現金も損益計算書には出てこないのだ（設備の原価は耐用年数をもとに減価償却費として費用に計上され、同じく損益計算書に記載される。だが、減価償却費が費用として認識されるとき、それはキャッシュフローをともなわない。それについてはのちに詳しく説明する）。

財務諸表間の関係

資金調達や投資と関連するキャッシュフローは、損益計算書に記載されている売上や費用には対応していない。その理由からも、キャッシュフロー計算書と呼ばれる別の報告書にキャッシュフローを記録する必要がある。キャッシュフロー計算書は、2つの貸借対照表のあいだの期間における、会社の現金の出入りを記録するものだ。そして、損益計算書とともに企業の財政状態がある状況から次の状況へと移行した経緯を説明してくれる。

話をわかりやすくするために、キャッシュフロー計算書は現金の流れを3つの分野に分類している。そのうちの2つについては、おおまかに説明したばかりだ。財務活動によるキャッシュフローは、どれだけのキャッシュが投資家とのあいだで出入りしたかを示す。企業がローンを組んだり株を売却したりするときは、インフロー（流入）が起こる。一方、ローンの

元本を返済したり、配当を支払ったりするときはアウトフロー（流出）となる（企業が株式を買い戻すとき、そのアウトフローも財務活動によるキャッシュフローとして記録される）。投資活動によるキャッシュフローもおのずからあきらかだ。新しい設備の購入はアウトフローを、設備の売却（たとえば、レストランを開く資金をつくるためにトラックを売った場合など）は、インフローをもたらす。

　財務活動と投資活動が、なぜ利益とは逆の方向に向かう全体キャッシュフローを生み出すのかは容易に理解できる。とくに創業時、ローンが満期を迎えたとき、あるいは新しい資産が必要なときといった重要な局面でそうした現象が見られる。だが、キャッシュが顧客から入ってきてサプライヤーへ出ていく、第3の分野の「営業活動によるキャッシュフロー」の場合はどうだろうか？

　単純なビジネスでは純利益と営業キャッシュフローは同じものかもしれない。実際、多くの小企業は現金主義会計を採用している。現実世界のフードトラック事業もそうするに違いない。顧客はサンドイッチを買うと同時に、現金かクレジットカードで代金を支払う。サプライヤーは、たいていすぐに支払いを求めてくる。パンやチーズやトマトといった材料はすぐにだめになってしまうのでフードトラックが大量の在庫を抱えることはない。そのため、売上、費用、それに関連するキャッシュフローはかなり近いタイミングで発生する。

　次の表は、フードトラックの営業1年目における、キャッシュフローを要約したものだ。そこには、自己資金と銀行からの融資による初期投資も含まれている（そうした初期投資に関しては前章を参照いただきたい。この表のすべての数値は米ドル建てで表示している）。

フードトラックのキャッシュフロー計算書（簡略版）	
財務活動によるキャッシュフロー	**−12,500**
新規ローン	25,000
ローンの返済	−2,500
株式の発行	25,000
配当金の支払	−60,000
投資活動によるキャッシュフロー	**−40,000**
新規設備購入	−40,000
設備売却	0
営業活動によるキャッシュフロー	**117,500**
顧客による支払	240,000
仕入／人件費支払	−120,000
利息の支払	−2,500
ネットキャッシュフロー	**65,000**
期首の現金残高	0
期末の現金残高	**65,000**

サンドイッチもジェット機も同じく数値化する

　サンドイッチよりもより複雑な製品を扱う企業は違う課題に直面する。ボーイング（Boeing）社は、製造したジェット機を航空会社に販売している。この会社は通常、顧客と交渉して代金の一部を前金で支払ってもらい、残額を納入時に受け取っている。製造に何年も掛かるため、分割での支払いが必要なのだ。製造の途中でも従業員に給料を払ったり、材料をかなり早い段階で購入し備蓄しておいたりしなければならないからだ。

　もし、ボーイング社が現金主義会計を採用していたら非常に好調に見え

るいくつかの四半期（あるいは年度）があるかもしれない。だがそれは、たまたま顧客からの支払いが同じ時期に集中したからにすぎない。それ以外の四半期は顧客からの支払いがなくて、悲惨な状況を呈する可能性がある。

　キャッシュフローの大幅かつ予測不可能な変動は、ボーイング社のような企業が将来の計画を立てたり、現在起こっていることを把握したりすることを困難にする。前四半期のキャッシュのアウトフローがインフローを超えたのは、ボーイング社が価格を低く設定しすぎたせいなのか、それともたまたまそうなっただけなのだろうか？　過去最大のインフローは研究開発への投資を増やせることを意味するのか、それとも顧客の前払い金の急増がもたらした錯覚なのだろうか？

　ボーイング社のような企業にとって営業活動によるキャッシュフロー（財務活動や投資活動によるキャッシュフローは気にしなくていい）は、かなり振れ幅が大きく変動しやすい場合がある。その大きな振れ幅が「安く仕入れて高く売る」を会社が基本的に実践しているかどうかという重要な情報をわかりにくくしている。この不透明感のせいでマネジャーたちがなかなか計画を立てられないと、投資家たちも長期的な将来のキャッシュフローを予測しづらい。そして予測できないキャッシュフローに自信をもつのは難しい。ここまでの何章かで力説してきたように、将来のキャッシュフローに関する自信は、株主価値を生み出す主要なドライバーの1つだ。計画を立てるための洞察を得て、より自信をもって投資するためには、経時的な営業活動によるキャッシュフローを平均化する方法があれば、有用なのではないだろうか？

発生主義会計とは？

　キャッシュフローの平均化は、最も単純なビジネスを除いて、まさに誰もがやっていることで「発生主義会計」と呼ばれている。だがこの手法は統計的平均の上に成り立っているわけではない。発生主義会計は、その代わりに、何がいつ顧客への売上と認識され、いつ費用と認識されるかにつ

いて、いくつかの取り決めを採用している。発生主義会計は顧客とサプライヤーの支払いがいつなされるかに関係なく、売上と費用が同じタイミングで発生するものとする。この会計ルールは高度に規定されていて、産業や管轄区域によってかなり特有なものとなることがある。だがおおまかには、企業は何かを顧客に引き渡した期間に売上を認識することが認められている。

　顧客が買う製品の生産と提供に関わる費用である売上原価は、定義にしたがい売上に直接関係する期間に認識される。

　ボーイング社はジェット機を航空会社に引き渡したときに売上を認識する。そして、その特定のジェット機に関連する費用の全部（すべての部品や労働といったコスト）を同じタイミングで認識している。航空会社から入ってくるキャッシュフローは、まったく異なる期間に発生することになる。たとえば、数年前にすでに前払いがなされているかもしれない。サプライヤーに対する支払いは前年のあいだずっとなされていたかもしれないし、それ以外の支払いは翌期にならないと期限が来ないかもしれない。

　数章前に損益計算書を紹介したとき、利益を売上と費用の差と定義した。発生主義会計を採用している企業に関しては、利益はそのルールにしたがって認識される売上と費用によって決まる。そしてそのルールは、キャッシュフローのタイミングではなく、引き渡しのタイミングに基づいているので、利益とキャッシュフローは財務活動や投資活動による違い以上に食い違う場合がある。そこで損益計算書がマネジャーや企業がどれだけうまく費用を低く抑えて顧客価値を創造しているかを理解する手掛かりとなる。

　だが損益計算書は、あることをあきらかにするのと同じ程度に、別のことをわかりにくくしている。企業にはあいかわらず現金を使って約束を守る必要があるからだ。もし現金が適切なタイミングで入ってこないと、その企業はたとえ損益計算書上は問題なくても、倒産してしまうことがある。損益計算書、キャッシュフロー計算書、貸借対照表の３つの財務諸表は、個別に見ていると危険なまでに判断を誤らせることがあるので同時に眺めなくてはならない。

ときに企業は、サプライヤーへのアウトフローの集中発生、顧客からのインフロー不足、新規投資の必要性、あるいは主要なローンの元本返済期限の集中的な到来といった、破滅的な事態に直面することがある。こうした支払いは、契約によって事前にスケジュールが決められているので企業は見込むことができるはずだ。もし基礎をなすビジネスが損益計算書の示すとおりに健全ならば、銀行は喜んでつなぎ融資をしてくれるに違いない。つなぎ融資があれば企業はキャッシュフローの状態が好転するまで利子を払うのと引き換えにローンの返済ができる。たいていの場合、業界と財務という2つの世界のあいだのパートナーシップは、円滑に機能している。

　しかしながら、金融危機の際には銀行は誰に対しても、それがたとえ堅固な企業に対してさえ貸し渋るようになるかもしれない。2008年の世界金融危機では、銀行は互いの投資（とくに住宅ローンを担保にした金融資産）に対する信用を失って互いに融資するのを拒んだ。それでも銀行は、非金融ビジネスに短期融資をするためには互いに相手から資金を借りなくてはならない。その結果、現金がひっ迫している企業はいかにビジネスモデルが強力であっても、助けてくれる銀行を見つけることができなかったのだ（それが住宅ローンや不動産にまったく関係なくても）。当時はウォールストリートの問題がメインストリートに飛び火したと言われた。そして、キャッシュフローの変動が激しい業界にいるというだけで何も悪いことをしていないのに多くの企業が倒産したのだった。

　投資家がほかのすべての条件が同じならば、キャッシュフローの変動が激しい企業よりもキャッシュフローが定期的で頻繁で予測可能な企業を好むのはそのためだ。そうした企業は世界金融危機のような制御不可能なリスクによる影響が少ないからだ。

第6章の要点

キャッシュフローと利益は同じものではない。

キャッシュフローと利益が異なるのは、タイミングの問題だ。

• **投資活動には、営業活動が一定の期間に生み出すよりも多くのキャッシュフローが必要となることがある**

• **財務活動は、投資や、営業活動によるキャッシュフロー不足による現金のニーズと完全には一致しないことがある**

• **顧客から入ってくるキャッシュフローは、サプライヤーへの支払いと、うまくタイミングが合わないことがある**

キャッシュフロー計算書は一定の期間に発生するキャッシュフローを記録していて、それによって貸借対照表や損益計算書との照合が可能になる。

キャッシュフロー計算書と損益計算書は、一緒に使われたとき初めて、当該企業が2期の貸借対照表のあいだでどう発展したかを詳細に語り、その企業の強さと弱さの多くをあきらかにする。

4 週目

なぜキャッシュフローと利益は
同じではないのか？

第 7 章

キャッシュフローと運転資本

タイミングの問題は、じつに厄介でとくに支払いが変動的で不規則な場合は利益とキャッシュフローを乖離させてしまう。ここで、利益を出している企業がキャッシュフローの問題に遭遇する、もう1つの状況を見てみよう。そうすることで、成長性、収益性、安全性という価値のドライバーを結びつけてみる。

▌純利益と営業活動によるキャッシュフローの不一致

私たちがフードトラックではない新しい会社を立ち上げたと仮定して、第1四半期（3カ月）の営業を振り返ってみよう。すると損益計算書は以下のようになる（この議論の目的のために税金は無視することにする。この表をはじめ本章のすべての表は米ドル建てとなっている）。

損益計算書	
売上	10,000
売上原価	6,000
一般管理費（SG&A）	1,500
研究開発費（R&D）	1,500
減価償却費	200
利息	0
純利益	**800**

- **顧客の決済条件はNET90とする**：顧客は商品の引き渡し後90日以内の支払いが認められる（この合意事項は顧客支払条件と呼ばれている）
- **サプライヤーはNET30の決済条件を認めている**：会社は、サービスと商品の納入日から30日以内にサプライヤーに支払いをする。単純化するために、これらの条件は、売上原価にのみ適用し、SG&AとR&Dは即座に支払うものとする
- **第1四半期（Q1）に会社は1000ドル分の在庫を購入したが、販売した製品には使っておらず、翌四半期に使用できる状態となっている**

この会社はQ1に、営業活動によるキャッシュフローをどれだけ生み出したのだろうか？　長い目で見れば、純利益と営業活動によるキャッシュフローが一致することが望ましい。キャッシュフローの変動により、ある時点では両者が食い違うことがあるにしても、売上は顧客からの入金と一致し、費用はサプライヤーへの支払いと一致すべきだ。

そこでまずは、純利益と営業活動によるキャッシュフローが同じ800ドルだと仮定しよう。

損益計算書		営業活動によるキャッシュフロー	
売上	10,000	純利益	800
売上原価	6,000		
SG&A	1,500		
R&D	1,500		
減価償却費	200		
利息	0		
純利益	**800**	**営業活動によるキャッシュフロー**	**800**

この仮定には根拠がなく、そして誤りだとわかる理由がいくつかある。そこでそうした誤りを体系的に1つずつ検討し、修正していくことにする。

まず最初の誤りは、減価償却費に関するものだ。減価償却費によって利益が200ドル減少している。

減価償却費は設備が耐用年数のあいだに消耗するという事実を説明するために導入された費用だ。「減価償却費」という人物宛てに小切手が切られるわけではない。そのため、純利益はキャッシュフローを200ドル低く見せていることになる。

減価償却費の関連で、キャッシュフローは損益計算書に示されている800ドルの利益よりも200ドル高くなければならない。なぜなら、200ドルの減価償却費という費用はキャッシュアウトフローをともなわないからだ。純利益からキャッシュフローを知るには減価償却費を戻して上方修正をしなくてはならない。

そのため、「営業活動によるキャッシュフロー」に「減価償却費」が出てきても、それは実際のキャッシュフローではない。純利益と営業活動によるキャッシュフローが等しいと仮定したことによる誤りを修正するための調整なのだ。

損益計算書		営業活動によるキャッシュフロー	
売上	10,000	純利益	800
売上原価	6,000	調整	
SG&A	1,500	減価償却費	200
R&D	1,500		
減価償却費	200		
利息	0		
純利益	**800**	**営業活動によるキャッシュフロー**	**1,000**

減価償却費は純利益と営業活動によるキャッシュフローが等しいという誤った仮定に対処するために行う、一風変わった一連の修正のうちの最初の１つにすぎない。ほかには、どんな誤りがあるのだろうか？

私たちの顧客は出荷後90日以内に支払ってくれる。発生主義会計のルールによって、損益計算書には、Q1の期間における顧客への販売として１万ドルを計上した。

だがNET90の支払条件なので今四半期の売上に対する顧客の支払いは翌四半期にずれこんでしまう。損益計算書ではQ1の売上が１万ドルとなっているが、Q1の顧客からの支払いはゼロなのだ！　そのため純利益と営業活動によるキャッシュフローが同じだと仮定するとキャッシュフローを水増しすることになってしまう──それも大幅に。

「減価償却費」と同じように、「営業活動によるキャッシュフロー」の項目に計上されている「顧客の未払金残高」も実際のキャッシュフローではない。根拠のない仮定を正すための修正という、もう1つの錯覚なのだ。

損益計算書		営業活動によるキャッシュフロー	
売上	10,000	純利益	800
売上原価	6,000	調整	
SG&A	1,500	減価償却費	200
R&D	1,500	顧客の未払金残高	−10,000
減価償却費	200		
利息	0		
純利益	**800**	**営業活動によるキャッシュフロー**	**−9,000**

　顧客が私たちに対する支払いを先送りにしたように、私たちも契約に基づいてサプライヤーへの支払いを遅らせることができる。ここで計算が少しばかり複雑になる。四半期は3カ月で構成されているので、サプライヤーは四半期を通じて製品とサービスを一定のペースで供給してくれると仮定しよう。四半期の最初の月に私たちは全体の3分の1に当たる2000ドル分（総売上原価6000ドルの3分の1）の原料を受け取って使用した。だが、NET30の支払条件によって、その支払いを次の月まで遅らせることができる。2月目にはまたもや全体の3分の1（2000ドル相当）の原料を受け取って使用した。そしてその分の支払いは3カ月目に遅らせたが同時に最初の月の原料代金を支払った。3カ月目には、さらに2000ドル分の原料を受け取り2カ月目の分を支払った。だが3カ月目の分については、現在の報告期間外となる翌四半期の最初の月まで支払わない。そのため、全体としては6000ドル分の原料を受け取って使用したにもかかわらず、今四半期に支払ったのは4000ドルだけだった。

例：発生主義による費用対キャッシュフロー				
	1月目	2月目	3月目	四半期計
受け取って販売分に使用した原料の金額	2,000	2,000	2,000	**6,000**
NET30によるサプライヤーへの支払額	0	2,000	2,000	**4,000**

　結果として、純利益は営業活動によるキャッシュフローを2000ドル引き下げているので、その分の調整を加えなくてはならない。

損益計算書		営業活動によるキャッシュフロー	
売上	10,000	純利益	800
売上原価	6,000	調整	
SG&A	1,500	減価償却費	200
R&D	1,500	顧客の未払金残高	−10,000
減価償却費	200	サプライヤーへの未払金残高	2,000
利息	0		
純利益	**800**	**営業活動によるキャッシュフロー**	**−7,000**

　先の仮定のなかにもう１つ取引を加えてみた。私たちはサプライヤーから購入して売上原価として計上した財やサービス以外に今四半期に販売する製品には使わない在庫をさらに1000ドル分買い入れた。覚えているだろうか、6000ドルの売上原価には実現した売上に直接結びつく費用しか含まれていない。発生主義会計のルールによると、未販売の在庫は損益計算書の売上原価には計上できないことになっている。損益計算書はその点ははっきりしている。だが、この追加の在庫の代金を今四半期に支払ったとすると我が社の銀行口座の残高はその分だけ減少する。純利益から正しい営業活動によるキャッシュフローを導き出すには、もう１つ調整を加える必要がある。

損益計算書		営業活動によるキャッシュフロー	
売上	10,000	純利益	800
売上原価	6,000	調整	
SG&A	1,500	減価償却費	200
R&D	1,500	顧客の未払金残高	−10,000
減価償却費	200	サプライヤーへの未払金残高	2,000
利息	0	備蓄在庫	−1,000
純利益	800	営業活動によるキャッシュフロー	−8,000

　我が社は1万ドル売り上げて800ドルの利益を出したので、売上純利益率は8％となる。相応の価格で買ってくれる顧客を引きつけることができて売上高が費用を凌駕しているのはあきらかだ。同時に、営業活動によるキャッシュフローは−8000ドルと大きなマイナスになっている。利益とキャッシュフローは財務活動と投資活動によるキャッシュフローを考慮しなくても大きく乖離している。創業時の銀行口座の残高が1万ドルだったとしよう。それがいまは2000ドルにまで落ち込み、資金が枯渇しそうな危険な状態となっている。

　顧客の未払金残高は、第5章で「売掛金」と呼んだものなので、この先はその用語を使うことにする。どの報告期間においても現金の一部は繰り延べられた支払いから発生し、一部はのちの期間に繰り延べられる。この2つの差額は、当期の貸借対照表と翌期の貸借対照表のあいだに起きた売掛金の変化を意味している。もし繰り延べられた顧客の支払額が顧客から入ってくる支払額より多ければ売掛金は増加する。逆に、繰り延べられた顧客の支払額が顧客にから入ってくる支払額より少なければ売掛金は減少する。同じように、実際にサプライヤーに支払った額と繰り延べたサプライヤーへの支払額の差は買掛金の変化として現れる。同じことが在庫についても言える。使用する備蓄在庫よりも新たに買い入れる在庫が多ければ貸借対照表の在庫資産は増加する。

損益計算書		営業活動によるキャッシュフロー	
売上	10,000	純利益	800
売上原価	6,000	調整	
SG&A	1,500	減価償却費	200
R&D	1,500	売掛金の変化	−10,000
減価償却費	200	買掛金の変化	2,000
利息	0	在庫の変化	−1,000
純利益	**800**	**営業活動によるキャッシュフロー**	**−8,000**

　もし私たちのビジネスが、その後の四半期で成長したら何が起きるだろうか？　キャッシュフローの問題は単なる規模の問題なのだろうか？　問題の主要な原因は翌四半期に繰り延べられた顧客の支払額とサプライヤーへの支払額の差にある。Q2に我が社の売上が50％、つまりは5000ドル増大したとしよう。Q2には、Q1の売掛金を１万ドル回収することができたが、１万5000ドル分の売掛金をQ3に繰り延べることにした。

損益計算書			営業活動によるキャッシュフロー		
	Q1	Q2		Q1	Q2
売上	10,000	15,000	純利益	800	2,800
売上原価	6,000	9,000	調整		
SG&A	1,500	1,500	減価償却費	200	200
R&D	1,500	1,500	売掛金の変化	−10,000	−5,000
減価償却費	200	200	買掛金の変化	2,000	1,000
利息	0	0	在庫の変化	−1,000	0
純利益	**800**	**2,800**	**営業活動によるキャッシュフロー**	**−8,000**	**−1,000**

　成長を続ける限り、前四半期の売掛金の回収額が翌四半期に繰り延べる売掛金に追いつくことはない。その問題は私たちがサプライヤーに対し顧客が私たちに支払うよりも早く支払いをするという事実（NET30対NET90）によってさらに悪化している。ビジネスが拡大するほど、それも拡大のペ

ースが速いほど問題はいっそう悪化するのだ！　たとえ私たちのビジネス
が価値ドライバーのうちの2つ（成長性と収益性）をフル回転させたとし
ても、そうしたキャッシュフローの力学が会社に大きなダメージを与える
に違いない。

　ここまでやってきた純利益から営業活動によるキャッシュフローをリバ
ースエンジニアリングするという厄介な演習は営業活動によるキャッシュ
フローを示す標準形式となっている。私たちが個人の銀行口座でやってい
ることを企業に当てはめることもできる。顧客からのインフローとサプラ
イヤーへのアウトフローを集計すればいいのだ。その代わり、私たちが作
成したような企業のキャッシュフロー計算書は、なぜキャッシュフローと
利益が乖離することがあるのかその理由を分析するのに何らかの役に立つ
はずだ。純利益と営業活動によるキャッシュフローは等しいという（根拠
のない）仮定からスタートして、それから一連の調整を行うことになる。
インフローとアウトフローの計算ほど直感的にわかりやすくはないが、キ
ャッシュフロー計算書と損益計算書は2つの貸借対照表のあいだに起きた
ことを正確に教えてくれる。

　このように表示された3つの財務諸表は、投資家に対して、過去に起き
たことだけでなく、ビジネスモデルに包含されている将来のリスクもあき
らかにする。投資家は、たとえ名目上は利益を上げているとしても、さら
なる成長が資金繰りの悪化につながる可能性を見分けることができる。少
なくとも、企業のニーズによってさらなる資金調達が必要となることを予
測することができるのだ。現在の投資家としては、会社がさらなる資金調
達を必要とするのは通常は喜ばしいことではない。必要な負債が増えれば
利益は減少し、守らなければならない約束の数が増え、それを守るのがま
すます困難になるからだ。会社が株式を発行することで資金を調達する場
合は、1株当たりの利益が減る可能性がある。一方で、在庫の増加傾向は、
会社が十分な顧客を見つけられずに在庫がだめになったり陳腐化したりし
て将来損失が発生するという不安の兆候なのかもしれない。

事業の成長と多額の売掛金を抱えてあえぐ

　売掛金が増大するのを目にすると、かなり不安をかき立てられる。膨らみつづける多額の売掛金を抱える会社に融資することを検討しているとしよう。心配する必要があるのは借り手のビジネスモデルと貸借対照表だけではなく、借り手の顧客についても気に掛けなくてならない。彼らは購入した財やサービスの代金を支払ってくれるだろうか？　購入後90日のあいだにどんな大惨事が彼らに起こるかわからないではないか。彼ら自身が守らなければならない一連の約束をしていておそらく顧客からの代金回収に不安を感じているのでは？　寛大な支払条件を顧客に提示している企業に投資するときは、おそらく契約関係にある企業が引き起こすドミノ倒しも心配する必要があるかもしれない。そうした契約関係においては、ブロックが1つ倒れると、債務不履行と倒産の連鎖が起こりかねないからだ。

　いい例が1990年代後半のルーセント・テクノロジーズ（Lucent Technologies）だ。ちょうどAT&T、ボーダフォン、シングテルといったグローバル・サービス・プロバイダーが現在のインフラを構築していたときに、光ファイバーケーブルや各種スイッチといった情報通信機器を販売していた会社だ。ルーセントは急速に成長し、顧客に対して寛大な支払条件を提示した。そうした顧客のなかには前章で説明したように信頼できるキャッシュフローをもつAT&Tのような企業がいた。だがなかには情報化時代のためにまったく新しいビジネスモデルを構築しようとしていたスタートアップ企業も混ざっていた。2001年に経済が失速するとそうしたスタートアップ企業の多くがサプライヤーに対する買掛金を残したまま倒産してしまったのだ。情報通信技術業界全体が衝撃を受けた。より強靭な企業はより脆弱な企業を買収した。やがてルーセントは、投資家の信頼を失って約束を守れないとみなされるようになり、同じ運命に見舞われた。信頼の喪失により、ルーセントの株価は100ドルを超える最高値から、1ドル以下の最安値に下落し、1000億以上あった株式市場価値が一気に吹き飛んでしまった。

もう1つの例はネットフリックス（Netflix）という、業績不振に苦しむ小さなスタートアップで、数年後にはキャッシュフローに関連するさまざまな理由によって倒産しそうになった。現在ネットフリックスは、ストリーミング・エンターテインメントで知られているが、創業時はデジタルネットワーク・インフラが映像を配信できるほど安定していなかった。そこでネットフリックスは、代わりにウェブサイトとサブスクリプション・サービスを使って商売を行うことにした【※1】。登録した顧客は、観たい映画のリストを選択する。するとネットフリックスがリストの上から3作のDVDを切手を貼った返信用封筒とともに郵便で発送してくれるのだ。そのDVDを見終わったらネットフリックスに送り返して、リストにある次の3作を受け取るのだった。顧客を引きつけるために、ネットフリックスは3カ月の無料視聴期間を提供した。この魅力的なオファーのおかげでネットフリックスのビジネスモデルは大きく拡大していった。顧客に3カ月の無料体験を提供するのは90日の支払猶予を与えるのに等しい。一方で、十分な数のコレクションを支えるためには（人気のある作品は複数そろえる必要がある）、DVDに多額の投資をしなければならなかった。それも前払いで。新しい顧客が増えるたびにネットフリックスは追加のDVDを3枚買う必要が生じた。すると、新規顧客を満足させるために毎月必要となるキャッシュフローが3カ月前に登録した顧客からの支払いを超えてしまった。ネットフリックスはみずからの成長によって息切れしてしまったのだ。状況を改善するには無料の視聴期間を1カ月に短縮し、サプライヤーや配給会社と交渉するしかなかった。前払いを減らす代わりに、ネットフリックスの株式を差し出したのだ。そうやってネットフリックスは生き残り、映画産業はストリーミングの時代に入った。

┃運転資本を正しく管理する

ルーセントやネットフリックスを襲った、キャッシュフローがらみの悲劇やそれに近い出来事は顧客の支払時期とサプライヤーへの支払時期の差に、大きく左右される。そこで、これまで見てきた例のなかの流動資産と

流動負債をじっくり検討してみよう（これらの数値は、本章ですでに説明している営業活動によるキャッシュフローと貸借対照表の関わりを示している）。

Q1 流動資産		Q1 流動負債	
現金	2,000	買掛金	2,000
在庫	1,000		
売掛金	10,000		
トータル	13,000	トータル	2,000
		不均衡	11,000

Q1の計算書のなかでは、貸借対照表の流動部分に1万1000ドルの不均衡が見られる。貸借対照表の左右を均衡させるには企業はウォールストリートで言われているOPM（other people's money）を必要とする。資本のなかには、貸借対照表の左右を均衡させるために固定資産である設備の資金を調達するのに必要な融資を超えて負債と資本の側に圧力を掛けるものがある。その不足分を埋め合わせるために必要な資本は運転資本と呼ばれている。会計の観点から言うと、運転資本は流動資産と流動負債の差となる。

運転資本＝流動資産－流動負債

現金残高をわきに置いておくと、経常運転資本は資産側の売掛金に在庫を足したものと、負債および資本側の買掛金との差になる。

経常運転資本＝売掛金＋在庫－買掛金

運転資本の管理は株主価値にとってきわめて重要な支点となるが、マネジャーは顧客を満足させ、費用を低く抑えることに夢中になるあまり、ときどきこれを見落としてしまう。運転資本を効率的に管理するためにいったい何ができるのだろうか？

もしサプライヤーに対する支払条件を顧客の支払条件に合わせることができれば、運転資本は少なくてすむ。前述の例でサプライヤーの支払条件がNET90だったなら、売上原価のうちの2000ドルだけでなく、全額の6000ドルを翌四半期に繰り延べることができる。それによって経常運転資本は5000ドルに減少する。

Q1 非現金流動資産		Q1 流動負債	
在庫	1,000	買掛金（NET90）	6,000
売掛金（NET90）	10,000		
トータル	**11,000**	**トータル**	**6,000**
		不均衡（経常運転資本）	5,000

　運転資本の管理は製品がどれだけすぐれているか、その製品をつくる技術にどれだけ長けているかにはほとんど関係がない。売掛金と買掛金の管理は、結局のところ、契約をどう交渉するかに掛かっている。

　在庫を減らせば運転資本も減少する。過去数十年において、ビジネスに関するイノベーションの多くはサプライチェーン・マネジメントに集中していた。リーン生産方式もその1つで、ジャスト・イン・タイムという受注・配送プロセスを確立して、原材料や完成品が倉庫に眠っていたり顧客へ配送中だったりする時間を最小限に抑えることを目的としていた。一方で、製造プロセスを加速させることは、未完成品（仕掛品）が、貸借対照表の重荷になる時間を減らすことを意味する。

　もし運転資本をまったく管理しなかったら、何が起きるか考えたことがあるだろうか？　もしサプライヤーを思いっきり苦しめる一方で顧客からの回収を早めたら？　アマゾン（Amazon.com）のような小売業者のなかにはマイナスの運転資本の恩恵を受けているところもある【※2】。この営業形態では、引き渡し時に代金を回収する一方でサプライヤーへの支払いはかなりの猶予が認められている。まとめ買いをすれば、サプライヤーに120日後の支払を認めるよう説得（「強要」と言ったほうがいいかもしれない）

できる可能性もある。この設定では、顧客から会社へのインフローのほうが、サプライヤーへのアウトフローよりも速いことになる。川向こうのダムの背後に湖ができるように、企業内にキャッシュプールができて、そのキャッシュプールを多くの目的に使うことができる。レイニー・デイ・ファンド【訳注／予期せぬ出費に備えて貯えておく資金】を維持しつつ、販売、マーケティング、R&Dを通して企業を成長させることもできるし、株主の信頼と忍耐に報いることもできる。

　とりわけ、成長している企業にとってはマイナスの運転資本という原動力が好循環を生み出すことがあり、そこでは営業活動によるプラスのキャッシュフローが新たな投資に資金を提供し、それがさらに新しいキャッシュフローを生み出していく。コンピューター企業のデル（Dell Technologies）の創業時には、マイケル・デルが電話でクレジットカード払いの注文を受けてから、長期の支払条件でサプライヤーから購入した部品を使ってコンピューターの組み立てに取り掛かっていた【※3】。このやり方で、デルとそのチームは数十億ドル規模の会社をわずか数年でゼロからつくりあげたのだ——顧客とサプライヤーの資金の力を借りて。

　当然ながら、ビジネスの秘訣は運転資本の効率的な管理だけにあるわけではない。在庫をほぼゼロにまで減らした？　おめでとう！　だが、予想外の大口顧客の注文が入ってきて、納期までにそれに対応できなかったらどうなる？　あるいは、顧客に引き渡し同時払い（NET0）を受け入れてもらったとしたら？　30日後払いを提示するライバル企業に、シェアを奪われてしまうかもしれない。仮にサプライヤーへの支払いを先に延ばすことができたとしても、サプライヤーが、より高い値段を提示してきたり、注文を後回しにしたり、あるいは資金繰りに行き詰まって廃業してしまうことだって、大いにありうる。

　本書を執筆しているいま、世界はここ数十年で最も高いインフレ率を経験している。インフレーション（今年1ドルで買えるものが去年1ドルで買えたものよりも少ない状態）には、多くの原因がある。2020年代前半のインフレーションを起こしたおもな要因は、新型コロナウイルス感染症に

よるロックダウンが招いたサプライチェーンの崩壊だった。

　グローバル経済では、サプライチェーン内のあらゆるリンクが在庫を徹底的に管理していた。そして資本は、貸借対照表上の運転資本としてとどまる代わりに成長志向の投資に活用された。また、そうしたシステムのなかに非常に小さな綻びも見られた。1つのリンクにおけるわずかな混乱が、サプライチェーン全体に広がった例もある。2021年に自動車メーカーのコンピューターチップが底をついたときがそうだ。自動車メーカーにチップの在庫がなかったため、台湾のチップメーカーがパンデミックのあいだ製造工場を一時閉鎖すると、自動車の生産が落ち込み、中古車も含めて車の価格が上昇したのだ。混乱の直接の原因はパンデミックだったに違いない。その影響が深刻だったのは運転資本の管理によるところが大きかった。

　インフレーションがこれからどこに向かうか、あるいはその結果がどんなものになるかは予測がつかない。歴史的にインフレーションは、社会的な大混乱のきっかけとなってきた。1920年代のドイツでインフレーションが第二次世界大戦の種をまいたように。

　ジャスト・イン・タイムという運転資本管理は、いまのところはまだわずか10年間か20年間の堅実な株主価値の創造ほどには広範囲におよぶ影響をもたらしていないかもしれない。

第7章の要点

キャッシュフロー計算書のなかの「営業活動によるキャッシュフロー」の部分は、日常的なキャッシュフローに関する情報を、直感には反するものの貸借対照表と損益計算書を照合させるのに役立つ方法で示している。

経常運転資本＝売掛金＋在庫−買掛金

経常運転資本がプラス（そして増加）であると、企業を次のようないくつかのリスクに対して脆弱にする。

- **企業の成長時におけるこれまで以上の資本の必要性**
- **顧客の不払いのリスク**
- **在庫がだめになったり陳腐化したりすることで被る損失のリスク**

マイナスの運転資本は、企業が在庫レベルを低く抑えつつ、サプライヤーに対する支払いよりも、顧客から代金回収を早めるときに生じる。キャッシュの流入が流出より早ければ、他人の資金を必要とすることなく、成長志向の投資に資金を投入することができる。

5 週目

日々の意思決定における収益性、
成長性、安全性の相互作用

第 8 章

コスト構造

「たしかに、我が社は１個売るたびに損を出している。だが、その分、量で埋め合わせをする！」。それが、多くの野心的なスタートアップのスローガンだった。そして、ときにはシリコンバレーの傲慢さをからかうジョークのオチとなり、ときには大成功を収めたビジネスモデルの基盤となることもある。一部の企業にとっては、まだその結論は出ていない。ライドシェアの巨大企業であるウーバー（Uber Technologies）は、2021年のアニュアルレポートによると、当該年度の売上が170億ドル以上あったにもかかわらず、累損が260億ドルを超えていた。2022年初頭までに累損を解消する目途は立っていなかった。ウーバー自身、その財務的な課題を認識していて、「我が社は、近い将来に営業費用が大幅に増加することが見込まれる」と述べている【※1】。ウーバーはいずれ「量で埋め合わせする」ことができるのだろうか？

　私たちはこれまで、収益性、成長性、安全性という価値の３つのドライバーを個別に見てきて、ドライバー間の相互作用の一部を理解し始めたところだ。本章では、「量で埋め合わせをする」という考えに関連して成長性と収益性のあいだの相互作用に焦点を当てる。それによって、その相互作用の中心にリスクが存在することがわかるはずだ。

経済学VS会計学

　第２章では、収益性に関して、企業が使う費用をその用途（製品をつくる、顧客を説得して買ってもらう、製品を改良して新製品を開発する、債権者に見返りを提供するなど）を説明するための会計的な分類にしたがって見てきた。資源を何に使うかが１つの問題であり、どのように使うかがもう１つの問題だ。フードトラックの場合は、チーズという資源を販売するサンドイッチの数に比例して使う。その他の資源は販売に明確には結びつかない方法で消費される。フードトラックのレンタルや経理担当者の雇用といった費用はサンドイッチを1000個売っても、１個も売らなくても、どのみち発生する。フードトラックのビジネスモデルにおいては、チーズは変動費で、レンタル料は固定費となる。変動費は売れば売るほど増加す

る。一方、固定費はサンドイッチをいくつ売ろうが変わらない……少なくとも、あるレベルまでは。だが先走って結論を出さないようにしよう。

　私たちの研修プログラムで会うマネジャーたちの多くは固定費と変動費の違いをよく理解している。そしてよく理解しているがゆえに、軽視することがある。概念はわかっていても、その意味合いを正しく理解していないことが多いのだ。よく見られる思い違いが、少なくとも3つある。

①経済学は会計学ではない

　最初の思い違いは、会計のカテゴリーと経済のカテゴリーがぴったり一致するという考えだ。つまり、チーズのような売上原価は完全な変動費で、販売、マーケティング、R&Dといったその他の営業費用は完全な固定費だというのだ。そうした区別は必ずしも正しいとは限らない。製品の生産や納入に掛かる費用のなかには、たとえば工場長の給与のように固定費となるものがある。同じように、SG&Aの費用にはたとえば販売手数料のように変動費と思われるものがある。売れば売るほど支払う手数料が増えるからだ。

②タイミングと規模

　2つ目の思い違いは、ある費用が変動費か固定費かというのは量と時間の規模によって変わるという事実を見落としていることだ。4人の従業員からなるチームの人件費は会社がどれだけ多くのビジネスをしていようが、翌四半期に関しては決まっているかもしれない。だが、5万人の従業員を抱える企業のCEOは従業員数を数年の時間軸で捉え、取引量の増減によって変動するものとみなしているかもしれない。どんなに小さな変動費でも、規模がごく小さければ固定費となり得る。私たちは、サンドイッチを1個売ろうが20個売ろうがチーズを20スライスのパックで購入しなければならない。そして最大の固定費は規模がきわめて大きいときには変動費のように見える。ある費用が変動費か固定費かを決めるときは、タイミングに加えて規模もまた重要となるのだ。テレビ広告キャンペーンは1つのメディ

ア市場が対象の場合は固定費だが、どれだけ多くのメディア市場をカバーしたいかを決めるときは変動費となる。

③適応可能性

　最後の思い違いは、「固定」対「変動」という区別の適用可能性に関するものだ。「固定」と「変動」というのは相対的な表現だ。いったい何に対して「固定」なのか？　何と連動して「変動」するのか？　たいていの場合、私たちは費用が売上とどう関連しているかに関心がある。だが、費用を組織のほかの目標アウトプットに関連づけることもある。私たちのビジネスでは大企業の人材開発部門とやりとりすることが多い。彼らの目標アウトプットは人的資本であり、アウトプットの測定単位の1つはトレーニングを受けた従業員の人数だ。彼らがリーダーシップ育成ワークショップを企画するとき、一部のコストはそのワークショップに何人が参加するかによって変わる。教材、ビジネスシミュレーション用のソフトウェアライセンス、あるいは移動などに掛かる費用がそれに該当する。その他の費用は参加者が3人だろうと30人だろうと、おそらく変わらない。たとえば講師の日当がそうだ。

　ビジネスモデルや業界が違うと当然ながらコスト構造も異なり、変動費が優勢なものもあれば固定費に大きく偏っているものもある。それでも、ある特定のビジネスにおいては、コスト構造をどちらかの方向に向かわせるような多くの決断を下すことができる。これから販売数量という売上規模に直接関係する領域で、コスト構造に関する判断を下すための情報となる基準を見ていく。この洞察により、ウーバーのような企業が販売量で埋め合わせをできるか、あるいはできないかがわかる。

　チーズサンドイッチ1個に使われる原材料（パン、バター、チーズ、トマト、スパイスなど）の原価が4ドルだとしよう。顧客に4ドル以下で売るわけにはいかないことは最初からわかっている。そんなことをしたら、サンドイッチを売るたびに損失を被り、売れば売るほどその損失が拡大し

てしまう。販売量で埋め合わせをするのは不可能だ。変動費以下に価格を設定するのはビジネスの自爆ボタンを押すようなものだ。だが、企業がそんな真似は絶対にしないというわけではない。2019年にジャーナリストでウーバーの利用者であるジョシュ・バローはウーバーがひっきりなしに送ってくる顧客ロイヤリティ割引は、価格を変動費（この場合は運転手が法で定められた最低賃金で働いた所要時間分の費用）以下に押し下げていたに違いないと指摘している【※2】。だが、ウーバーのような企業が変動費以下の値段をつける（「ダンピング」と呼ばれることもある）場合、それはたいてい戦略的目標を追求するためだ。チキンレースのビジネス版を行うことでライバル企業を市場から締め出そうとしているのだ。価格を利益が出るレベルに引き上げるのはライバルがすべていなくなってからでいい。

　もう１つの方法として、前述したネットフリックスやその他のネットワークベース企業が取り入れているビジネスモデルがある。それは、最初に原価以下で製品を販売、あるいは無料配布することで、将来的に獲得した得意客を相手に儲かるビジネスを展開するというものだ。だが、フリーランチ【訳注／顧客獲得のために無料で商品を提供する販売手法】をいつまでも続けるわけにはいかない。価格が変動費を下回る限り、たとえ固定費がまったく掛からなくても、販売量で埋め合わせをすることはできないからだ。

▍損益分岐（ブレークイーブン）分析

　価格がほんの少しでも変動費を上回っていれば、販売量による埋め合わせは原則としては可能だ。現実にそれができるかどうかはまた別の問題で、固定費に掛かっている。サンドイッチの値段を4.01ドルに設定したとしよう。サンドイッチを１個売るたびに0.01ドルの貢献利益なるものが発生することになる。それが貢献利益と呼ばれるのは販売するたびに固定費を賄うのに貢献するからだ。賃借料、許可手数料などで、１月に6000ドルの固定費が掛かると想定しよう。サンドイッチ１個の貢献利益が0.01ドルなので、固定費をカバーするには毎月60万個のサンドイッチを売らなければならない計算になる。

そんな数はもちろんばかげている。チーズサンドイッチの人気がいくら高いとしても、毎分14個のサンドイッチを毎日24時間、その月のあいだ休みなく提供しなければならないのだ。数カ所で販売していてもおそらくその目標を達成するのは不可能だろう。マクドナルドは毎分数千個のハンバーガーを販売している。だが、マクドナルドの1カ月の固定費は6000ドルよりもはるかに高い。私たちが販売量の増加に対応するためにトラックを増やしたとすると、固定費と変動費の違いがいかに規模の問題であるかがすぐにわかるだろう。

サンドイッチの値段が10ドルだとすると、サンドイッチ1個につき、貢献利益は6ドルとなる。その値段だと毎月1000個、もしくは1日に50個ずつ20日販売しなくてはならないが、この目標ははるかに妥当なものだ。もちろん利益は出ないだろう。貢献利益がちょうど固定費をカバーする売上が損益分岐点（ブレークイーブンポイント）となる。もし売上が損益分岐売上高を下回れば損を被ってしまう。だが、売上が損益分岐売上高を超えれば利益を得ることになる。

損益分岐点の計算は簡単だ。固定費を価格から変動費を差し引いた結果の貢献利益で割ればいいのだ。

損益分岐点 ＝ 固定費／（単価－1個当たりの変動費）
**　　　　　＝ 固定費／（貢献利益）**

販売台数に対する、売上、総費用（変動費と固定費を含む）、固定費をグラフに描くことで、損益分岐点を可視化することができる。

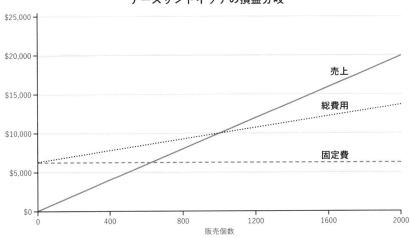

チーズサンドイッチの損益分岐

　あるビジネスの固定費、変動費、価格、予想販売量をもとにその製品が採算のとれるものかどうかを判断するのが損益分岐分析だ。小学生の算数を知っていれば損益分岐点を計算して、それを簡単なグラフで表示することができるという事実は人を惑わせやすい。ビジネスや人生においてつねにそうであるように、1つの数字を計算すればすむということはない。損益分岐点が1個10ドルのサンドイッチを月に1000個、もしくは1日50個を20日間売る規模だとする。それは、利益を出すには1000個以上売る必要があることを意味している。はたして、1日に50個以上売れるだろうか？　もしくは、24時間営業か30日間営業をする必要があるのだろうか？　値上げをすれば損益分岐点を引き下げることができる。価格を12ドルにすれば損益分岐点のサンドイッチ販売数は750個となる。だが、これだけ値段を上げても750個のサンドイッチを買ってくれる顧客を確保できるだろうか？　費用の削減もまた損益分岐点を引き下げる。どうにかして変動費を1ドル削減する方法を見つければ、損益分岐販売数は858個に減少する。だが、チーズの量を減らしたり質を落としたりしたら顧客満足や売上にどんな影響があるだろうか？

　損益分岐分析によって、仮説を検証してどんな質問をすればいいかを理

解し、最終的には現実世界でどんな実験をすべきかを知ることができる。どんな結果になるかは顧客次第なのだ。

収益性、成長性、安全性のトレードオフ

ビジネスモデルが違えば当然ながらコスト構造も違う。店舗販売を行う小売業者は、人の往来が多い望ましい場所を借りるために固定費が高くなるかもしれない（固定費を賃借スペースの賃借料と認識しようが、購入した不動産の減価償却費と認識しようが、コスト構造の観点からは究極的には重要ではない）。しばしば大幅な値引きをしてまで、客を呼び込もうとするのは、そうして固定費をカバーしなければならないからだ。ビジネスモデルや業界の自然な傾向がどんなものであろうと一部のコストについては、次に挙げるような構造化の方法に関する決断をすることができる。

- 常勤の社員を福利厚生付きで雇うか、時間単位もしくは出来高ベースの契約社員を雇うか
- 高価なダウンタウンのオフィスを維持するか、コワーキングスペースのワークスペースや会議室を借りて柔軟に対応するか
- 社内に法務・税務のチームを抱えるか、外部サービスによる法務・税務に関するアドバイスに対して時間ベースで支払うか

企業はニーズや市場状況の変化にともない、異なるコスト構造のあいだを行ったり来たりするかもしれない。ネット販売業者のアマゾンは、最初のうち、ユナイテッド・パーセル・サービス（UPS）やアメリカ合衆国郵便公社（USPS）のような物流会社に対して、配送ベースでの支払いをしていた。やがて、みずからの物流部門を設置し、必然的に保有するボーイング737航空機を含む関連する固定費をすべて抱えることになった。最近では、逆の方向に戻りつつあり、運転手たちに対しアマゾンのために荷物を配送する事業を起業するよう促している。それは本質的に、固定費（この場合は運転手の給料）を荷物を実際に配送したときだけ、運転手に支払う

という変動費に再変換することだ。アマゾンが支援するこうした新しいビジネスは、UPSよりはるかに規模が小さいので、アマゾン側がかなりの交渉レバレッジ【訳注／交渉上の相対的優位性】を持っていて、創業時に比べて、変動費としての配送料の総額をかなり低く抑えられるようになっている。

選択肢があるときに、変動費よりも固定費をあるいは固定費よりも変動費を選ぶのはなぜだろうか？　そのビジネスが置かれている状況に特有な考えられる理由がたくさんある。たとえば、特別なスキルのある人をその専門知識が競合他社に流れないようにフルタイムで雇うのは理にかなっている。だが、一般的に言えば選択するコスト構造は将来のビジネスの規模をどう予想するかにかかっている。たとえば、市場が成長していて、会社がその波に乗り、その後数年間にわたって売上を伸ばすと想定されるとする。選択肢があるならば、できるだけ多くの費用が販売規模に影響を受けないようにしたいと思うに違いない。そうすれば、売上が増えれば利益はさらに速いペースで増えていくからだ。固定費が少なく、変動費が多ければ販売量の増加とともに利益は増えるが、その伸びはもっと遅いものとなる。

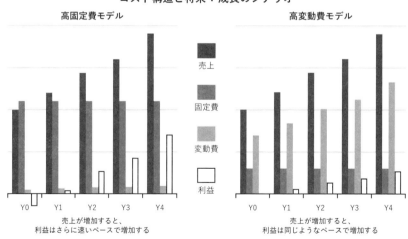

コスト構造と将来：成長のシナリオ

反対に、見通しが悲観的で、将来、売上が減少すると見ているならば、固定費よりも変動費のほうが望ましいだろう。収益性を維持したまま、変動費をコントロールして、売上に合わせて費用全体を減らすことができるからだ。高い固定費はすぐに損失につながりかねない。

コスト構造と将来：衰退のシナリオ

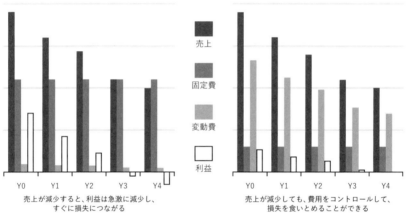

多くの企業が複数の製品で複数の市場に参入している。ある時点で、製品Aはライフサイクルの初期にあって、ちょうど最初のグラフに描かれた成長のシナリオのモデルのように、現在の売上は少ないが明るい展望があるかもしれない。一方で、製品Bは成熟していて、2番目のモデルのように長期にわたる緩やかな衰退に直面しているかもしれない。それに応じて製品Aのマネジャーは、固定費の比重を増やす方法を模索し、製品Bのマネジャーは、変動費の比重を増やして収益性を維持しようとするかもしれない。

企業の費用のなかには、どれか特定の製品ラインに割り当てられないものがあるかもしれない。これらの費用は、しばしば「間接費」と呼ばれている。2つのプロダクトマネジャーたちは、間接費を2つの製品にどう配賦すべきか、そうした費用をどう構成すべきかについて、まったく違う考えをもっているかもしれない。費用の効果がそれぞれの製品の収益性に結

びついているときはとくにその傾向が強い。これは、企業経営における厄介な問題のうちの1つで集団の意思決定を非常に困難にするため、本書においても、このあとの数章を割いてこの問題に取り組んでいく。

　私たちはeラーニングがまだ揺籃期にあった2001年に最初のビジネスを立ち上げた。当時は成長というロケット船に乗っているものと信じていた。企業研修や学究的世界、そしてK-12（アメリカにおける幼稚園年長から高校卒業までの13年間）教育までもが、対面や講師主導の研修と紙の教科書から、充実したインタラクティブなオンラインメディアへと移行する準備が整っているように思えたのだ。そして、すべての新しい企業が経験するような、九死に一生を得る体験をしたのちに、私たちの成長ストーリーが思い描いたように展開し始め、顧客リストと売上が増えていった。私たちの高度にインタラクティブなマルチメディアのコースは、いくつかの賞を受賞し、そうした賞が新たな顧客と売上を呼び込んだのだった。注文は個別のサービス・プロジェクトとして入ってきたが、プロジェクトが次々と増えてくると、成長を活かして収益性を上げるために固定費ベースを増やす必要性を感じるようになった。そこで、私たちはすばらしい才能をもつ人たちにフルタイムの仕事をオファーし、マネジメントチームを拡大した。そして、拡張する余地のあるオフィススペースを賃借した。

　私たちは若く、考えが甘かった。とはいえ、完全に間違っていたわけでもない。オンラインのeラーニングは大幅に成長していた。私たちがわかっていなかったのは、カスタム開発、ハイエンド、インタラクティブなマルチメディアという、独特な市場セグメントについてだった。市場の需要は着実に伸びていたが、シンプルなeラーニング・コースは私たちが拠点を置くオースティンよりも人件費がはるかに安い地域でかなり安価に開発することが可能だったのだ。より複雑なソリューションに関して私たちは競争力をもっていた。複雑なハイエンドのマルチメディア体験に対する需要も増えていた。だが、そうしたプロジェクトの数はかなり少なかった。カスタム開発プロジェクトに10万ドル以上を費やすような、予算、事業計画、スケジュールのある人材開発部があまりなかったのだ。そうしたプロ

ジェクトにいつ出合うか、あるいはプロジェクトのほうがいつ私たちを見つけてくれるかを予測するのが困難になった。前掲のコスト構造のシナリオに関するグラフとは違い、着実な成長や衰退を、確信をもって計画できなかったのだ。

多くのサービス事業が直面する「大成功か大失敗か」という状況で、固定費が大きな問題となってきた。もちろん、受注残が豊富なときは利益がかなり高く、現在のビジネスの拠りどころとなっている『The 12-week MBA』プログラムの開発資金を賄えるほどだった。だが、不景気（ときに、それは避けられない）になると、自己資金で運営している小規模なビジネスでは対処できないほど大きな損失を被ってしまった。私たちはなんとか乗り切ろうと努力したが、やがて障害にぶつかり、カスタム開発事業を売却せざるを得なくなった。その市場にとどまった競合他社は、フルタイムの従業員よりも費用が変動費となる請負業者に大きく頼ることで成功したのだった。

コスト構造に関する選択は、価値のドライバーとそれらが相互にどう作用するかに直接結びついている。たいていの場合、成長性と収益性は互いにトレードオフの関係にあるようだ。価格を下げれば、売上は増えるが利益率は低下する。耳に残るようなラジオのジングルや、多くのオプションを備えた製品で、より多くの顧客を引きつけられるかもしれない。だが、ジングルやオプションは費用が掛かり、利益を減らす可能性がある。もし成長を確信しているのならば、高固定費構造を採用することで成長を高い収益性に変えることができる。しかし、その確信が見当違いで、売上が減少したり、需要が予測できないほど変動したりする場合は、高い固定費がすぐに損失につながってしまう。成長と収益性向上を通して価値を向上させるために、高い固定費を受け入れるのだが、それによって、ビジネスをより大きなリスクにさらし、売上不足の影響を増大させてしまうのだ。反対に、変動費により重点を置く場合は、成長の恩恵は十分に得られないが、売上不足によるリスクを軽減することはできる。

売上と予測分析とビジネスモデルの関係性

　販売数の変動性はあきらかに収益性に影響する。売上の予測可能性はコスト構造の決定にとって重要な情報となる。マクロ経済的な状況、競合他社の行動、技術的破壊、そして顧客行動の変化は、予期せぬ需要の変化（たいていはその減少）となって現れる。そのため、多くの事業活動が売上の変動性の軽減と予測可能性の向上に力を入れているもの意外なことではない。そう、ビジネスが出費を抑えながら売上を伸ばそうと努力していることは誰もが知っている。だが、ビジネスで起きていることの多くは売上を単に伸ばすだけでなく管理しようする試みだということもよく知られている。以下に挙げるのは、売上と顧客からのキャッシュフローの予測可能性に狙いを定めた、いくつかのビジネスモデルだ。

①サブスクリプション

　販売数（量）を平準化するための1つの方法は、顧客が選択をしなければならない回数を減らすというものだ。長年にわたってマイクロソフトは、新しいコンピューターを売るたびに、それをオフィススイート・ソフトウェアのライセンスを販売する機会とみなしてきた。Microsoft 365のサブスクリプション・モデルに移行することで、顧客は初期費用を低く抑え、ときには支払額を下げることもある。だが、ひとたびサブスクリプションに合意すると、それをやめるには意識的な決断を下さなければならない。ほかの多くのソフトウェア・プロバイダーも、SaaS（サービスとしてのソフトウェア）に切り替えることで、キャッシュフローを着実で予測可能なものにしている。それはソフトウェアに限った話ではない。アマゾンがユーザーをプライム会員にしようとするのは、1つには、会費という着実なキャッシュフローを確保するためだ。個別配信のレンタルや購入のほうが儲かるかもしれないというのに。

②カミソリ刃モデル

ソニーやマイクロソフトのようなゲーム機メーカーは、ゲーム機を薄利で（ときには原価以下の値段でも）販売することがある【※3】。それによって、ゲーマーたちに、そのプラットフォーム専用の利益率の高いゲームソフトを購入させるためだ。ゲーム機には数年の耐用年数がある。GE・アビエーションは、航空機エンジンを控え目な利益で航空会社に販売している。それは、数十年にわたるサービスと部品の契約を確保できるからだ。

どちらのケースも、（安い）カミソリと専用の（高価で非常に利益率が高い）替刃のメーカーが採用している、いわゆるカミソリ刃モデルの実例だ【※4】。

私たちはまだ、保険会社が自然災害や政治的危機や健康危機などによる、企業の売上へのリスクを転嫁させる数多くの方法について触れてもいない。もちろん、そうした方法には費用がともなう。顧客への売上だけでなく、顧客からの入金のリスクに関しても、企業を支援する専門の金融サービスまである。「ファクタリング」と呼ばれるサービスを提供する企業は、ほかの会社の売掛債権を割り引いて買い取る。それによってその会社は、債権回収を心配せずにすみ、キャッシュフローをより予測可能なものにすることができるのだ。これらは、企業が売上とキャッシュフローを平準化し、将来の業績予測に対する信頼を高めるために展開しているビジネスモデルの一部にすぎない。

それでは、ウーバーの場合はどうだろうか？　ウーバーはあきらかに着実な成長シナリオを見込んでいて、運転手に掛かる変動費をわずかに超える（疑わしいときもある）貢献利益がやがては多大な固定費を賄うと期待している。CEOのダラ・コスロシャヒは、2022年5月に社内向けのメールでこう述べている。「私たちはビッグになる前に、ユニット・エコノミクス（単位当たりの経済性）を確実なものにしなければならない」【※5】。またもや損失を出した2022年の売上が320億ドルあっても、まだ十分にビッグではないとしたら、「ビッグ」とはいったい何を意味するのだろうか？

【※6】 本書執筆の時点で、ウーバーは2023年半ばにようやく名目利益を達成できたとはいえ、間違いなくビッグになっている【※7】。

第8章の要点

企業のコスト構造は売上とともに増える費用（変動費）と変わらない費用（固定費）の、相対的な重みづけとなる。

固定費と変動費の経済的な概念は損益計算書上の会計的なカテゴリーと正確には一致しない。

コスト構造は、企業の成長にともない、収益性に影響を与える。

- **高固定費構造では、成長は収益性の向上をもたらすが、売上の鈍化はすぐに損失につながる**
- **固定費が高い企業にとっては、売上の変動性は、利益率のさらに高い変動性につながる傾向がある**
- **それとは逆に、高変動費構造は、売上減少や予測可能性の低い売上に直面する企業が、費用をコントロールして収益性を維持することを可能にするが、それには上限がある**

損益分岐点の計算式は、固定費と変動費を賄うためには、どれだけの売上が必要かを教えてくれる。

ビジネスのコスト構造の多くはビジネスモデル次第だが、あらゆるレベルのマネジャーたちは、その会社のコスト構造に影響を与えるような決断を下している。

6週目

企業価値の選定と
それが経営にどうつながるのか？

第9章

評価基盤

2022年4月19日、エンターテインメント動画配信サービスのネットフリックスは加入者数が初めて減少したことを発表した【※1】。

新型コロナウイルス感染症が大流行しているあいだ、何百万人もの人々がほとんどすることもなく自宅に缶詰め状態となっていた。動画配信は時間をつぶすのに打ってつけの手段の1つだった。だが、ひとたびロックダウンが終わると、仕事でも遊びでも画面に釘づけになっていた人たちは現実の世界を再発見したくてたまらなくなった。月額料金を節約し、そのお金をレストラン、コンサート、テーマパーク、パジャマ以外の洋服に使うようになったのだ。その結果、加入者が20万人減ったと言われている。それにとどまらず、次の四半期にはさらに加入者が200万人減ることが予想されると経営陣は警告を発した。その結果、ネットフリックスの株価は即座に3分の1近く下落し、500億ドル近くの株主価値が吹き飛んでしまった。

それは、価値に関して言うとかなり劇的な状況だ。数字だけを見るとネットフリックスの株主たちは220万人の顧客に500億ドルの価値があると信じているかのように思える（それは、顧客1人当たりの価値が2万3000ドル程度であることを意味している。この先の章で見ていくように、それほど単純な話ではない）。私たちの旅は、「株主価値とは何か？ そしてそれはどうやって創出するのか？」という質問で始まった。それに対して、私たちは最初に以下の答えを提供している。

Shareholder value originates in a company's
discounted future net cash flows.
株主価値は、企業の将来のキャッシュフローを
割り引いたものから生まれる

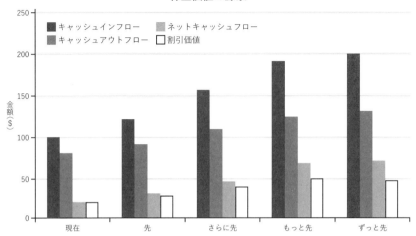

株主価値の源泉

　そのあと私たちは、そのセンテンスを理解するための足場を構築した。いま、あなたは何らかの見返りを期待している！　だが、ここでぜひ言っておきたいことがある。もし、あなたが企業を評価してデイトレーダーになるか、合併・買収でキャリアを築き始めることを望んでいるのならば、読む本を間違えている（その目的に合った本は、『企業価値評価　バリュエーションの理論と実践』だ【※2】）。そのためのツールは、現実にいくらでも存在している。なかには、企業全体への投資とフードトラックやサブスクリプション費用を支払う顧客のような長期資産への投資の両方に適用できるものもある。

　あなたには、そうした分析ツールキットをキャリアに活かす機会があるかもしれないし、ないかもしれない。私たちがそうしたツールキットを使ったのは20年にわたる経験において、ほんの数回だ。だが、たとえ上級ファイナンスの集中コースが本書の範囲を超えているとしても、そうしたファイナンス・ツールキットの背後にある基本的な考え方は、すべてのビジネス判断につきまとう。基本的な考え方を理解すれば何が意思決定を駆り立てるか、そして、あなたが組織のなかでどんな部門や地位にいるかにかかわらず価値創造においてどんな役割を果たすかがわかるだろう。

リスク、リターン、貨幣の時間的価値

　まずは理論的だがきわめて単純な投資シナリオから取りかかろう。ある投資家が現時点で100ドルを投資し、1年後に何らかの見返りを得たいと願っているとする（本章の表にある数値は、とくに指定のない限りすべてアメリカドル建て）。

	現在	翌年
キャッシュアウトフロー	−100	
キャッシュインフロー		X

　私たちは、友人や家族や隣人にしょっちゅう本や道具などを貸し出している。すべてが戻ってくることはないかもしれない。だが、たいていは貸したものがそのまま返ってくることを期待している。だが、対象が資金とビジネスパートナーの場合は期待することが違う。今日100ドルを差し出すのなら、何らかの投資収益を見込んで100ドルよりいくらか高い金額を返してもらいたいと考えるのだ。

　だが、本章の要点は私たちが望むのはできるだけ高い利益かもしれないが実際に必要なのは最低限の利益だということだ。もし、その最低限の利益を確保しないまま投資を続けたならば、私たちの資本は徐々に減っていき、やがてはゼロになってしまう。

　なぜ、最低限の利益が必要なのか？　そして、それはどんなものなのか？

　まずは、その理由から説明しよう。おもな理由はこれまで何度も繰り返し述べてきたものだ。いま現金を投資すると、その現金はもはや自由に使うことができないから。それだけの話だ。

　一方で、翌年のキャッシュフローは実際には約束にすぎない。そして、約束は破られることがある。要するに、いま現金を投資してあとで回収することで投資家は現金をリスクにさらしているのだ。

　リスクは、投資家が投資に対して最低限の利益を必要とする、最も重要な理由に違いない。だが、少なくとも慣例的には2つ目の理由がある。そ

の理由とは、現金はさまざまな楽しみや計画のために使うことができるという点である。なんなら、部屋の壁紙や焚きつけにだって使える。現金を使ってできることの1つは普通預金口座に貯金して利子を得ることだ。その場合、基本的にリスクはない。リスクなしに必ず利子を得られるのだから、少しでもリスクのある投資は、少なくとも普通預金の利子と同じだけの利益をもたらす必要がある。現行の利率が2%だとすると、リスクをともなう100ドルの投資は得ることのできない2ドルの利子を埋め合わせるために1年後にはなんとしても102ドル以上になっていなければならない。投資家にリスクのない選択肢があるという事実は、いま手元にある現金は将来入ってくる現金よりつねに価値が高いことを意味している。この現象は、貨幣の時間的価値と呼ばれている。

　それに加えて、リスクがある。リスクについては、以前に約束がどの程度守られるかという信頼度の観点で説明している。信頼度を表す典型的な方法として、「〜だと95%確信している」といった言い方がある。気象学者もそうやって雨の予報に関する信頼度を伝えている。

　今度は、知り合いのコニーに100ドルを貸し、コニーが1年後にその100ドルを返済すると約束した投資のケースを考えてみよう。

	現在	翌年
キャッシュアウトフロー	−100	
キャッシュインフロー		100

「コニーが返済してくれると、95%確信している」とすると、それは何を意味するのだろうか？　この言葉の直感的な解釈はコニーに対するのと同じくらいの信頼を寄せている100人のうち、95人が信頼に値し、1年後に100ドルを返済してくれると期待している、というものだ。だが、5人のコニーのクローンは詐欺師で二度と連絡してこないだろうとも思っている。もし100人のコニーに投資したとすると、1万ドル投資して9500ドル（あるいは1人につき95ドル）を回収することになる。

	現在	翌年
キャッシュアウトフロー	−100	
キャッシュインフロー		95

　つまり、マイナスのリターンを得ることになり、価値は創造されずに損なわれてしまう。その信頼度のとおりに5人がまったく返済してくれないと想定すると、100人のコニー軍団に対して、翌年にいくら返済するよう求めておくべきだろうか？　答えは、105.27ドルだ（厳密には105.263158ドルだが、損失を避けるためには、105.27ドルを要求しなくてはならない）。1万ドル投資して、105.27ドルを95回回収すれば1万ドルになるからだ。65セント余るが、細かいことは気にしなくていい。

	現在	翌年
キャッシュアウトフロー	−100	
キャッシュインフロー		105.27

　つまり、コニーに対しては、投資した100ドルの返済に加え、認識されるリスクを相殺するために5.27ドルの投資利益を求める必要がある。最終的には、異なる投資機会を互いに比較してみたいので、投資収益はたいてい投資金額に対する割合（この場合は5.27％）で表される。別の言い方をすると、95％信頼している将来の返済を受け入れるというリスクを取る代わりに、5.27％のリターンが必要になるということだ。より単純化して数字を丸めるために、信頼度を除外して最低利益率だけについて語ることにしよう。今後の議論では6％というきりのいい数字を使うことにする。

　6％の利益というのは、何を意味するのだろうか？　1年後には6ドルほど裕福になるのだろうか？　もしコニーが返済してくれれば、たしかにそうだ。だが、もしコニーが返済してくれたとするとそれは幸運にも正しいコニーを選んだからにほかならない。こうした投資を何度も繰り返していると、いずれは約束したお金を返済してくれない詐欺師や不運な起業家に遭遇するだろう。もしそうした投資を十分な回数行えば、結局は100ド

ルの元手を維持するだけにとどまるだろう。

投資の枠組みは、何を問うかによって大きく2つにわけられる。1つは「いまある現金を受け取らずに投資に回した場合、将来受け取ることができる最低限の報酬はいくらなのか？」という現在を起点にした考え方で、投資に回す現金に100％と最低利益率を掛ける。

もう1つは「将来のキャッシュフローの約束と引き換えに、今現在、最大でいくら投資に回せるのか？」という将来の価値を起点にした考え方で、将来のキャッシュフローを100％に最低利益率を加えた額で割って算出する。

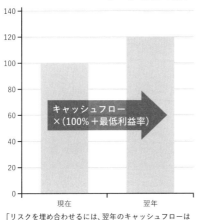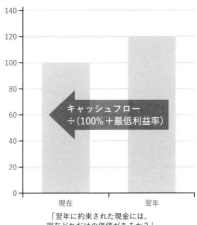

「リスクを埋め合わせるには、翌年のキャッシュフローはいくらでなければならないか？」　　「翌年に約束された現金には、現在どれだけの価値があるか？」

異なる投資案件を比較するときはたいてい利益率の観点で行うことが多く、これは最初の立案方法に沿ったものだ。しかし、個別の投資を評価する際は2番目の質問をしていることが多い。まず将来約束されているキャッシュフローに目を向けてから最低利益率を使って、その約束の見返りとして、いま現金を最大いくら投資すべきかを算出するのだ。リスクがあるので将来キャッシュフローはどんなときも絶対に額面よりも価値が低くなる。つまり、将来価値を現在価値と呼ぶものに割り引いて額面を低くみなすのだ。もし最低利益率が6％であるならば、翌年返済が約束されている

100ドルには94.34ドルの現在価値があることになる。

　もしコニーが、私たちが要求する6％の最低利益率には同意したものの、106ドルを一度に返済することはできないと言ってきたとしたら？　その代わりにコニーは2年掛けて53ドルずつ分割で返済すると提案している。それでもまだ、私たちが取るリスクの埋め合わせになるだろうか？　このビジネス上の提案に沿ったキャッシュフロー・モデルを見てみよう。

	0年目	1年目	2年目
投資額	−100		
キャッシュインフロー		53	53

　その質問に答えるために、それら2つの将来のキャッシュフローを現在価値に割り引いてみる。初年度のキャッシュフローを割引公式を使って単純に割り引くと、50ドルちょうどとなる。2年目についてはどのように割り引けばいいのだろうか？　直感的には2年目の53ドルのキャッシュフローは初年度よりも価値が低いに違いない。何が起きるかわからないし、時が経過すればさらに何かが起きるだろう。そうした考えを反映させる簡単な方法は、2年目のキャッシュフローを同じ比率で2度割り引くことだ。

$$\frac{(\$53/1.06)}{1.06} = \frac{\$53}{1.06^2} = \$47.17$$

	0年目	1年目	2年目
投資額	−100		
キャッシュインフロー		53	53
現在価値	−100	50.00	47.17

　2年目のキャッシュフローは現在価値にすると47.17ドルにしかならない。つまり、コニーにお金を貸す場合のリスクを考慮に入れると回収できるのは97.17ドルだけで、初期投資を全額回収することは期待できないことになる。コニーの2年間の支払い計画は私たちが受け入れるリスクを十分に埋

め合わせるものではないのだ。

　将来キャッシュフローの約束を評価するために私たちがここで取った手法は、割引キャッシュフロー法（DCF法）と呼ばれている。最低利益率をr、期間をnとすると、将来キャッシュフローの現在価値を求める一般的な公式は、次のようになる。

$$現在価値 = \frac{将来価値}{(1+r)^n}$$

　こうした公式を好まないというのであれば、こう考えればいい。「リスクの程度が同じならば、のちのキャッシュフローは、それ以前のものよりも価値が低い。そして、同じ期間においては、信用度の低いキャッシュフローは、信用度の高いものよりも価値が低い」と。

▌本質的価値（イントリンシック・バリュー）とは？

　DCF法はフードトラック、知的財産、顧客関係といった生産性資産への企業独自の投資を含む、あらゆる投資を評価するために使うことができる。だが、ここでは企業の評価という最も重要な目的に直接取り組むことにする。そこで、投資家の立場になって、オーナーの目を通して企業を眺めてみよう。オーナーはキャッシュフローに関する一連の約束として、企業を見ている。すべてのキャッシュフローを100％確信しているわけではなく、キャッシュフローが約束されているのが先であればあるほどオーナーが信用する度合いは下がる。そして、「貨幣の時間的価値」のために将来キャッシュフローの価値はいっそう下がってしまう。真の最低利益は断念したリスクフリーの利益とそのリスクを埋め合わせるものでなければならない。

　将来キャッシュフローを予想してそれを最低利益率で割り引くことで、オーナーはそのビジネスの理論的価値を計算できる。将来キャッシュフローの現在価値の合計額がそうだ。その価格ならば、オーナーにとっては将来キャッシュフローに対する権利を保持しようが、現時点で割引現在価値の合計額で売却しようが、どちらでもかまわない。その価格が「本質的価

値」と呼ばれるものだ。

　フードトラックに話を戻し、ビジネスとしてどう評価するかを検証してみよう。まず、今後数年間のキャッシュフローを明確に提示する。何年間分？　それは企業がどこまで先を見通せるかによるが、とりあえず3年間としよう。以下に、その予測における基本的要素をいくつか挙げる。

①売上

　売上が基礎となる。現在の売上は？　市場はどれくらい伸びている？当該企業の成長は市場の成長よりも速いだろうか、遅いだろうか？　当該企業はどんな価格決定力をもっているか？　成長は価格の引き下げによってのみ成し遂げられるのか、それとも価格維持あるいは値上げも可能なのか？

②費用

　次に、費用を計算する。どんなコスト構造になっているのか？　費用は売上と同じペースで増加するのか、それとも固定費が高いために遅いペースで増加するのか？　成長は初期の高い販売費やマーケティング費によって促進されなければならないのか？　あるいはR&Dによって？

③運転資本

　企業は顧客やサプライヤーとどんな契約関係にあるのか？　顧客需要の変化に対応するためにはどれだけの在庫水準が必要か？　つまり、運転資本はより多くの現金を消費するのか、それとも供給するのか？

④投資

　成長には生産能力を拡大するためのさらなる現金支出が必要なのか？

　これらの要因を考慮に入れて、最初の3年間の各年度について、フリーキャッシュフローを計算する。フリーキャッシュフローは入ってくるキャ

ッシュフローのうち、運転資本に使われてしまうことがなく、新たな長期生産性資本への投資に充当されないものだ（合併・買収によるほかの企業への投資は通常、フリーキャッシュフローには含まれない）。当該企業は、その現金を投資家（債権者とオーナーの両方）に、自由に分配できる。私たちの事業計画では１年目の終わりに1000ドル、２年目の終わりに5000ドル、３年目以降の終わりに１万ドルのフリーキャッシュフローが必要となるとしよう。

	1年目	2年目	3年目	4年目
ネットキャッシュフロー	1,000	5,000	10,000	10,000

ここで、どうしても答えを知りたい疑問が２つ出てくる。

- これらの将来キャッシュフローを現在価値に割り引くには、ずばりどんな割引率を使用すべきか？
- 私たちのフードトラックのキャッシュフローは、どれくらい先まで合理的に予想できるか？

▌企業の生命線、資本コスト

投資家が断念したリスクフリーの利子と引き受けたリスクを埋め合わせるために必要な最低利益はどうしたらわかるのだろうか？　その答えを３つの深さで探求していこうと思う。最初の段階は簡単だ。コーポレートファイナンスの専門知識をもつ誰か（CFOのような）が最低利益がいくらかを教えてくれるだろう。この専門家が述べる数値は「資本コスト」と呼ばれている。そう呼ばれるのは、投資家が自分の資本を企業の自由に任せる代わりに期待する、最低限の見返りを表しているからだ。

資本コストは多くの要因（企業の管理下にあるものもあれば、それをはるかに超えるものもある）によって、たいていは１桁台半ば（４〜５％）から20％のあいだに収まる。多国籍企業は子会社を通じてさまざまな国で

事業を営んでおり、国が違えばリスク特性も大きく違うことがある。私たちが一緒に仕事をしている多国籍企業の1つは、2022年初頭に、資本コストがカナダ現地法人は7.6％、ナイジェリア現地法人は23％だった。

　CFOに教えてもらうなんて責任逃れじゃないか！　だが、すぐにあなたはその手があることを知ってよかったと思うだろう。ここでもう一段階深く進んで、CFO（と投資家）のリスク評価を理論的に導くためにはどんな考察がなされるべきかを見てみよう。あらゆる種類の投資家はキャッシュフローを得るために投資を行い、約束されたキャッシュフローが実現しないリスクを受け入れている。投資家は債権者と株主という、2つの立場で投資することができる。債権者は、契約のなかで具体的な返済スケジュールを設定し、それを国家権力によって執行させることができる。株式投資家、つまり株主は企業がほかの約束を履行したあとに分配される現金が残っていることを単に期待している。企業が将来さらに多くの現金を分配する力を危険にさらすことがなければ言うことはない。もし、分配するだけの余剰資金がなかったら……悲惨な状況だ。

　株主の請求権は債権者の請求権よりも優先順位が低いので、株主は同じリスクのすべてと、さらなるリスクにさらされることになる。貸主の最低利益がいくらであろうと、株主の最低利益は絶対にそれよりも高くなければならない。そこで、それぞれのタイプの投資家が将来キャッシュフローに対するリスクをどう見ているかに焦点を当ててみよう【※3】。それは、じつのところ、銀行が住宅ローンを融資する場合とさほど変わらない。抵当権者は借り手に関する統計的事実と、似たような特徴をもつ債務者たちの過去データをもとに債務不履行の確率を定量化している。それは、投資家が企業に融資するときにやっていることと本質的には変わらない。だが、検討する要因は違っていて、以下のようなものが含まれる。

- 当該企業の市場では売上がどれくらい予測可能か？　また、売上は基礎的な経済状況にどれくらい敏感か？
- 当該企業は、売上高が変化したときに費用も変化させることができるか

（すなわち、どんなコスト構造なのか）？
- 業績目標の設定と目標達成の確実性に関する、当該企業の実績は？
- 当該企業の債務返済に関する実績は？　ほかにどんな債務を抱えているか？　その返済期限はいつか？
- 当該企業は差し迫った約束を守るだけの現金をもつことを見込んでいるか？
- 当該企業のビジネスモデルはどんなものか、また、顧客からのキャッシュフローを創造するためのどんな仕組みをもっているか？
- 顧客は誰で、どの程度の信用力をもっているか？
- どれだけ多くの顧客がいるか？　また、個々の顧客は当該企業の売上にどれくらい重要か？　1人の顧客の離脱が企業を破滅させることがありえるか？
- 当該企業を経営しているのは誰か？　その人物の過去の実績は？
- 債務不履行を起こした場合、資産を現金にどれだけ容易に変換できるか？

　こうした質問は、投資家が将来キャッシュフローの約束が守られない可能性がどれくらいあるかを考えるうえで役に立つ。当該企業を同じような特徴をもつほかの企業と比較して、過去にそれらの似た企業が約束を破った頻度を知ることができるからだ。たとえば、これらの企業は売上と利益の見込みを達成できなかったことがあるか、期待されていた配当の支払いを減らしたりやめたりしたことがあるか、あるいは債務不履行に陥って破産を宣言したことがあるか。最終的には、そうした検討内容のすべてを、1つの数字にまとめなければならない。それが、断念したリスクフリーの利子と引き受けたリスクの両方を埋め合わせる、資本コストだ。
　資本コストを算出する複雑さは別にしても、選別すべき膨大な量のデータに気後れしてしまうだろうか？　心配はいらない。賢くて有能な人たちがどこで簡単な方法を見つければいいかを知っているからだ。ほかの誰かが調べたことを借用できるというのに、自分で大変な作業をする必要があるだろうか？

だが、誰がした仕事を借用すべきか？　答えは投資家だ。規模、業界、市場などが似ている上場企業の有価証券を見れば、投資家たちが過去にどれだけの利益を得ているかがわかる。そうした利益を手掛かりにして自社の資本コストを見積もることができる。もし、ベンチマークした企業とはリスクに違いがあると信じるだけの正当な理由があるのなら、上方修正もしくは下方修正を加えればいい。それが、専門家たちがしていることだ。

　資本コストを算定するのが、たいていはほかの誰かの仕事だというのを知って、少しは安心したのではないだろうか？

▌企業価値の永続性

　3つの将来キャッシュフローの現在価値は、簡単に計算できる。だが、いったい何年分の将来キャッシュフローを予測すればいいのいだろうか？

	1年目	2年目	3年目
ネットキャッシュフロー	1,000	5,000	10,000
資本コストを10%とした場合の現在価値	909	4,132	7,513

　たとえば3年といった期限を定め、ビジネスから撤退して資産を売却することは可能だ。その時点で、資産を売却した代金と手元に残った現金はすべて、このモデルに加えるべき最後のキャッシュフローとなる。3年後に私たちのフードトラックが成功していない場合は、それが一番いい選択肢かもしれない。だが、もしフードトラックが順調だったならば、定評のあるベンチャーを買収する機会を探している野心家がどこかにいないだろうか？　私たちはこのビジネスを資産の集まりとしてではなく、ビジネスとして売却できるのでは？　もしそうならば、どんな価格で？　売り手である私たちと買い手は3年目の終わりという視点からこのビジネスをどう評価するのだろうか？　まずは、4年目、5年目、6年目、7年目、そしてそれ以降のキャッシュフローを予測することから始めることになる。私たちも買い手もどれくらい先の将来まで予測すべきかを自問せざるをえな

くなり、継続期間という同じ問題に直面することになる。

「考える人」のポーズを取って死の必然性について瞑想するときがきた。企業が消滅しなくてはならない必然的な理由があるだろうか？　死ぬ運命にある私たち人間とは違い、企業は製品が陳腐化すると新しいものを開発し、市場が縮小すると成長市場に参入することで、永続的に将来キャッシュフローを生み出しつづけることができる。

　本書のはじめのほうで継続的に自己改革を行っている、ある企業について考察した。ノキアは1865年にフィンランドの小さな製紙工場としてスタートした。それ以降、ノキアを世界的ブランドに押し上げた携帯電話のような古い事業を閉鎖したり売却したりしながら、着実に新しい事業分野へと進出してきた。現在、ノキアは通信インフラに重点を置いている。製紙工場の創業者たちに通信インフラが何かを理解させるのは至難の業に違いない。ましてやノキアが風変わりな進化をたどり、新たな分野で主要なプレーヤーになるなど、想像もできないだろう（ノキアはゴム長靴メーカーとして知られていた時期がある）。これほど抜本的な転換をうまく成し遂げる企業はあまりない。無限に続くキャッシュフローを割り引くのは、無限に存続するのが可能であると同時にきわめて稀であることを示唆している。

　企業の価値を１つの数値にまとめたいと思うと、無限の割引キャッシュフローの金額を合算するしかない。計算論法に長けた読者なら、無限に続く数も合計して有限数にできると知っているはずだ。もし、そうした概念に馴染みがないのなら、私たちの言うことをそのまま信じてもらうしかない。「永久年金」——着実で永続的なキャッシュフロー〈CF〉を資本コスト〈r〉で割り引いたものが永続価値となる。

$$永続価値 = \frac{CF}{r}$$

　たとえば、リスクから判断して10％の最低利益率が必要だと考えられるならば、年間１万ドルの永続的なキャッシュフローを手に入れるために最高10万ドルは投資してもかまわない。

$$\text{永続価値} = \frac{\$10,000}{10\%} = \frac{\$10,000}{0.1} = \$100,000$$

　もし、フードトラックが３年目に定常状態に達し、それ以降は資本コストを10％として毎年１万ドルのキャッシュフローをもたらすと想定するならば、３年目の終わりの視点から、私たちと買い手は10万ドルの価値で合意することができる。そうした仮説に基づく将来価値は「継続価値」と呼ばれている【※4】。

	１年目	２年目	３年目	資本コストが10%の場合の継続価値
ネットキャッシュフロー	1,000	5,000	10,000	100,000

　継続価値は長期的な市場規模、競争の度合いと価格圧力、サプライヤーの状況、目下の売上・マーケティング・R&Dのニーズ、減価償却費や資本調達コストを賄うためだけに行う資産への再投資などに関する、根拠のある推定に基づいている。ただし、根拠があると言っても推定には変わりない。長期にわたる推定に内在する不確実性は割り引く必要がある理由の一部となっている。

企業価値の算出：継続価値と現在価値

　明示された３年分のフリーキャッシュフローはすでに割り引いているので、今度は継続価値を同じように割り引いてみよう。覚えているだろうか。継続価値は３年目以降のすべての将来キャッシュフローを合算したもので、３年目の終わりに会社を継続企業として売却した場合に得たいと思う金額を表している。この仮定の売却から得られるキャッシュフローも現在価値に割り引く必要がある。

	1年目	2年目	3年目	資本コストが10%の場合の継続価値
ネットキャッシュフロー	1,000	5,000	10,000	100,000
現在価値	909	4,132	7,513	68,301

現在価値合計 ＝ $909 ＋ $4,132 ＋ $7,513 ＋ $68,301 ＝ $80,855

　現在価値をすべて足していくと80,855ドルという総合計額になる。この1つの数値が収益性、成長性、安全性を考慮した、フードトラック事業の価値を表しているのだ。

　これが授業ならば、ここで誰かがおずおずとこんな質問するだろう。「えーっと。これは試験に出るのでしょうか？」。だが、これは授業ではない。唯一、試験があるとしたら、それはこうした考えを現実世界へ応用できるかどうかだ。もしあなたが企業の価値を決めるような仕事を選んだとしたら脱帽して幸運を祈るしかない！

　重要なのは、そうした分析を行うことではない。それよりも、担当している仕事や下す決断や共有する情報を通じて、会社の本質的価値に影響を与えるようなデータに自分がどうつながっているかを理解することが大切だ。

　役割、責任、あるいは専門分野が何であれ、社員一人ひとりが組織の収益性や成長率、ひいては将来のキャッシュフロー予測に影響を及ぼす。一方で、社員が共有する情報の質と成果を出す確実性は、会社がいかに一貫して業績を達成するかに影響を与えるだろう。その一貫性が、次に投資家の信頼と知覚リスクに影響することになる。そうしたデータが最終的に1つの数字に集約されて、あなたもその一部である本質的価値となるのだ。

第9章の要点

企業の本質的価値は、想定される将来のネットキャッシュフローの合計額を、資本コストで割り引いたものとなる。

資本コストは、投資家が、安全な資産に投資することで得られるはずのリスクフリーな利益と、キャッシュフローが期待どおりに実現しないリスクの埋め合わせとして求める最低利益率だ。

資本コストの見積もりは、真の専門家に任せておくのが一番だ。そこには、多くの検討すべき事項がある。

- 当該企業と同業他社の売上と利益に見られる典型的な変動性
- すべてのステークホルダーに対してなされた約束の範囲と性質
- 期待値の設定と達成に関する実績
- 認識可能なリスクの範囲と性質
- 株式の取引価格が示す、資本コストに関するほかの投資家たちの考え

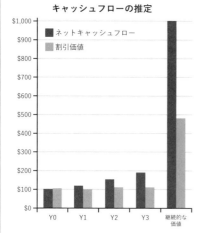
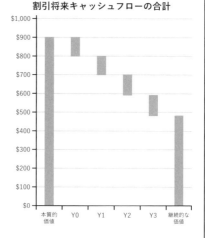

本質的価値を計算するために、将来のネットキャッシュフローを推

定し、それぞれを割り引く。先のキャッシュフローほど、割引率が大きくなる。

　多くのマネジャーにとって、本質価値の計算に関するメカニカルな詳細は重要ではない。自身の決断と行動が、いかに収益性、成長性、安全性に貢献し、将来キャッシュフローとそれに対する投資家の信頼に影響するかを理解するほうが、はるかに重要だ。

6週目

企業価値の選定と
それが経営にどうつながるのか？

第10章

価値の創造

企業の評価に携わったことのあるマネジャーは少ないが、すべてのマネジャーが価値の創造には関わっている。パートⅠの締めくくりに、私たちが個人的にそして職務や責任に関係なく、どのように株主価値につながっているかについてより理解を深めておきたい。

あなたは企業の評価にはほとんど関わっていなくても、長期にわたる利益を創出するために即座に金融資産を投入する必要がある投資プロジェクトの価値の評価には貢献しているかもしれない。そうしたプロジェクトを評価するのに使われるツールは、企業を評価するときと根本的には変わらない。価値創造についての理解を深めるためにこれからプロジェクト評価を簡単に考察していく。

本章の終わりに、最初に提起した「株主価値はステークホルダー価値について、何か有用なことを教えてくれるのか」という問題に立ち戻る予定だ。

評価の実例：ネットフリックス

「だから何なの？」という問い掛けに答えるために、参考になる例としてネットフリックスを取り上げることにする。2022年の第1四半期に加入者が20万人減ったことをネットフリックスが報告すると、1日で株価が348ドルから226ドルに急落した。どうしたら企業の価値がわずか数時間でこれほど劇的に変化するのだろうか？

先に論じた割引キャッシュフロー法（DCF法）に基づいて、ネットフリックスの報告が評価のためのデータにどんな影響を与えた可能性があるかを見てみよう。ネットフリックスに関して完全なDCF分析を行うつもりはない。その代わり、投資家たちがエンターテインメント動画配信サービスのサブスクリプションから生まれる将来キャッシュフローの流れを予測したとき、どんな希望や不安が彼らの頭をよぎった結果、ある日には1株348ドルで、翌日には226ドルで株を売却する気になったのかを、想像してみよう。

①修正見込み

2022年4月19日、ネットフリックスは加入者が20万人減ったことを発表した際、将来さらに200万人の加入者を失う恐れがあることに言及した【※1】。だが、投資家が把握していた（そして、間接的・直接的に評価計算の要素に入れていた）以前の見込み（1月10日に発表された2021年第4四半期の報告書）では、加入者は20万人減るどころか、250万人増えるはずだった【※2】。さらに、1月10日付の報告書は楽観的な評価に満ちていて、投資家はそれを期待値と348ドルという株価に織り込んでいた。つまり、4月20日には、投資家は220万人の既存加入者の減少だけでなく、それまで期待されていた数百万人の新規加入者の消滅も評価していたことになる。

②サプライズ

それまで想定されていた成長は、将来キャッシュフローの予測から除外された。ネットフリックスの経営幹部たちは、こうなるとは予想していなかった。250万人増から20万人減へ変わってしまった予測ミスと状況の劇的な変化がネットフリックスの需要予測能力に対する信頼を損なってしまった。温かく穏やかな気持ちが徐々に消えると、不信感が生まれる。

③サブスクリプション・モデルの再評価

サブスクリプション・モデルの魅力の一部は、定期的な将来キャッシュフローに高い可視性をもたらす点にある。だが、エンターテインメント動画配信のサブスクリプションは縛りが弱い。いつでも好きなときに解約が可能だ。顧客にその程度の自由を与えることは、エンターテインメント商品の場合は、理にかなっている。顧客が予算に関する柔軟性をつねに保っていたいと思う類いの商品だからだ。動画配信契約があまりに多くのコミットメントを押しつけるようだと、そもそも多くの人が契約をしないだろう。だが、新規の加入者が純増しつづけている限り、それが投資家に対してサブスクリプションが定着していることを示すエビデンスとなる。だが、単一四半期の解約の純増によって、投資家は前提の見直しを迫られること

になった。ディズニープラスやアマゾンプライムのような異なるプロバイダー間を顧客が容易に行き来できる動画配信のサブスクリプションは、2年間の電話サービス契約と比べて予測可能性がずっと低くなる。

④エンターテインメントの予測不能性

　加入者を引きつけて定着させるためにネットフリックスやほかの動画配信サービスは多くのオリジナルコンテンツを制作してきた。人々がツイートしたり話題にしたりするような映画や番組を配信できれば、毎月膨大なキャッシュフローが得られるからだ。ネットフリックスは2021年に『イカゲーム』でそうしたヒットを記録したばかりだ。このドラマの成功は当該年度末のネットフリックスの業績があれほど好調に見えた理由の１つだった。だが、必見のコンテンツを制作するのは費用が掛かるだけでなく予測が不可能だ。全ラインアップのうち、韓国の残忍で暴力的なドラマが世界の視聴者を魅了すると期待していた人がはたしてネットフリックスにいただろうか。動画配信サービスのプロバイダーとその投資家たちが学びつつあるのは、クリエイティブな産業はハイリスク・ハイリターンを特徴としていて、そこでは１つのヒット作が何十もの失敗作の埋め合わせをすることがあるということだ。加入者の減少は単なる悪いニュースではなかった。すでに報告されていた前四半期のいいニュースが本質的に予測可能性が低くコスト集約的なビジネスモデルにおける、一時的な盛り上がりにすぎなかった可能性を示唆していたのだ。

　これらは、2022年４月以降、ネットフリックスの投資家の頭に渦巻いていたかもしれない考えの一部にすぎない。投資家がネットフリックスを再評価して、226ドルが４月20日に売却するにふさわしい価格だと判断した唯一の理由などではない。わずか１日前には、同じ投資家が300ドル以上の価格でも売りたがらなかったというのに。ネットフリックスのストーリーは、最新ニュースがいかに企業の将来に関する成長性、収益性、安全性の見直しを迫ることがあるかを説明している。

企業価値と個人の貢献

　私たちが一緒に仕事をしている多くのマネジャーは、自分たちが直接的もしくは間接的に、どのように売上と費用に貢献しているかをきちんと理解している。キャッシュフローの創出に関しては、おそらくあなたは自分がキャッシュフローにどのように影響を与えているかを把握することができるはずだ。ただし、大企業におけるあなたの影響は非常に小さなものかもしれない。とはいえ、少なくともあなたの給与は額が決まっていて、損益計算書の費用項目の1つとして載っている。だが、あなたは資本コストに有意義な貢献をしているだろうか？　最低利益を説明するときに私たちが使った精度を考えてみてほしい。5.27％というように、せいぜい小数点2桁までだ。どれだけの推測が入っているかを考えると、それ以上の精度を求めても意味がない。あなたの個人的な行動がもたらす影響は、とても小さくて基本的には測定不能なものであり、投資家の感情、中央銀行の方針、その日みんなの関心を集めた何らかの最新ニュースがもたらすより大きな動きに飲み込まれてしまうだろう。そのため、その日、仕事を終えて家に帰り、「ハニー、今日はうまくいったよ。資本コストを0.005％引き下げて、100万ドルの価値を創造したんだ！」などと言う人は誰もいない。

　それでも、異なる価値のドライバー間にどんなトレードオフがあるかは知っておく必要がある。販売担当のあなたは単独で担当地域の売上を3分の1増やすような商談をまとめるところだとする。もちろん、すばらしいニュースだ。だが、その商談は費用にはどんな影響をもたらすのか？　固定費を増大させ、のちに損失が増えるリスクが必然的にともなうのだろうか？あるいは、現金の支出をともなう新たな長期的投資を必要とするのか？あなたの会社はその1つの契約にどれだけ依存することになるのか？

　あなたが、生産側の立場だとしよう。あなたは非常に簡単に思えて、持続的なコスト削減につながる投資のアイデアをもっている。だが、そのコスト削減のあなたの目算は市場が縮小している製品の売上に基づいているだろうか？　あなたの計画が消費するはずの現金は、新しい顧客を引きつ

けたり、新製品を創出したりするのに、もっと効果的に活用できるのではないか？　あるいは、あなたはHR部門にいて、会社の人的資本を築くのに必要と考えている予算を獲得するのに苦労しているとする。あなたのアイデアがスキルセットの構築のための支出を増やすだけでなく、従業員が辞めて競合他社に流れるといったリスクを軽減するものだと説明すれば状況がよくなるだろうか？

　キャッシュフローの予測とリスクの評価に関するいくつかの考察について考えてみよう。主要な検討材料として、企業の過去の業績がある。期限どおりにローンを返済したか、売上と利益の見込みを立てて確実にそれを達成したか。誰の行動がそうした業績を生むのだろうか？　それは、あなたの行動だ。そして、加入者の増加に関するネットフリックスの楽観的な見通しは、どこからくるのだろうか？　それは、あなたからだ。上下双方向に、そして組織を横断して流れる、売上から顧客満足、在庫水準、サプライヤーの健全性、そしてシンガポール現地法人の地元の口座にある現金までのすべてに関するさまざまな報告をもとにつくられているのだ。

　投資家は、経営幹部によって共有される情報を頼りにしている。だが、経営幹部は情報収集ネットワークとマネジメントと呼ばれる判断から学んでいること以外は何も知らない。投資家は、グローバル経済のなかで有利な立場にいるように見えるかもしれないが、彼らが権利を主張する価値は実質的には経営幹部に対する信頼の上に築かれている。これらのビジネスリーダーたちは領土の全権を握る支配者のように見えるとしても、その力は投資家に対して約束をして、その約束を確実に守る能力から生まれるものだ。経営幹部は、約束を守れないこともあれば、同じくらい重要なのだが、どんな約束を独断ですべきではないかがわかっていないこともある。

　日々の価値創造は、会社を成長させより収益性を高めるためにあらゆるレベルのマネジャーが自ら管理するリソースを動員する能力に集約される。また、経営陣が株主の期待を形成するために使用する情報を流すことも必要である。経営幹部は信頼のおける、そして確実な結果と情報をもたらしてくれるチーム（実際には組織全体）を頼りにしている。信頼は価値の中

心をなす。人々のあいだの信頼関係がものを言うのだ。

こうした信頼関係の重要性が、このあとのパートⅡの焦点となる。

プロジェクトを評価する

マネジャーであるあなたが会社全体を評価しなければならないことはほとんどないだろうが、投資プロジェクトの評価に関わることはあるかもしれない。あなたは、会社で担当している分野に関する、すばらしいビジネス案を思いついたとする。その案は、現金と工数をあらかじめ投入する必要があるとはいえ、すばらしいものだとわかっている。なぜなら、長期にわたって費用を削減し、収益性の高い売上を新たに生み出したり、会社にとって何かほかの恩恵をもたらしたりするはずだからだ。あなたは直感的に自分の案が会社に価値をもたらすと感じているかもしれないが、価値に貢献するかどうかを判断するにはどんな基準を用いるべきだろうか？

投資家は、将来キャッシュフローを得るために企業が資金を自由に使えるようにしている。企業が資金を使うたびに本来は投資家のもとに戻るはずだった現金が投資家から奪われることになる。投資家が現金を諦めるのは、少なくとも投資コストが得られるときに限られる。あらゆる投資プロジェクトは、究極的には、企業の全体価値と同じように考えるべきだ。つまり、リスクを考慮に入れたうえでプラスのネットキャッシュフローをもたらさなければならないのだ。

ある投資プロジェクトの実行可否の判断には、前章で学んだのと同じ評価手法を用いる必要がある。

- 当該プロジェクトに関して、期待されるキャッシュフローを、プラスのものもマイナスのものも策定する【※3】
- 各年のインフローとアウトフローを合算して、ネットキャッシュフローを算出する
- 各年のネットキャッシュフローを、資本コストを使って現在価値に割り引く

• 結果を合計する

その結果は、「正味現在価値（NPV）」と呼ばれている。NPVがちょうど0の場合は、そのプロジェクトの利益が資本コストとまったく同じであることを意味している。NPVの標準的な解釈からすると、NPVがプラスのプロジェクトだけを実行に移すべきで、NPVがマイナスのプロジェクトにはゴーサインを出すべきではないことになる。企業に対する1つの見方は、実行しているプロジェクトの総和にすぎないというものだ。もし企業が、NPVがプラスのプロジェクトだけを実行しているのなら、たいていは、投資家が放棄した利益と引き受けたリスクを十分に埋め合わせるはずだ。だが、そうしたプロジェクトが1つとして失敗しないという意味ではない。なかには失敗するものもあるだろうが、割り引くことで、まさにそれを想定に入れているのだ。

キャッシュフロー・モデルをまとめて、アイデアを経営陣に売り込むときは、NPVを計算することで印象づけられるかもしれない。だが、正直に言うと、経営幹部はどれだけ完璧にキャッシュフロー・モデルを準備した上で自分たちの質問に答えてくれるかに対してより感銘を受けるだろう。彼らが知りたいのは以下のような事柄だ。

- あなたのプロジェクトは、企業の戦略にどれくらい合致しているか？
- どんな前提が組み込まれているか？　そうした前提はどれだけ堅固なものか？　あなたのプロジェクトは、どんなデータをもとにしているか？　そのデータは、社内のどの部門から入手したものか？
- 売上と費用への影響だけでなく、運転資本への影響も考慮したか？
- 最悪のシナリオを検討したか？　最良のシナリオは？

もしあなたが、こうした質問に対する答えを用意しているのならば、会社の資本コストを使ったキャッシュフロー・モデルは実質的には単なる補足にすぎず、スプレッドシートに何度か数字を打ち込むだけですむ。結局

のところ、あなたの売り込みがうまくいくかどうかはDCFやNPVといった専門用語の略語ではなく、キャッシュフロー・モデルの質と資本コストにかかっている。

株主価値とステークホルダー価値

　私たちは、何年も掛けて受けてきた数学教育のおかげで計算によって得られた結果を宇宙の法則に則った事実のようなものとして受け入れがちだ。前章では、いかに企業の価値が、ある程度複雑な公式によって算出される１つの数値にまとめられるかを説明した。私たちが指摘したように、その数値は宇宙に関する客観的な事実などではない。計算へのインプットが関連性が疑わしい過去のデータ、裏づけのない直感、他者からの剽窃であるだけでなく、計算の対象自体がかなりふわふわしたものだからだ。それは、無限だが不確実な将来キャッシュフローの流れに対する権利についての株主の知覚価値だとも言える。結局のところ、評価公式がもたらすのは、きわめて主観的かつ流動的な概念のかなり不正確な測定値にすぎないのだ。

　不正確な測定ツールを使って、異なる人たちが、異なる時期に、異なる測定値を得ることになる。公式の有用性は私たちが得る特定の測定値に関してはそれほど大きくない（348ドルだったネットフリックスの株価が翌日には226ドルになった）。だが、ビジネスに関する決定がもたらすと予想される影響と、そうした影響が互いにどんなトレードオフ関係にあるかという方向性を示す。株主価値に関する決定のトレードオフを理解することは経営の本質の一部だ。

　しかし、朝起きて株主価値の創造だけに打ち込む人はまずいない。人々を互いに協力させる能力という恒久的な経営の専門的技能に目を向けると、株主価値をより大きな文脈のなかで捉えたくなる。

　企業の成功に関心を寄せるのは株主だけではない。顧客はもし自分でつくらなければならなかったとしたら手が届かないような製品やサービスを入手する。従業員は給料が貰えてやりがいのある仕事を見つける。製品、サービス、雇用機会はより大きなコミュニティに恩恵をもたらすことがあ

るが、その費用を負担させることもあるかもしれない。

株主価値を理解するために評価ツールを使うとき、私たちは、ガラス管のなかの水銀柱の高さで温度を測るようにステークホルダー価値についても間接的に何かを学ぶのだろうか？

まず、すでに説明したように、必要な最低水準の株主利益は資本を維持するだけだ。投資家が最低水準の利益を得ない場合は、世界のリスクによって資本の備蓄が少しずつ減っていき、やがてはゼロになってしまうだろう。そうなると、長期間にわたって全員のために価値を生み出すようなすばらしい資産（道路、橋、発電所、コンバイン収穫機、リソグラフィ装置、そして芸術の傑作や文化といった）に資金を供給するだけの資本が残されていないことになる。

だが、評価ツールに関してとりわけ説得力があるのは将来に対するその姿勢だ。価値の創造は、単に手っ取り早く儲けることではない。価値を創造するには、無限に続く将来キャッシュフローの流れに対する信頼感を与える必要がある。そのためには、毎年毎年、顧客価値を創造しつづけなくてはならない。ベンダーや従業員のために価値を生み出さないようなやり方をしていると、サプライヤーが撤退し、従業員がストライキを決行したりライバル企業に移ったりして、より高い予測不能性につながるだろう。将来キャッシュフローの無限に続く流れがあるためには、当然ながら将来がなければならない。

その将来は、戦争、病気、環境の悪化といった、きわめて不安定な状況によって特徴づけられるものであってはならない。また、人々が互いに強い不信感を抱き、資源、知識、スキルを持ち寄って、全体を部分の総和より大きくすることができないような将来であってもいけない。

私たちの世界は完璧なものではない。マネジャーはときどき持続できないような方法で投資家に将来への期待を抱かせて、会社の評価を押し上げることがある。また、会社の将来に対する信頼を永久に損ないかねない手段をとることもある。それでも、すでに説明した評価見解に深く埋め込まれている長期的な視点は株主価値を垣間見るための適切な方法かもしれな

い。バーで会ったらそのほかの方法についても話そうではないか！

第10章の要点

私たちはマネジャーとして、同時に多くの方法で、価値の創造に貢献している——つねに前向きにとは限らないが。私たちの行動や決定には、収益性、成長性、安全性のあいだのトレードオフがともなう。

企業の評価と割引キャッシュフロー分析から得られる洞察は、複数年にわたってネットキャッシュフローを生み出すために現金の投入が前もって必要となるような、企業の個々の投資プロジェクトに適用することができる。

本質的価値の多くが、無限に計画される将来によってもたらされるという事実は、すべてのステークホルダーのニーズが、持続的かつ永続的に満たされなければならないことを意味している。

7週目

マネジメントの基礎としての信頼関係

第11章

喜びと失望

『国富論』は、よく知られているようにピン工場の例で始まる【※1】。1人の人間がピンの製造過程を最初から最後まで行うのは可能だが、どんなに頑張っても、1日に20本つくるのがやっとだ。10人が同時に働いたとしても200本にしかならない。だが、10人の職人たちがそれぞれ工程のなかの1つの段階に専念して順に働けば各段階の効率は著しく向上する。職人たちが協力して1日に何万本ものピンを生産できるだけでなく、各人に求められるスキルも少なくてすむ。結果として、労働者たちの入れ替えが容易になって人件費が安くなる。人件費が安くなればピン1本当たりの原価が下がる。ピンが安くなればより多くの人たちが、より上質な服や靴などを生産できるようになる。分業のおかげで諸国民の富が増えるのだ。だが、平均的なピン・メーカーの富はおそらく増えないだろう。

組織はなぜ必要か？

分業がいかに文明自体の基礎になっているかはどれほど強調してもしすぎることはない。仕事を専門的な職業に細分化することが何千年も続いてきた結果、基本的な個人的ニーズさえみずからの力で満たすことができる人が皆無とは言わないまでも、ほとんどいなくなってしまった。自分自身の必需品をつくれないだけでなく、専門家として生きるために使用するツールも複雑な工程とサプライチェーンを通して製造されていて自分でゼロからつくり直すことはできない。私たちは、本書の執筆に使っているラップトップを組み立てることも、文書処理アプリのプログラムを開発することも、読んでいる本に使われている紙をつくることさえできない——たとえ、生活がかかっているにしても。ある意味、生活の糧だというのに。人類である私たちは、互いの情けにすがってきた。それは画期的であり、かつ恐ろしいことだ【※2】。

分業は、私たちの生活にしっかりと織り込まれているので何もしなくてもうまく機能するのが当たり前だと思われがちだ。だが、親戚の家で祝日のご馳走づくりを手伝えば、分業の調整がいかに大変かがわかるはずだ。業務用厨房、ピン工場、あるいはほかの分野でも、協業作業の現場を具体

的に見てみれば、計画を立て、交渉し、情報を伝え、不確実性を前に決断をするのに、どれだけの努力を要するかがわかるだろう。それがマネジメントだ。私たちはマネジメントによって全体が部分の総和よりも大きくなり、個々のピン生産段階から無用な金属片ではなくピンが生まれるようにしているのだ。

経営は個人の活動を調整する唯一の方法ではない。実際には、経済関係の多くをまとめようと決めた際の前提（財やサービスの価格は供給と需要に応じて自由に変動するという）は、いわゆる市場メカニズムが、たいてい経済活動を調整する最良の方法だというものだ。ある程度の規模では、たしかに市場競争を通して個人の貢献を調整するのが財やサービスを生産して分配する効率的な方法に思える。だが、そもそも、なぜ企業が必要なのだろうか？　なぜ、誰もが独立した請負業者となり、異なるメンバーからなるグループが互いにサービスを販売するかたちでピンからジェットエンジンまで、すべてをつくらないのか？

それは、とても興味深い質問であり、ジェットエンジン・メーカーのゼネラル・エレクトリックをふたたび思い起こさせる。ある意味、GEの取締役会は2021年にこの問題に取り組み、あまりにも多くの活動が1つの傘のなかに入っていると結論づけた。そうした活動は、個別になされたほうがいいと判断したのだ。GEを3つの会社に分割することで取締役会のメンバーたちは、新しくつくられる企業が大企業の内部で資本配分を管理するよりも市場を通じて個別にビジネス上の問題の解決にあたったほうがうまくいくという確信を示した。

GEのストーリーが説明しているように、全体を部分の総和よりも大きくする試みが失敗し、部分に分けておいたほうが結果が大きくなるという転換点があるようだ。その転換点はどこにあるのだろうか？　経済学のあらゆる部門が、いつ、そしてなぜ、経営と市場のどちらを通じて経済活動を調整するのが合理的かを知ろうと企業の理論に力を注いでいる【※3】。しかし、それは、将来バーで出会ったときにでも議論すべきもう1つのテーマだ。私たちは市場まかせにするときもあれば社内で計画を立てて人材やそ

のほかの資源を管理しようとするときもある。そして、人を生産的に協働させるにはどうすればいいかというのが本書のパートⅡにおける私たちの関心事となっている。

組織は人間関係の集合体

　調整には多くの側面がある。ピン工場での工程設計を見てみよう。ピン製造の手順を決めて、標準仕様を設定し、専門家たちと彼らの物理的な作業スペースを手配する。これらは、計画し、試験し、評価し、そして改善することができる行動だ。計画の策定は、また別の専門家か、マネジャーか、あるいはチーム全体によってなされるにしても調整につながる努力の一環だ。ピンの製造工程の設定と最適化については専門知識の集合体があり、その一部はほかの製造工程に移動することがある。だが、その同じ専門知識が、映画製作、保険、ソフトウェア開発の最適工程を決めるのに役立つかどうかはよくわからない。それでも、どんな状況にも共通しているのは、人の調整とカナダ人の宇宙物理学者、ユベール・リーヴズが好んで口にした「f**king人的要因」（不適切な表現を使って失礼！）が必要だということだ（ベコワ【訳注／カナダ・ケベック州のフランス系住民】であるリーヴズが実際に使っているのはフランス語の単語で、そのまま印字はしないが、PFH【訳注／putain de facteur humain (fucking human factor)】と略される）。

　本書のパートⅡは、快適な人的要因をテーマとしていて、それを2つの角度から見ている。このあとの4つの章は、ほかの人たちを使った仕事の達成を取り上げている。残りの章は、不確実性のもとで、ほかの人たちと一緒に行う意思決定を論じている。私たちは、人々が人間として互いに関わり合う際に直面する課題を探求していくつもりだ。これらの課題は、家族を始め、どんな組織でもよく目にするものだ。残念なことに、個人の成績を重視する学校教育が、人々が互いに協力するのに必要な能力を開発することはめったになく、むしろその発達を妨げることが多い。

　こうした洞察がもたらす影響は、あらゆるビジネスをはるかに超越している。晩年に人生を振り返って、「ああ、株主価値の創造に貢献できたのが

何よりうれしい」などと口にする人はまずいないだろう。人的関係を仕事のための手段とみなすよりも成し遂げた仕事を人的関係構築の手段とみなす人のほうが多いはずだ。

ここで伝えている内容は普遍的な適用可能性があるので、私たちの挙げる例は、家族、非営利のボランティア団体、スポーツチーム、ロックバンド、住宅協同組合、あるいはビジネスそのものと、あらゆる状況におけるさまざまな経験に活かすことができる。私たちは「大衆文化」という、もう1つの実例の宝庫も活用していくつもりだ。過去20年間で経営と職場に関する創造的な内省が急増した。完全なフィクション番組である『ジ・オフィス（The Office）』、ドキュメンタリータッチで描かれた『WeCrashed〜スタートアップ狂騒曲〜』、深い皮肉が込められた『ヴィープ（Veep）』、痛快な『テッド・ラッソ：破天荒コーチがゆく』などがそうだ。こうした職場をテーマにしたドラマが製作され、熱狂的に受け入れられているのは、偶然ではない。働くこと、経営すること、先導すること、追従すること——私たちはそれが何を意味するかについての深刻な社会的対話のただ中にいる。それらの対話は、技術の変化、人口動態の変化、そして新型コロナウイルス感染症の大流行のような危機によって誘発されている。

そうした根本的な変化を考えると、従来の2年間のMBA課程に必要な時間と資本をつぎ込むのは、あまりにもリスクが高いと言える。このあとの章では、私たちを取り囲む流動的な状況における、堅固な土台を提供できたらと考えている。

第11章の要点

市場と経営は、分業において専門家の仕事を調整する2つの方法であり、個人でできることよりも多くを成し遂げられるようにする。

7週目

マネジメントの基礎としての信頼関係

第12章

信頼と期待

21世紀初頭のモキュメンタリー【訳注／mock（偽物）とdocumentaryの合成語で、ドキュメンタリーもどきの映像手法】テレビ番組『ジ・オフィス』は、何百万もの人々が視聴し、その多くがいまでは管理職になっている。当然ながら、スティーヴ・カレルが演じたマネジャーの仕事生活をみじめで無意味なものにしかねないあらゆる行動を見て、楽しいと感じる人はいない。この番組が放映されたとき、私たちは2人とも新米のマネジャーとして働き始めたころだった。『ジ・オフィス』は、たしかにすごくおもしろかったが、びっくりハウスの鏡をのぞき込んだときのように、かなり気まずい思いもした。スティーヴ・カレルが演じるマネジャーは、醜悪なまでに誇張されたキャラクターだった。だが、課外活動の一環として、『ジ・オフィス』の1シーズンを一気見してから、このあとの章を読めば、「あんな上司」にならないためのよい指針となるはずだ。

　マネジメントとは、人々に個人の活動を調整させて、全体が部分の総和よりも大きくなるようにするものだ。「ピープルマネジメント」とは、具体的に何を意味するのだろうか？　それを一般社員からマネジャーへの移行する際に、私たち自身が感じた最も大きな違和感という観点で定義してみる。子ども時代や働き始めたばかりのころ、私たちは多くの役割を果たしていたが、ある意味それは、自分だけにとって重要なものだった。ロックバンドで演奏する？　もちろん、それはチームでの取り組みだ。ベース奏者がしっかりしないと全体としての印象が悪くなるのだから。だが、それについてはあなたにできることはあまりない。一方で、あなたは、しかもあなただけが、ギターのリフを完璧に演奏できる。選曲をしたわけでもパート譜を書いたわけでもないのに、それは確実にあなた個人の貢献だ。大きな力にはそれに見合う責任がともなう。ピープルマネジャーになるにあたって厄介に感じるのは、責任を負いつづけながらも力を失う点だ。あなたの成功は、もはやあなたではなく、完全にほかの人の働きにかかっている。

　世間知らずの若い一般社員だった私たちは、マネジャーはあらゆる力を持っているものだと思っていた。仕事を割り当てる力。期限を設定する力。

品質を判断する力。最後に、私たちが翌日に収入を得られるかどうかを決める力。こうした種類の力はすべて現実のものだ。意外だったのは、マネジャーになりその力を失ったことだ。ピープルマネジメントは相互依存関係だ。もともと均衡はとれていないが、一般社員とマネジャーは互いに対して異なるタイプの力を行使している。

　もし直属の部下が、欠勤が多いか、まったく出社しなかったら、たしかに私たちには最後の手段として、この社員の雇用を打ち切る権利があるかもしれない。だが、人を解雇しても解決にはならない。その社員がいなくなっても仕事を遂行する必要があるからだ。どちらの力が強いかはつねにはっきりしているとは限らず、いつだって重要ではない。あなたは、自分が行使しない力を受け入れればより優秀なマネジャーになるだろう。

　マネジャーはみな、仕事に関する権限を部下に委譲しているが、引き続き結果に対する責任は負っている。もちろん、協力を買って出てみずから仕事をこなすことはできる。商談をまとめたり、プログラムを数行書いたり、プロジェクトを完了させる役目を引き受けたりすることもできる。ほとんどのマネジャーは、そうやって協力しながら自分自身でやるべき仕事も持っている。だが、部下に協力しながら自分自身の仕事をこなしているだけでは、マネジメントをしているとは言えない。マネジメントには、仕事が期限までに求められる品質レベルで遂行されることを期待して、部下に委任することが求められる。それが、信頼という行為だ。

　私たちよりも賢い人たちが、委任と信頼について、たくさん本を書いている【※1】。強調しておきたいのは、信頼が相互関係であることだ。部下を信頼するのが難しいと思えるときもあるかもしれないが、最終的にはしなければならない。あなたが取り組むことができる（または取り組まなくてはならない）のは、あなたに対する部下の信頼を築くことだ。結局のところ、あなたのことを信頼していない人を心から信頼することができるだろうか？　トマス・ホッブズの言うように、社会は「万人の万人に対する闘争」に陥る危険がある【※2】。なぜなら、強欲でも攻撃的でもない人でさえ信頼していない人に対しては機先を制して闘いを挑むようになるからだ。

あなたのことを信頼していない社員は情報を伝えない、努力を惜しむ、不信感を他者に広めるといった、非生産的な働き方をするだろう。この社員は、それ以外の点ではいままで会ったなかで最も有能な人物だとしても、そうした行動をとる可能性がある。

　信頼がすばらしいのは、ほぼ誰でも手に入れられるからだ。正式な訓練は必要ない。カリスマ性や好感度も不要だ。信頼していないろくでなしを愛することもあれば本当は嫌いな人に進んで命を任せることだってあるかもしれない。なかには、不当に信頼を得ている人たちもいる。対称的な顔をもつ人【訳注／友好的な印象を与えたり、信頼を醸し出したりする傾向があるとされる】や、自分と同じような視点や行動をもつ人だ。また、私たちは、ほかの人たちの信頼を得ていると思える人にも、信頼を置く傾向がある。

　だが、どのような新しい関係をスタートさせようと、自分がした約束を着実に守りつづけることで、そこから信頼を築くことが必ずできる。その一方で、約束を破ったために、築いてきた信頼を一瞬にして失ってしまうことがある。著名な投資家であるウォーレン・バフェットが言ったとされるように、「名声を打ち立てるには20年掛かるが、台無しにするには5分あれば足りる」のだ【※3】。経営者がよく口にする最も大切な言葉が医療従事者のものと似ていると思えるのはそのためだ。

first, do no harm to trust.

何よりも、信頼に害をなしてはならない

　ピープルマネジメントは真にやりがいのある仕事であり、生涯を掛けて習得する価値があるものだ。ピープルマネジメントを4つの章だけできちんと説明することはできない。4冊の本でも無理だったのだから。読者はマネジメントと心理学に関する本を数十冊読んで、シェークスピア全集を読むよりも2倍多く学んだと思っているかもしれない。学習できる理論や枠組みは何十とあり、参加できるワークショップはいくらでもある。この分野の多くの人たちと同じように、私たちも、ポール・ハーシーとケン・

ブランチャードが考案した「状況対応型リーダーシップ理論（SL理論）」と呼ばれるモデルの大ファンだ【※4】。このモデルは、ピープルマネジメントにおいては、すべての状況に適応できるようなリーダーシップのスタイルは存在しないと考える。そのため、マネジャーは、能力（知識とスキル）とコミットメント（モチベーションと信用）という2つの面で社員が置かれている状況に合わせて、対応しなければならないのだ。

　だが、状況対応型のリーダーシップは、数ある枠組みのなかの1つにすぎない。そして、洞察力に富んでいるとはいえ、結局は「害をなさない」という前提をクリアしたあとで、ようやく役に立つことが多い。

　一方で、あなたは、好むと好まざるとにかかわらず、ピープルマネジメントのスキルを、日々のあらゆる出会いで絶えず実践している。本書のパートⅡでは、モチベーションの理論に軽く触れながら、フィードバックの実施のような実用的な事柄に関するヒントを提供していく。だが、枠組みやテクニックは、人の信頼を損なうと、無駄になってしまう。哲学者のアラスデア・マッキンタイアは、「マネジャーは、その性格で、操作的／非操作的な社会関係の区別の消滅を体現している」と書いている【※5】。マネジメントの枠組みをどれだけよく理解していようと、また、それをいかに巧みに適用しようと、直属の部下があなたがそれを操作する目的で使っていると思えば、あなたに対する信頼は失われてしまうだろう。

▌期待値を設定する

　約束を守ることが信頼構築の中心にある。あなたが、約束を破ることで利益を得ようという意図をもって約束をするとは思わない。もし、あなたがそんな人ならば、本書はたいして役には立たないだろう。そうでない人にとっては約束を守るうえでの課題は、無意識に約束を破ってしまう事態をいかに避けるかだ。私たちは、うっかりして相容れない2つの約束をしてしまうことがある。たとえば、2人の部下に対して、同じポジションへの昇進を約束してしまうかもしれない。そうした間違いは起こるものの、それを避けるための普遍的なアドバスはほとんどない。あなたが（そして

私たちも)、自分でなんとかするしかないのだ！ あなたは約束したつもりがないのに相手が約束だと捉えてしまうという、興味深くも厄介な事態が生じることがある。あなたが「スペンサー。きみがどんなプロジェクトを手掛けたいか知りたい」と言ったのに対し、スペンサーがそれを、「やった！ 好きなプロジェクトを選んでいいんだ！」と捉えてしまうのだ。

　もちろん私たちは「……すると約束する」という言い方はめったにしない。その表現は、賢明にも特別な機会のために取ってあるからだ。だが、将来について考え、計画を立てるときは、限られたデータをもとに不確実性と向き合いながら仮説を立てなければならない。その限られたデータの多くは、人から聞いた話から得たものだ。私たちはいつも、自分の希望と夢、そして、ほかの人の何げない言葉から砂上の楼閣を築いている。私たちが言うことは、ほかの人が将来に対して抱く期待値を設定し、私たちもまた、ほかの人に言うことをもとに期待値を設定している。

　信頼を構築し維持するのは、結局のところ、正しい期待値を設定してそれに応えることにほかならない。ある関係において私たちがすることや言うことはすべて、相手の期待を形成するのに一役買う。どんな関係においても期待値の設定は相互の問題だ。あなたは、マネジャーとして部下に対する期待値を設定し、部下はあなたに対する期待値を設定する。部下に対する期待値をうまく設定するだけでなく、部下があなたに対する期待値をうまく設定できるよう誘導することもあなたの仕事だ。そして、そうするための最良の方法は、正しい期待値を設定する行動の模範を示すことだ。

　あなたは、ジムという名の若者と一緒に働いているとする。上司と部下の関係において、期待値は3つの主要な領域で設定される。

①人間関係

　あなたは最初にジムと対話するときに、あなたに対する彼の期待を形成することになる。「形成しなければならない」ではなく、「形成することになる」と書いた点に着目してほしい。あなたが何をしようと、あるいは何をしなくても、あなたの最初の行動で一連の期待が決まってしまうのだ。

あとで、修正することは可能だが、それにはかなりの努力が必要となる。そのため、初めからうまくやるに越したことはない。人間関係に関してあなたが設定する期待値は、あなたがジムにどんな行動を期待しているかに関係している。そして、その期待値はあなたのためだけに決めるものではない。ジムのほうも、こうした期待値に関する発言権があり何が現実的であるかをあなたに伝えなくてはならない。ジムを素直にさせる一番いい方法は手本を示すことだ。彼があなたに対して何を期待すべきかを教えてあげるのだ。あなたがどんな支援を提供できるか（あるいは、できないか）、どうやってうまく意思の疎通を図るか、どのようにフィードバックを与えるか……。

②仕事

期待値を設定する行動は、日常的に仕事の周辺で見られる。あなたは、仕事の期限、仕様、品質水準に関してだけでなく、どんな資源と支援を提供する用意があるか、どんな情報がほかの人によってもたらされるか、そして、どんな仕事や結果がジムの働きにかかっているかに関しても期待値を設定する。ジムが現実的に何ができるかについて正確な期待値を設定できれば言うことなしだ。だが、彼がそうできるのは、「あなたを信頼」していて「期待値を設定するための正しい行動の手本を示されている」場合に限られる。

③開発

ジムには、自分のキャリアパスがどこにつながっているか、そして野心の実現にあなたがどう力を貸してくれるかというビジョンがある。あなたは将来どんな能力が必要になるか、そしてジムにはどんな能力がありそうか、というビジョンをもつだろう。それぞれのビジョンは異なるかもしれない。たとえ、あなたがジムと同じビジョンを持っていたとしても会社はそうではない可能性がある。当然ながら、全員のビジョンが合致していれば物事は簡単になる。だが、これは砂上の楼閣が最も簡単に築かれ、対話

が最も居心地の悪いものになりかねない領域なのだ。

たとえ何があっても、期待値の設定はいつも両方向に対して行われる。マネジャーとしてのあなたの役割が直属の部下としてのジムの役割と大きく違うのは、あなたが最初の一歩を踏み出す覚悟を持ち、正しい期待値の設定行動の模範を示し、必要に応じてジムに期待値設定に関する指導をしなければならない点だ。

▌信頼関係を築くコミュニケーション

コミュニケーション理論は、私たちが互いに情報を伝達しようとするときに何が起きるかを正確に説明しようと試みる、果てしなく壮大で興味深い研究分野だ。コミュニケーション理論をマネジャーとしての期待値設定に関する、1つの基本的な洞察と、2つの実用的な提言にまとめてみよう。

まず、あらゆるコミュニケーションにおいて、たとえメッセージの送り手と受け手のあいだに非対称な関係があるとしても両者はその伝達に積極的に関与し、情報が確実に相手に届くようにする責任を共有しなければならない。情報がある人物から別の人物に伝えられるとき、私たちはコミュニケーションを完結させなければならない。そのためには、受け手が聞いた内容をオウム返しに繰り返して送り手に伝え、メッセージが正しく届いたことを送り手が確認できるようにする必要がある。

この基本的なコミュニケーション・テクニックは、命がかかっている場合には、しっかりと定着している。飛行においては世界中の規制によりパイロットは航空管制塔からの指示を復唱するよう求められている。パイロットが指示を復唱すると、航空管制官が「復唱に間違いありません」と答えて、コミュニケーションが正しくなされたことを確認する。

少なくともときどきは、その同じ慣習が同僚と（ほかの人とも）コミュニケーションを取るときに役立つことがある。あなたがジムに重要なプロジェクトの期限を伝えると、それに対してジムがいつ休暇を取るつもりかをあなたに告げたとしよう。おそらくジムの意図ははっきりとは言わないものの、彼の予定からするとその期限は非現実的だと伝えることにある。

あなたはマネジャーとして、ジムが明示的に、そして黙示的に言っている内容を理解したとおりに繰り返すことでコミュニケーションを完結させる。それによって、ジムはあなたに与えた影響と自分の意図が合致していることを確認できる。こんな具合に、あなたとジムは、「意図と影響」という、よくあるコミュニケーションの問題に取り組んでいるのだ。

　反対に、あなたがジムに何かを伝えるときは、ジムもコミュニケーションを完結させ、あなたがはっきりとは言わない内容を明確にすることも含めどんな影響を受けたかを言い返してくれれば幸いだ。ジムはまだ、このコミュニケーション・テクニックをうまく実践する方法を習得していないかもしれない。だが、あなたが手本として示す行動を観察したり、あなたが指導する内容を吸収したりすることでいずれはコミュニケーションを完結させるようになるだろう。だが、ジムがあなたと同じくらい熟練したコミュニケーターになるまでは、彼にコミュニケーションを完結させるために、あなたが１つの簡単なことをする必要があるかもしれない。彼に何を聞いたかを尋ねてコミュニケーションを完結させるよう頼むのだ。

　これらのコミュニケーション・テクニックは簡単なものだというのに、私たちは驚くほど頻繁に使い損なっている。それらは簡単なテクニックだが、自然に使えるようになるには練習が必要だ。そうしたテクニックを定期的に使うことで、応えられない期待という砂上の楼閣を築くのを避けることができる。なぜなら、満たされない期待は不当に、私たちの人間関係の基礎となる信頼を損なってしまうからだ。

グローバル時代のコミュニケーション

　コミュニケーションを完結させることで適切な期待値を設定するというのは単純なアイデアだが実行するのは「言うは易く行うは難し」である場合が多い。イギリスで家族休暇を過ごしていたとき、私たち家族が鉄器時代のヒルフォート【訳注／丘の上につくられた要塞化された集落】の景観を感嘆して眺めていると、一組の夫婦が近づいてきてこう言った。「写真をお撮りしましょうか？」

なんて親切で思いやりのある申し出だろう！　額面どおりに受け取って、その問い掛けの形態と明示的な内容に応じて、単に「ええ、ぜひお願いします」、もしくは「いいえ、結構です」と答えればいい。だが、当然ながら、その問い掛けには別の暗黙のメッセージが込められている。自分たちの写真を撮ってほしいと、遠回しに頼んでいるのだ。

コミュニケーションを完結させるには要するに暗黙のメッセージを明確にすればいいのだと解釈したくなるが、あなたは、過去の経験からそうすることがつねに適切もしくは有用とは限らないことを知っているはずだ。たしかに、こう答えればコミュニケーションを完結させることができる。「はっきりさせておきましょう。あなた方は自分たちの写真を撮ってもらいたくて、その見返りとして私たちの写真を撮ろうと提案しているのですね。いいでしょう。その提案を受け入れます」。しかし、そんな答え方をすれば、相互に利するような気持ちのいいやりとりでなく、消え入りそうな声での謝罪や撤回の言葉を聞く羽目になりそうだ。

コミュニケーションには、つねに何層もの意味がある。「コーヒーはいかがですか？」の明示的なメッセージは、氷山の一角にすぎない。表面下には、「お疲れのようですね」「あなたは魅力的だと思います」、あるいは「私の社会的地位があなたより低いのはわかっています」といったメッセージのどれか、もしくはすべてがあるかもしれないし、まったくないかもしれない。私たちのなかには、より深いレベルの意味を見抜くのにもともと長けている人もいれば、そうでない人もいる。

率直に言って、もともと黙示的な意味を把握するのが得意かどうかは、重要ではなくなっている。何層もの意味をみずからの文化的枠組みのなかで理解することはできるが、異なる言語や文化には明示的に言うべきことと黙示的に言うべきことについて、異なる慣習がある。私たち2人は、それぞれ、ほかの文化に属する相手と結婚しているので異文化コミュニケーションの問題に対してとりわけ敏感なのかもしれない。

企業とビジネスはますますグローバル化していて、コミュニケーションに関して異なる前提を提示する人たちと交流する機会が増えている。期待

値の設定と、明示的／黙示的なマネジメントの対話の実践に関して、私たちは、２つのシンプルな原則に従っている。

- 期待値を設定して、時間や日付のように測定可能で定量化できるものに関する暗黙の前提を、表面に浮かび上がらせる
- 相手にあなたのおかげだと思ってもらいたいことを、つねに相手のおかげだと考える

　これらの２つの原則は、職場以外でも十分通用する。

7週目／マネジメントの基礎としての信頼関係

第12章の要点

　信頼は、あらゆる人間関係の基礎であり、組織における信頼の基本的な構成要素は、マネジャーと部下の関係だ。

　信頼は期待値の設定と達成の繰り返しによって、時間を掛けて構築される。

　メッセージの送り手と受け手は、期待値の設定に関して責任を共有しているが、正しい期待値設定がどんなものかという手本を示し、コミュニケーションの方向性を決める責任は、おもにマネジャーにある。

　日常的に、期待値設定に関する行動は、仕事に関連して最も頻繁に見られる。仕事に関連した期待値を設定するにあたっては、明確にすべき事柄がいくつかある。

- **結果がどんなものになるか、そして成功したかどうかをどうやって判断するか**
- **いつまでに仕事を達成する必要があり、どの中間段階でレビューがなされるか**
- **どんなフィードバックが期待できるか、そしてそれはいつか**
- **社員は、誰からどんな支援を受けられるか**
- **成功や失敗は、個人、チーム、そして会社に、どんな影響をもたらすか**

　反証がない限り、相手にあなたのおかげだと思ってもらいたいことを、つねに相手のおかげだと考えるべきだ。

　何よりも、信頼に害をなしてはならない。

8週目

ピープルマネジメントの要点

第13章

フィードバックにおける冒険

少しのあいだ、私たちと一緒にある状況を想定してほしい。あなたのマネジャー、ネイトは、あなたに重要な仕事を任せたところだ。それは、翌年度のチームの戦略を報告書にまとめるという仕事だ。あなたが任されるのは初めてだ。あなたはその報告書を締め切りの何時間も前に完成させる。すでに19回も見直しているので、あなたにはすばらしいものに思える。あなたはどきどきしながら送信ボタンをクリックする。そのあと、家に帰って眠れない夜を過ごす。

翌朝一番にあなたが受け取ったメッセージはネイトからの返信だ。最初の行に「すばらしい出来だ！」と書かれているのを見て、あなたは安堵のため息をつく。そして、わくわくしながら、「提言」や「建設的なフィードバック」に関して何か書かれている残りのメッセージを読もうと添付されている資料を開く。

まるで殺戮現場だ。血をぶちまけたように修正記録で真っ赤だったのだ。丸ごと削除されているパラグラフもあれば、新しい見覚えのないテキストがいたるところに挿入されてもいる。元のまま無事に残っている表現は両手で数えられるほどしかない。

さまざまな感情が立てつづけにこみあげてくるが、どれも心地よいものではない。ネイトの「提言」を最後まで読んだとき、多くのものに対して最初に浮かぶ反応は、「まあ、それはあなたの意見にすぎないじゃないか」というものだ。一理ある。あなたの自己認識が感情の栓のところまで届き、怒り、恥、不安……そしてそれ以外の何かを感じていることを教えてくれる。顔を上げてオフィスを見渡すと、ネイトがもう１人の同僚に話し掛けているのが目に入る。ネイトは、あなたのほうをちらりと見るとにこやかな笑顔を浮かべ、ばかげたほど興奮した様子で親指を立ててみせる。あなたの感情モニターに、もう１つの解釈が浮かび上がる。それは、軽い裏切りの味がする困惑だ。「すばらしい出来だ」って、ハァ？

フィードバックを与えるのは、するかしないかを選択できるようなことではない。期待値を設定するのと似ていて、マネジャーとしてフィードバ

ックを与えないわけにはいかないのだ。フィードバックと期待値の設定はコミュニケーションだ。コミュニケーション理論家であるポール・ワツラウィックは、それについてこう述べている。「人は、どんな手を使おうと、コミュニケーションを取らないでいることはできない【※1】。活発にもしくは不活発に、言葉に出しても出さなくても、つねに何らかのメッセージを伝えている。それによって相手に影響を与え、たとえ相手がこうしたコミュニケーションに返答できないとしても、それ自体がコミュニケーションを取っていることになるからだ」

　フィードバックに対するネイトのアプローチには生産的な要素もあったが、いくつかの重要な事柄は完全に非生産的なものだった。

▍フィードバック：ピープルマネジメントの核心部

　フィードバックがとりわけ重要なのは、現在の成果を挙げつつ、将来の成果をもたらす能力を築くという、ピープルマネジメントに見られる永続的な緊張を解消するのに役立つからだ。パートⅠで見たように、価値の創造は現在と将来の両方の業績に関係している。マネジャーは直属の部下からなるチームと一緒に仕事をするときは、いま部下たちから最高の成果を引き出す一方で、翌四半期および翌年の、そして永続的な、彼らの遂行能力を維持し構築しなければならない。短期および長期の業績は互いにトレードオフの関係にあることが多い。「ミッションクリティカル」なプロジェクトに途切れなく駆り出されつづける従業員はいずれ疲弊してしまう。そして、貴重な専門知識とともに、会社を去っていくことになる。あるいは、さらに悪いことに、やる気をなくしたまま会社に残り、平均以下の成果を挙げ、ほかの社員にも同じようにするよう勧めるかもしれない。一方で、トレーニングやチームビルディングといった能力開発に時間を割いている社員には、現在のプロジェクトを最後までやり遂げる時間が十分にない。

　私たちのビジネスでは、顧客のために訓練行事を設け、数日のあいだ実際の仕事から引き離し、新たな考え方とスキルを身につけさせて職場に戻すことで長期的な能力の構築を促している。一般社員からマネジャーへの

昇進のようなキャリアの大きな転換点を迎えることで、あなたは否応なく自分自身と世界を違う角度から見るようになる。毛虫が蝶に変わるには、日常的な仕事から離れることが絶対に必要だ。そうした変態が重要であるように、多くの学習が大きな転換の狭間でなされ、それを日々活用することで、新しく学習したスキルが少しずつ改善されるのだ。だが、私たちが向上するのは正しいフィードバックを受けた場合に限られる。

　自転車の乗り方を学ぶのに講義に出席する人はいない。『Cycling 101』【訳注／サイクリング愛好者のための情報を提供するガイドブック】は、固いアスファルトを教師として学ぶものだ。私たちは学習する内容の多くが、行動を試し、環境がどう反応するかを観察し、環境が示す反応が好転するまで自分たちの行動を適応させることで学んでいる。世界はたいていは迅速で明快なフィードバックループのなかで私たちを教育している。だが、会社生活は迅速でわかりやすいフードバックをつねに提供してくれるわけではない。ベストセラーのビジネス書の著者であるダニエル・ピンクが企業を「フィードバック砂漠」と呼んでいるのが印象深い【※2】。

　仕事をずっと小さな塊に分けることで、あなたの担当する仕事がほかの人の仕事と整合しているかどうかがまったくわからなくなる可能性が十分にある。その組み合わせで品質保証をクリアできるか、セールス担当者がバイヤーを見つけたか、最終的に顧客を満足させるか失望させるかが、決してわからないかもしれない。もし、自転車の乗り方を学ぶのが大手企業で働くのと似ているのなら、あなたは顔に風を受ける喜びも擦りむいた膝の痛みも感じずに柔らかく灰色をした霧のなかでひたすらペダルをこいでいるのかもしれない。分業のおかげで私たちの最高の業績と最悪の業績に対しても沈黙があるのみかもしれない。そして、コミュニケーションがないことはありえず、その沈黙そのものが多くを語っている。

　ピープルマネジャーの最も重要な役割の1つは、そうした恐ろしい沈黙を有用なフィードバックで埋めることだ。私たちは、そうすることで従業員が自分の仕事の意味を見失うのを防ぐだけでなくうまくいった仕事や行動を強調して、そうでなかったものを修正するためにもフィードバックを

与えている。うまく実施すれば、称賛は社員に自信をもたせるだけでなく、北極星を明るく輝かせて将来の仕事の指針も示す。「これはいいね。もっとやってください」。うまく実施すれば、修正によって現在の仕事を改善し、隠れた危険を際立たせて次のプロジェクトでそれを避けることができるようになる。

いいフィードバックと悪いフィードバック

称賛と修正のどちらを伝えるにしても、生産的な方法と非生産的な方法がある。ここで、効果的なフィードバックの特徴を見てみよう。だが、最初に言っておきたいことがある。世の中には数多くのフィードバック・モデルがあり、それぞれが覚えやすいように頭字語で呼ばれている。3つだけ挙げておくと、STAR、CEDAR、DESC がそうだ。STAR は状況（situation）、職務（task）、行動（action）、結果（result）を、CEDAR は文脈（context）、実例（examples）、診断（diagnosis）、行動（actions）、見直し（review）を、DESC は描写（description）、影響（effect）、解決（solution）、結論（conclusion）を表している。また、どのフィードバック・モデルが最も効果的かを示す科学研究はほとんどなく、どの研究も決定的とは言えない【※3】。実際のところ、フィードバックは実験室での研究には、あまり適していないのかもしれない。

前章で、操作／非操作の区別の消滅に関する、アラスデア・マッキンタイアの警告を引き合いに出した。サンドイッチ型フィードバックについて考えてみてほしい。称賛の厚い2つの層のあいだに修正を押し込むフィードバックで、ときには有用な提言となる。たしかに、称賛は批判を受け入れやすくさせるかもしれない——最初のうちは。だが、あなたの直属の部下が、そのパターンを認識すると称賛の言葉をはねつけたり割り引いて聞いたりするすべを学ぶかもしれない。その称賛が悪い知らせの先触れにすぎないことを知るだけでなく、サンドイッチ型フィードバックが1つのテクニックであることにも気づくはずだ。「人はテクニックを使われるのを好まない」と、私たちの共同研究者の1人は言う【※4】。受けそうな名前をも

つフィードバック・テクニックを下手に使うと、思わぬ面倒を招いて信頼の基盤を損なってしまうかもしれない。

　ほとんどのモデルが「フィードバックは明確でなければならない」という点では意見が一致している。逆に言うと、フィードバックは曖昧であってはならないのだ。ティーンエージャーの子どもに向かって「あなたの部屋は汚い！」と言っても、子どもが行動を改めないのにはおそらく多くの理由がある。だが、1つたしかなのは、この一般的な宣言はあまり教育的ではないということだ。具体的に、この部屋の何が悪いのだろうか？

　修正フィードバックは明確であるべきだが、それは称賛も同じだ。そして、そこが多くのマネジャーが失敗しているところだ。冒頭で挙げた、マネジャーのネイトが行ったサンドイッチ型フィードバックは最上級だが曖昧な「すばらしい出来だ！」という賛辞と、同じく曖昧な親指を立てるしぐさとのあいだに、かなり明確な批判を長々と並べ立てていた。厳密にはその仕事の何がすばらしいのか？　あなたの戦略報告書は、どんな影響を与えるのだろうか？　どのように仲間の仕事を容易にしたり、顧客を満足させたりするのか？「すばらしい出来だ！」と聞けば、一時的に気分が高揚するかもしれないが、将来の指針にはなりそうもない。その一方で、詳細なフィードバックが修正的なものだけだとしたら、善意の称賛が台無しになってしまうだろう。損なわれた称賛は、エンゲージメントに対する意図されたポジティブな影響を台無しにするだけでなく、マネジャーと部下の関係における信頼も弱めてしまう。

　すべての異なるフィードバック・モデルに共通するもう1つのテーマは、「適時性」だ。多くの組織がたいていは年に一度の定期的な業績評価を義務づけている。そうした評価にどんな利点があるにしても、あなたのフィードバックを次の業績評価のタイミングまで待つのは得策ではない。フィードバックは実行された仕事に関しても、職場での行動に関しても、熱いうちに出すのがベストな料理のようなものなのだ。

　タイミングに加えて、フィードバックを与える状況も重要だ。人を褒めるときは公の場を選ぶかもしれない（公の場で褒めても全員の興味を引く

わけではないが)。しかし、詳細な称賛と修正フィードバックは、2人だけで行うべきだ。

フィードバックをどのように、どこで、与えるかについて言えば、フィードバックが失敗するのは期待値のずれが問題であることが多い。これは前章で分析したテーマだ。フィードバックの内容とは関係なく、あなたとあなたの直属の部下は、特定の仕事と、より広い仕事上の関係に関するフィードバックの交換について一緒に決まりを定めることができる。

たとえば、誰かにストレッチアサインメント（その人の現在の責任能力をわずかに超える仕事）を与えるときは、あなたが与えるフィードバックのパラメーターを話し合うことができる。その話し合いは、「どんな種類のフィードバックがいつ必要になると思いますか？」といった質問できわめて簡単に始められる。その答えは、たとえば、中間段階でのチェックポイント、フィードバック実施の期限、そのための時間の捻出を含む、プロジェクト計画をつくるのに役立つことがある。その話し合いのなかで、どんなフィードバックを与えるかについて期待値を設定することもできる。

あなたとあなたの部下は、たとえば、どれだけの頻度でフィードバックをするかといった、フィードバックに関する一般的な決まりを定めることができる。経験の浅い従業員は頻繁なフィードバックを必要とし、それを望んでいるかもしれない。一方、定型業務に従事する経験豊富な従業員にとっては、月に1回以上のフィードバックは不要で、ありがた迷惑なのかもしれない。

期待値に関するきわめて重要な問題がフィードバックの誤解されている側面の1つをあきらかにしている。人は「ポジティブ」と「ネガティブ」という、誤解を招く恐れのある観点で、フィードバックを考える傾向がある。私たちが、そういう言い方を慎重に避けて、代わりに称賛と修正フィードバックという表現を選んできたのはそのためだ。先ほど説明したばかりのサンドイッチ型フィードバックだろうが、苦い薬も飲めるようにするメリー・ポピンズのひとさじの砂糖だろうが、称賛と不満の適切なバランスの必要性は誰でも直感で認識している。心理学者のジョン・ゴットマン

が行い大衆の意識に踏み込んだ、長続きする結婚に関する画期的な研究は、ほとんどの人が最初から本能的に知っていた何かを立証したように思える。人は不満よりも称賛を必要とする。ゴットマンによると、やりとりのポジティブ／ネガティブの「魔法の比率」は、5対1だ【※5】。経営コンサルタントの集団に、1つの批判に対して5つの称賛を提言するよう、指示を出さなくては！【※6】

　結婚が雇用契約とはかなり異なる関係だという事実はさて置き、ゴットマンのすばらしい研究の多くは、彼のポジティブ／ネガティブなやりとりが表している、かなり微妙で文脈に依存した考え方に基づいている。以下に挙げる、2つのフィードバックの例を考えてみてほしい。

①「きみが、これほどおいしいケーキを焼けるなんて思いもしなかった」
②「このケーキは、きみのとてつもなく高い基準にはおよばない」

　どっちがポジティブだろうか？　どっちがネガティブだろうか？　あなただったら、どっちを聞きたいだろうか？　フィードバックの受け手がやりとりをポジティブと捉えるかネガティブと捉えるかは、内容とはまた別の複雑な多くの要因が関係している。そうした要因には、認識された意図、全体的なダイナミクスと関係の歴史、フィードバックに関して設定された具体的な期待値が含まれる。繰り返しになるが、送り手の意図に関係なく、称賛の影響は、ポジティブにもなればネガティブにもなる。同じことが修正フィードバックについても言える。

　部下との関係を含む、関係の維持という観点からすると、ゴットマンが提唱する魔法の5対1比率は、一般的な法則としても十分に通用する。覚えているだろうか。修正フィードバックは、ネガティブなやりとりである必要はない。足並みのそろった期待値と信頼の基盤があれば、最も批判的なフィードバックも、ポジティブなやりとりの1つになり得るのだ。

行動に関するフィードバック

　これまでのところ、私たちは、タスク・パフォーマンス（仕事の遂行）に関するフィードバックだけを取り上げてきた。仕事に関する修正フィードバックの提供には、とりわけ期待値にずれがある場合、何らかのリスクが必然的にともなう。それでも、私たちが一緒に仕事をする機会に恵まれた専門家たちの多くは修正フィードバックを与えるのはたしかにマネジャーの役割だと考えていた。この種の批判は必ずしも聞いていて気持ちのいいものではないが、自分の立場を知らないよりは有益でずっとましだ。スプレッドシートでピボットテーブルを使えば、半日節約できるなら教えてほしい。「先に言ってくれればよかったけれど、次回のために知ってよかった」

　はるかに難しいのは、職場での行動に関してフィードバックを与える場合だ。休憩室を使ったあとは自分で片づけろ？　「申し訳ありませんが、それはぼくの職務明細書には書かれていません。それなのに、ぼくのことを、だらしない人間扱いするのですか？　だったらジェーンに、口を開けたまま噛まないよう注意したらどうです！」。私たちは、仕事に関する修正フィードバックは期待しているし望んでもいる。だが、行動に関するフィードバックは驚きであることが多く、私たちのセルフイメージの一部にさえなっているかもしれない長年の習慣を変える必要を生じさせる。

　あなたは、マネジャーとして破壊的な行動を目にすることがあるだろう。それが、休憩室をしょっちゅう汚す人くらいならばラッキーかもしれない。だが、それがいじめやセクハラの可能性もある。短期的に見れば、スキルはあるものの破壊的なチームメンバーから、いい結果を引き出すことができるかもしれない。しかし、破壊的な行動に対処できないと、長期的にはチームの士気を低下させてしまう。どんな状況でも機能する簡単な方策があればいいのだが、そんなものは期待できない。望み得る行動の変化には、限度がある。そして、倫理的に試みることが可能な行動修正の取り組みにも、重要な限度がある。マネジャーは、セラピストではない。セラピスト

にはなれないし、また、なるべきではない。

破壊的な行動には多くの原因がある。その人物が変えたくないと思っていることや変えたいと思っても変えられないこともそこに含まれる。人々のあいだに衝突が生じるとき、誰の行動を変えるべきかが、いつもはっきりしているとは限らない。破壊が1人の人物だけに起因すると思われてもその人とどうやって一緒に働けばいいかについて、ほかの人たちにもフィードバックを与えるのが公平なアプローチとなる。私たちが一緒に仕事をした国際的な保険会社は、最近、ニューロダイバージェントな従業員に適応する必要性を認識するようになった。そうした従業員がニューロティピカルな考え方からすると、いかに変わっているかについてフィードバックすることで服従させるのをやめたのだ。

とはいえ、ピープルマネジメントの荒っぽく雑然とした世界に対するベストな取り組みは、2つの単純なツールを使うものだ。最初のツールは前章ですでに述べた原則だ。

Absent contrary evidence, attribute to others the motives you wish
they would attribute to you.
反証がない限り、相手にあなたのおかげだと思ってもらいたいことを、
つねに相手のおかげだと考えるべきだ。

私たちはみな、同じゴールを目指して働く、互いを尊重するといった意図を共有する傾向があるが、問題は、あなたが管理している人物に本当にこうした意図があるかどうかだ。だが、この原則を適用することで相手から偏見のない心を引き出すことを何よりも望むマインドセットを得ることができる。行動修正のフィードバックを受けたい人などいない。誰もがそれに対しては防御的になってしまう。私たちが防御を解くのは、私たちの行動がうまくいかなくても、こちらの言い分を進んで聞いてくれる人や悪気がないことをわかってくれる信頼のおける人だけだ。

2つ目のツールは、SBIと呼ばれるもので、センター・フォー・クリエ

イティブ・リーダーシップが開発した、シンプルなコーチングとフィード
バックの枠組みだ【※7】。この頭字語は、状況（situation）、行動（behavior）、
影響（impact）を表していて、意図（intent）を意味する2番目のIがつけ
加えられることがある。SBI（I）は、明確なフィードバックが具体的に何
を意味するかを、じつにうまく説明している。このため、仕事に関するフ
ィードバックを与える際にもうまく機能するが、行動に関するフィードバ
ックを与えるという厄介な状況において、とりわけ価値を発揮する。

　休憩室のだらしない人のケースにおけるSBI（I）は、以下のようになる。

①状況

　まず、問題行動のあった状況を説明する。「あなたは、いつも……」や
「あなたは一度も……」や「見たところ、あなたは……」といった、曖昧な
表現は避ける。詳細な時間と場所と状況が非常に重要となる。「昨日の午後、
あなたが休憩室を使ったとき……」というように。

②行動

　次に、問題の行動を非常に具体的に説明する。「あなたが、〔むかつくよ
うな臭くて汚い食べ残しの〕サンドイッチとマグカップを、〔豚のように〕
休憩室の床の上に残していったのを目にしたのですが……」といった、批
判的な言葉遣いは避けること。

③影響

　ここは、より慎重になるべきところだ。その行動がどんな影響をもたら
したかが、きちんと伝わるようにしたい。多くの場合、その行動がほかの
人たちではなく、あなたにどんな影響を与えたかを言葉で伝えるのがベス
トだ。ほかの人たちにも影響を与えたかもしれないが、それを持ち出すと
衝突の種をまくことになり、思わぬ面倒を招く恐れがある。同時に、その
行動を説明する際にも影響を明確に説明しなければならない。たとえば、
「あんな状態では休憩室を使いたいとは思えません。もし、ほかの誰かのせ

いで片づけなければならないとしたら、私の時間が蔑ろにされている気がするでしょう。ほかの人たちも同じように感じるはずです」

④意図

その人物に意図を尋ねることで、心のなかではその人がコミュニティのれっきとした一員であり、単に間違いを犯しただけで故意に同僚に対して不快感を与えるような人ではないとわかっていると示すことになる。この休憩室の例では、サンドイッチについて意図を尋ねるのは、少しばかりやりすぎかもしれない。だが、悪気がないのはわかっていると伝えることはできる。「誰かを蔑ろにするつもりがなかったのはわかっています」。もしくは「そんなに急いでいたのですか?」

SBI(I)の手法は、行動に関するフィードバックを与える比較的安全な方法であり、進んで変わることができる人にはポジティブな変化がみられるだろう。たいていの場合、人は単に、自分の行動が他者にどんな影響を与えるかがわかっていないのだ。防御的な反応を引き起こすのは、きまり悪さ(じつに不愉快な感情)だ。SBIは、フィードバックを与えるための率直で寛大な手法であり、その不快感を和らげてくれる。また、称賛と修正フィードバックを仕事の文脈で組み立てる完璧な方法でもある。

信頼関係を築くフィードバック

名前はうまく変えていても、ネイトの例が実話に基づいていることに読者は気づいているかもしれない。若いネイトは、チームの低い士気について、ビルという名のマネジャーから自身のフィードバックを受けていた。「みんな、批判的なフィードバックばかり受けて、自分たちがお粗末な仕事をしていると感じているんだ」と、ビルはネイトに言った。「もっと褒めてあげなくてはだめだ」。当然ながら、ネイトはビルのフィードバックを独特な思いで受け取った。「いったい、何なんだ? いつもいいことばかり言っているじゃないか!」。そのフィードバックは、ネイトには不当なものに思

えた。彼は、実際に褒めていたからだ。だが、ネイトの意図がどうであれ、彼の称賛の言葉がチームに望ましい影響を与えていないのはたしかだ。

ネイトは、それについてしばらくのあいだ熟考し、重要な認識を得るにいたった。彼の称賛は、漠然とした「すばらしい出来だ！」と同じようなもので、嫌になるほど具体的な修正フィードバックとの組み合わせだった。ネイトは称賛も同様に具体的で、うまくいったことだけでなく、なぜうまくいったのか、将来同じような好成績を繰り返すにはどうすればいいかについてのコメントを含むものであるべきだと学んだのだ。

だが、最も重要なのは、ネイトが自分自身と期待値の設定について、何かを学んだことだ。フィードバックについて、さらにいくつかの失敗をしたあと、ネイトは、自分が称賛を伝えるのが下手なだけだと気がついた。頑張れば頑張るほど、フィードバックがうまくいかない気がした。称賛すべき仕事に関してコメントするのに費やした努力があまりにも露骨で、その賛辞をうそくさいものに見せ、フィードバックの信頼性を損なっているのがわかったのだ。レモンを差し出されたら、レモネードをつくれ【訳注／逆境にあっても、ベストを尽くしてピンチをチャンスに変えろ、の意】。それ以来、ネイトは新しい従業員を雇うたびに、フィードバックに対する期待値を設定するようになった。

「修正フィードバックを与えることに関しては、私の右に出る者はいない。称賛するのは苦手だ。称賛するには努力しなければならないので、わざとらしい印象を与えてしまうかもしれない。それが私の弱点なので、克服できるよう、手を貸してほしい」

それは単純なステップだが、踏み出すのは難しい。だが、思い切って踏み出せば、多くの信頼や生産的で楽しい職場関係や友情を生み出し、すべてを変える力がある。

第13章の要点

ピープルマネジャーは、互いに緊張関係にある、次の2つの目標を目指して努力するものだ。

- **いま、結果を出す**
- **将来、結果を出すための能力を築く**

フィードバックは、将来の業績を改善するために、現在の業績を使う。明確でタイムリーであるべきで、適切な（プライベートな）環境において、適切な文脈でなされなければならない。

称賛と建設的なフィードバックは、マネジャーと一般社員の関係を強化し、より深い信頼関係を築くことができる。

フィードバックのための枠組みとなっているのは、センター・フォー・クリエイティブ・リーダーシップのSBI（I）モデルだ。

- **問題の行動が起こった具体的な状況を説明する**
- **問題の行動を批判的な言葉を使わずに説明する**
- **問題の行動があなたと組織に与えた影響を説明する**
- **問題の行動にともなう意図を本人に尋ねる**

8週目

ピープルマネジメントの要点

第14章

エンゲージメントとモチベーション

毎年、ギャラップ社は従業員の仕事への満足度に関する調査結果をまとめた『グローバル職場環境調査（State of the Global Workplace）』という報告書を発表している。この報告書は仕事に「エンゲージしている」従業員は約20％にすぎず、約60％が「エンゲージしていない」と警告を発している。さらに悪いのは、約20％が「まったくエンゲージしていない」ことだ。

こうした表現の背後にはいったい何があるのだろうか？　「エンゲージしていない」従業員は時間を掛けて定められた期待に応えるだけで、それ以上でもそれ以下でもない。「エンゲージしている」従業員はプラスアルファの何かを発揮する。それは、ギャラップが「熱意」と呼んでいる、「オーナーシップ・マインドセット」や「企業を前進させるための業績と変革の推進力」だ【※1】。一方、「まったくエンゲージしていない」従業員は、「エンゲージしている同僚の成果を台無しにする恐れがある」。

ギャラップの数値に関する2つの視点を職場のエンゲージメントと、それに対するピープルマネジャーの貢献という2つのストーリーとして見てみよう。なぜ、2つのストーリーなのか？　どちらのストーリーも完全に正しくもなく、完全に間違ってもいない。よくあることだが、何かを理解するには2つ以上の角度から見てみる必要があるのだ。

┃ストーリー1：危機とチャンス

ギャラップは、その調査結果をエンゲージメントの危機と特徴づけている【※2】。「危機」は不穏な言葉であり、ギャラップの毎年の報告は2つの理由から憂慮すべきものとなっている。一方では、ギャラップ独自の調査から、エンゲージしている従業員の比率が高い企業は、収益性や成長性といった株主価値の創造に直接関連しているものだけでなく、多くの基準で好成績を収めていることがわかっている。たとえば、こうした企業は離職率が低く、労働災害が少なく、顧客ロイヤルティが高い傾向も示している【※3】。全般的なエンゲージメントのレベルが低いと世界の企業は生産性の最大化には遠くおよばない。そのうえ、そうした企業は精神的および肉体

的なリスクが高い。他方では、調査全体の根本にあるのは、従業員が自分の仕事についてどう感じているかだ。私たちが何かについてどう感じているかは、私たち一人ひとりにとって本質的に重要だ。当調査によると、私たちは組織の生産性と個人の幸福という、2つの危機に直面している。

だが、危機はチャンスでもある。ギャラップの調査における「グラスに水が半分入っている状態」の視点は、「エンゲージしていない」従業員のすべて（「まったくエンゲージしていない」従業員まで含め）を、解き放たれるのを待っている人間の潜在能力の世界とみなすものだ。熱意のない中間層をたとえ少しでも「エンゲージしている」グループに移せたら、どんなすばらしいことを達成できるだろうか？　そして、「まったくエンゲージしていない」従業員については、彼らを苦痛と不満に満ちた人生から救うために、努力をすべきではないだろうか？

ギャラップは、どうやって従業員を「エンゲージしている」グループに移すかについての提言を詳しく述べており、私たちもそれに倣うことにする。人材開発のために、期待値を設定しフィードバックを与える重要性についてはすでに説明してきた。本章では、どうすれば、従業員にやる気のない働き方をやめさせて、熱意を吹き込むことができるかについて、じっくりと検討していく。なぜか？　私たちは、より多くの（株主）価値を創造したいと考えているからだ。そして、「エンゲージしている」従業員が会社の売上拡大、収益性向上、将来に対するより大きな自信の構築に貢献できることを理解するのは難しくない。だが、それ以上に、危機にさらされているものがある。人類は、その存在が認められるようになって以降、先史時代の神殿であるギョベクリ・テペからジェイムズ・ウェッブ宇宙望遠鏡まで、ときに何かすばらしいもののために力を合わせて働くという純粋な喜びのためだけに、偉大で複雑なものをつくってきた【※4】。

その喜びは、マネジャーが鼓舞して保護する類いの喜びではない。

┃ストーリー2：危機？　いったいどんな？

危機という言葉は、ギリシャ語の「決定」に由来し、もともとはターニ

ングポイントを表す単語として使われるようになった。危機においては、良くも悪くも変化が生じるが、現状を維持することはできない。長いあいだ見ていると、ギャラップの数値は驚くほど安定していて、「エンゲージしている」従業員は非常にゆっくりと増加する傾向があり、「まったくエンゲージしていない」従業員の割合はほとんど変わっていない【※5】。ギャラップのデータは興味深いが、危機を説明するものだろうか？　それとも、その数値は分業における仕事の性質を反映しているだけなのだろうか？

　経営努力によって、従業員を「エンゲージしていない」状態から「エンゲージしている」状態に移行させて企業と生活の改善を図るという考えは、マネジャーや経営コンサルタントにとってはすばらしいものに思える（私たちはその両方の立場で責任がある）。だが、それは自画自賛にすぎない。私たちの英雄的な視点を一般社員として20年の経験をもつ人物の地に足のついた見方で補足しよう。その人物をパトリックと呼ぶことにする。

　自分は全力を尽くして働いているだろうか、それとも漫然とタイムレコーダーを押しているだけなのか？　自分はエンゲージしているのか、エンゲージしていないのか？　いいかい、人生は周期があるのが特徴だ。いい日と悪い日があるだけではない。仕事に投じる余剰の時間と精神的エネルギーのある時期もあれば、注意がほかのこと（子どもたち、年老いて死が近づいている両親、現在のパートナー、自分の健康などプライベートのこと）に向いているときもある。それでも、職務明細書に書かれている仕事をして、やすやすとルーチン業務をこなすことができる。それでこそ、経験豊富な専門家だ。だが、そうした時期には、マネジャーが、残業代やそのほかの特典やましてや鼓舞するようなスピーチで、私の能力を110%引き出すことはないだろう。

　一方で、正直な経営幹部やマネジャーならば、組織にも周期があることを認めるだろう。さまざまな局面で、さまざまな職務やチームが全面的な努力によって、組織を前進させるかもしれないが、他方で、期待以上の働きをしようとして妨げになるだけの場合もある。過去3年間で私には5人

のマネジャーがいた。それぞれが「ミッションクリティカル」な構想をチームに持ち込むのだが、彼らがふたたび昇進するなり、そうした構想は勢いを失ってしまう。いったい、どれだけ「ミッションクリティカル」だっただろうか？

そして、奇妙なことに、仕事の負荷が軽く、本来の活動領域で対処すべき危機に直面していないときは、新しいベランダをつくるといった、ほかのプロジェクトにエネルギーを投入することができる。本業にとって最高のアイデアが頭に浮かぶのが、どんなときかわかるだろうか！

何よりも障害となる同僚に関して言うと……たしかに、私の周囲にも「まったくエンゲージしていない」同僚が何人かいた。見たところ、そうした人たちには３つのタイプがある。まず、自分自身に不満があって、どこにいっても満足できないタイプ。次に、単に間違った仕事に就いてしまったタイプ。彼らは、やめる決心さえすれば、よそで完全にうまくやっていける。だが、哀れなのは、つねに全力を尽くし、会社のために何度も自分を犠牲にしているタイプだ。このタイプの従業員は、会社が見返りとして、彼らのために犠牲になることはできず、またその気もないことに気づくと燃え尽きてしまう。

自身もマネジャーである私たちは、危機とチャンスのストーリー（「ストーリー１」）に自然と気持ちが傾く。そのストーリーでは、マネジャーが世界史的に重要な英雄的任務を負っている。だが、マネジャーとしては、この話のほうを好むのではないだろうか？　本質的に人をやる気にさせるものに思えるからだ。

私たちは、実際にパトリックのような人物と仕事をしたことがある。彼の言いたいことはわかる。個人の能力や発想は静的なレベルに固定されてはいない。人生に潮の満ち引きがあるように、組織にもそれがある。マネジメント手法の流行が存在する状況に対して、ギャラップの調査結果に見られる驚くほどの一貫性は、砂丘のようにゆっくりと動く人間の状態変化を、延々と追っているだけなのかもしれない。全員につねに完全なエンゲ

ージメントを期待し求めることは、非現実的だし必要ない。それを強制し
ようとする試みは、結果として逆効果になりかねない。

　それでは、私たちマネジャーはどうすればいいのだろうか？　私たちは
その働きを頼りにしている人たちを言葉や行動で動機づけできるだろうか？
もし、その余地があるならマネジャーとして、どこに変化をもたらすこと
ができるか？　その答えは従業員を動議づける2つの重要な要素に集約さ
れる。まず、「害を与えてはならない」という、前述したヒポクラテスの誓
いのマネジャー版がある。2つ目に、誰に追加の仕事を課し、公に称賛し、
昇給を提示し、脇へ呼んで腹を割った会話をするかを決めなければならな
いときは、一人ひとりの内発的動機づけ要因を理解することが役に立つ。

　先に言及したセメント製造会社ホルシムのCEO、ジャン・イエニッシュ
は、何が人々のやる気をそぐかを把握していることについて、こう述べた。
「経営のグルと呼ばれる人たちが、人をやる気にさせるにはどうすればいい
かを語っている【※6】。だが、実際には、人々のやる気を失わせないことが
何よりも大事だ」。たとえ最善の意図をもってしても、誰かの自信を打ち砕
く方法はいくらでもある。人々のやる気をとことん失わせる確実な方法の
1つは、公正性の規範を破ることだ。もし誰かが何の説明もなくほかの人
たちが優遇されていると感じているとしたら、その人のモチベーションは
損なわれてしまうだろう。残念なことに公平性が何を意味するかについて
の全員の期待に応えるのはいつも容易とは限らない。マネジャーが、報酬、
手当、特典、地位がどのように与えられるかについて、期待値を設定する
必要があるのはそのためだ。

人の内発的動機づけ要因を理解する

　意欲喪失を避けることは大事だ。だが、ただ生活費を稼ぐためだけにで
はなく、熱意をもって働けば、個人の生活はより楽しいものになり、組織
はより大きな成功を収めることができる。人が期待以上の働きをするため
のモチベーションを見いだせる状況をいくつか見てみよう。私たちがモチ
ベーションの責任をマネジャーではなく本人に負わせている点に着目して

ほしい。モチベーションは内面から生まれるものであり、マネジャーがつくり出すことはできない。だが、従業員の動機づけ要因を理解してから、職場環境を整えて、仕事を割り振り、彼らの内的動機づけ要因を刺激する言い方を心掛けることはできる。

本質的に、何が従業員をやる気にさせるのだろうか？　ここに、その探求のいい出発点となり得るリストがある。リスト上の各項目には、それぞれの属性によって動機づけられている人物の例が含まれている。

①業績（アンジーのケース）

アンジーは、綿密なタスクリストを作成し、完了した項目に取り消し線を引くのを楽しみにしている。リストにない仕事を終えた場合は遡及的にそれをリストに追加して、すぐさま線で消すことにしている。アンジーは、普段から大きくて長期的な目標を自分でタスクリスト上の中間ステップに分解するのを得意としている。だが、目標があまりにも大きくて抽象的なとき、アンジーはときどき途方に暮れてしまう。もし、彼女が無気力な様子でしょっちゅう廊下に出たり、Slackチャンネルに参加したりするようならば、その日にできる次の作業をいくつか明確にできるよう、気に掛けてあげるべきだ。

②交友（コリンとコリーンのケース）

人間は社会的な動物だが、社交性には幅があり、コリンはその一方の端にいる。交友する機会を与えられると、それが動機づけになり、その機会を奪われると意気消沈してしまう。新型コロナウイルス感染症によるロックダウンの期間中、同僚たちの多くの生産性が上がったのに対し、コリンの生産性は通常の状態よりもはるかに低くなり、このままでは解雇せざるをえないまでになった。ほかの人たちは交友の必要性という点ではおそらく反対側の端にいるのだろう。交友は1つの動機づけ要因であり、その重要性は強まることもあれば弱まることもある。コリンはあなたの会社で働くために別の街から移ってきたばかりだった。同程度に社交的なコリーン

は地域に深く根差していて、近くに親戚はいるし、聖歌隊で歌ってもいる。コリーンにとって、交友は最も強力な動機づけ要因の1つだとしても、強制ではないが実際には参加せざるをえない仕事終わりのハッピーアワーは、好ましくないのかもしれない。

③承認（ランディとレナータのケース）

　ランディは、仕事でも休日のパーティーの開催でもとにかく自分の貢献を承認してもらうのを生きがいにしている。賞やバッジに目がなく、会社の会議中にそれらをもらうためにステージに上がるのが大好きだ。だが、ランディに対して効果があっても、全員に対して効果があるとは限らない。レナータは注目を浴びるのをとくに望んではおらず、1対1の対話のなかで認められるほうを好む。承認はお金と同じように価値が下がる可能性のある通貨だ。ランディは承認されるあらゆる機会を享受しているが、電球を回して取りつけたからといって公の場で彼に承認を与えることは、レナータが会社の費用を10万ドル節約したことで得た承認の価値を下げることになる。

④地位（サラとサムのケース）

　承認が原則として誰に対しても与えられるのに対し、地位は本質的にゼロサムゲームで、ある人の階級は相対的なものだ。仕事の肩書きは、地位を表す1つの方法であり、サラはつねに階級を上げようと躍起になっている。サムは、サラと比べると、肩書きはあまり気にしないタイプだ。だが、サラが先にシニアアソシエイトに昇進すると、とたんに肩書きにこだわるようになった。誰もがトップを目指しているわけではないが、好んで落伍する人はいない。誰かが昇進すると自分の相対的な地位が否応なく変わってしまうので、昇進はつねに緊張をはらんだ行事となり、1人をやる気にさせることでほかの多くの人たちのやる気を奪ってしまう可能性がある。

⑤安全性（スティーヴンのケース）

　私たちのなかには、将来について、不安を強く感じる人もいれば、あまり感じない人もいる。スティーヴンはかなり不安を感じており、その不安のせいで仕事に全力で取り組むことができない。自分のことをお金で動機づけされるタイプだと評することはないが、彼にとってお金は心の平穏を得る手段となっている。そのため、長期的な見通しを与えてくれる雇用契約をありがたく思っている。彼が快く思っていないのは、合併やレイオフといった大きな変化に関するうわさだ。もし、あなたがスティーヴンと一緒に働いているとしたら、根拠のない憶測は口にしないほうがいい！　万一うわさが流れたときは、スティーヴンの様子をチェックするべきだ。安定は保証できないにしても、スティーヴンに彼の抱えている不安について話し合う機会を与えるだけで効果がある場合が多い。生活状況が変わると安全に関するニーズも変わる可能性がある。住宅ローンや養う家族を抱える前は楽天的になるのがはるかに容易だ。

⑥熟達（マリアのケース）

　熟達に向けてスキルに磨きを掛けるだけで大きな満足感を得られることがある。実際にマリアは、スキルを駆使し改善することで、承認、地位、そして達成感を得ている。だが、習熟には、そうした見返り以上のものがある。誰かに見られていなくても、スキルを行使してさらに上達させるのには瞑想的な喜びがあるのだ。熟達の喜びは簡単に人に与えることができるものではないが、マネジャーがうかつにもそれを奪ってしまうことがよくある。熟達を動機づけ要因とするマリアは現在の能力の限界に近いところで働いている限りは自己充足的となる。それが、彼女が向上する唯一の方法なのだ。能力をはるかに下回る仕事を与えたり、さらに悪いのは昇進させて好きな領域から引き離したりすれば、あなたが「ニコロ・パガニーニ」と言う前に【訳注／あっという間に、の意】、マリアの辞表があなたの机の上に置かれることになるだろう。

⑦自律性（アンディのケース）

新型コロナウイルス感染症によるロックダウンと在宅勤務への移行について、アンディが大いに気に入っているのは、自分の時間を支配する力を得たことだ。前出のパトリックのように、アンディは、生活と仕事にも潮の満ち引きのような動きがあることを、はっきり認識している。伝統的な8時から5時までという就業時間が彼の仕事の現状、夜型のバイオリズム、そして予測のつかない家庭生活に対応していたことは一度もなかった。パンデミックによって、多くの企業はアンディのような社員がいつどのようにという点で柔軟性を持たせても期限までに満足のいく仕事をすると信頼できることを学んだのだ。

⑧目的（ビョルンとネイサンのケース）

20数年にわたって一緒に働いてきたなかで、著者である私たちは2人とも、途中で諦めてマネジメント訓練以外のことに挑んでみる機会があった。それでも、もう一度やる気を取り戻したのは、私たちは会社をつくっているだけではないと考えたからだ。私たちは、マネジャーがより多くの人たちに情熱を持って自身と会社の利益に貢献してもらえるよう、自分たちにできることをしたいと考えているのだ。

人生は目的で満たされるべきだ。だが、誰もが仕事に目的を見いだすのを望むのは、少し期待しすぎかもしれない。なかには、子どもたちにより多くの機会を与えるといった、完全に個人的な目的を達成するための手段として仕事を活用している人もいる。それは、それでいい。そうした人たちは、仕事に目的を見いだしている人と比べても生産性の点でまったく遜色がないからだ。その一方で、すべての組織が期待される以上に取り組む価値のある目的を提供しているわけではない。なかには、自社のビジネスを非常に有意義なものに見せようとして、みずからを歪めてしまう企業もある。長期的に考えるとやりすぎが効果的とは思えない【※7】。

上記の動機づけ要因のリストは、網羅的とはほど遠い。率直に言うと、

私たち2人は一緒に仕事をしてきて、まったく反対のことが最高の結果を生む場合があることに気がついた。もし、人間のより幅広いモチベーションを無視すれば、チームメンバーの、あるいはあなた自身のエンゲージメントの状態が変わったことの意味を理解できないかもしれない。人間の心は複雑なものなのだ。

モチベーションの問題がデリケートなテーマであるのは、そのためだ。もし、あなたの出した結論がマネジメントはピアノの鍵盤のように動機づけ要因を操ることで、チームの成果を促進することだというのであれば、私たちはあなたとあなたのチームに害を与えてしまったことになる。人はエンゲージメントのレベルと動機づけ要因のトップスリーを、額に刻印しているわけではない【※8】。あなたが尋ねれば、人は自身の動機づけ要因を教えてくれるだろうか？　それができるのは正確な状況を伝えられるくらい、はっきりと自覚しているときだけだ。それはありそうもない。たとえそうであったとしても動機づけ要因を明かすのは、あなたやさらに上の経営陣を信頼している場合に限られる。そして、あなたが従業員を奏でることのできる楽器とみなすようになると、操作と非操作の線引きがこのうえなく不鮮明となる。

それでは、エンゲージメントと動機づけ要因に関する、こうした点については、いったい何ができるのだろうか？　私たちは以下のことを提案したい。

- エンゲージメントの3つの状態──「エンゲージしている」「エンゲージしていない」「まったくエンゲージしていない」──を有用な構成概念と捉える。だが、それらをわずか1日のなかでも、1人の人間に繰り返し訪れることのある心の状態と考えること
- 人は期待をはるかに上回ることがあるのを認識する。それは、まさに、ときには手を抜く余裕があるからにほかならない
- 人はエンゲージメントの状態を一度に一段階ずつ上がったり下がったりするものと考えてはいけない。人は変にすごいときもあれば、すごいほ

ど変なときもあり、あなたとは何の関係もないかもしれない理由で、ある心の状態から別の心の状態へ一足飛びに移行することがあるからだ。チームのメンバーが、あなたのしたこととは何の関係もない理由でスランプに陥っているときでも、燃え尽きる前にアクセルから足を離すべきだと、その人にわからせることはできる

- 信頼を裏切るとみなされる行為は、周囲に影響をおよぼすほど快活な人を「まったくエンゲージしていない」状態にあっという間に変えてしまうことがあるのを忘れてはいけない。その落とし穴のなかでもがく時間が長引くほど、組織を完全に去る以外の方法で、そこから抜け出すのがますます難しくなる

- プレゼンスを示す。急いで協力する必要があるビジネス上の優先事項がなくても、定期的かつ頻繁な1対1の接触を保つ。それによって、1つの状態から次の状態への変化を観察するチャンスが生まれる

- 変化を目にしたときは、動機づけ要因を使って何がその変化をもたらしたかという作業仮説を立てる。それによって、参考になるパターンや規則性が見つかるかもしれない

- そして……何よりも害をなしてはならない

相手のことをしっかりと把握する

　前述の提言リストは、ある非常に重要な概念をあっさりと扱っている。それは、その瞬間に一緒にいる人物にしっかり目を向ける「プレゼンス」だ。本書の執筆中のある時点で、この概念は非常に簡単なので3歳児にも説明できると書いたが、まったくの勘違いだったことに気がついた。子どもたちのほうが私たちよりもはるかにうまく「プレゼンス」を教えてくれたのだ。そして、それは私たちがつねに学び直す必要のある教訓だ。

　プレゼンスについては、明確な提言をすべて挙げることができる。1対1の対話の時間を捻出して予定に入れ、対話のためのプライベート・スペースを確保し、携帯をマナーモードにしてラップトップを閉じればいい。そして、内容に関して準備するだけでなく、どれだけ重要性と緊急性があ

っても（あるいは、なくても）、ほかの関心事はすべて心から追い払ったうえで、話し合いに臨むこと。

しかし実際には、そのリストに書かれている「プレゼンスの10か条」がどれほど実践的で役立つものであっても「プレゼンスになる方法」を本から学ぶことはできない。基本的には、実践と内省を通じて培うべき姿勢だからだ。

他人が自分にとって望ましいほどに「プレゼンス」になっていない多くの場面を思い出すことで、自身の小さな欠点に目を向けることができる。そうすることで私たちは、注意を必要とするものが数多くあり、そのほとんどは正当なものであることを認めながらも、時には容赦なく優先順位をつける必要があることを理解できるのだ。

そして、人生で最も貴重な瞬間を個人的にリストアップすると、誰かと本当に一緒にいた瞬間のリストと奇妙なほど重なることに気づくことだろう。

そのすべてができれば、私たちは、いいマネジャーであることよりももっと重要な何かを達成しているだろう。そして、それが大きな意味を持つのだ。

第14章の要点

ギャラップ社によるエンゲージメントのカテゴリー化は、ときに有用な構成概念となる。

- 「エンゲージしている」従業員は、職務明細書に書かれている以上の仕事をする
- 「エンゲージしていない」従業員は、職を維持するのに最小限必要な仕事をする
- 「まったくエンゲージしていない」従業員は、組織の目標を台無しにしてしまう

内発的動機づけ要因は、人を「エンゲージ」させておくか、少なくとも「まったくエンゲージしていない」状態にはしない。

従業員のやる気をそぐのを避けるために、マネジャーは、内発的動機づけ要因を奪うような、仕事の割り振りをしたり、職場環境をつくったりしてはいけない。

マネジャーは、十分な注意と敬意をもってすれば、内発的動機づけ要因をうまく活用して、並外れた個人の業績を引き出すことができるかもしれない。

人のモチベーションは、その人の生活状況やそのほかの事情に影響されることがある。一般的な動機づけ要因には、業績、自律性、交友、熟練、目的、承認、安全性、地位などがある。

9週目

リーダーシップの要点

第15章

リーダーシップ

マネジャーと従業員の関係は非対称なもので双方が互いに異なる力を行使している。だからこそ、この関係が信頼の上に築かれなければならない。マネジャーと従業員の関係は組織をまとめている信頼のネットワークの基本要素となる。

だが、正式な権限という絆に依存して活動を調整している組織は急激な変化に順応するのが難しいかもしれない。新製品の発表、差し迫った危機への対応、といった新しいプロセスを実施するときは、信頼のネットワークを活性化させると同時に、それを修正する必要が生じるだろう。階層的および機能的な境界を越えて仕事をする際には、正式な権限というツールキットでは限界があるかもしれない。何か別のものが作用し始めなければならない。それが、私たちがリーダーシップと呼ぶものだ。

リーダーシップは、私たち2人にとって脅威となるテーマだ。ビジネスにおいて、マネジメントとリーダーシップの違いほど言葉や考えを爆発的に多く生み出した概念は少ない。私たちよりも何倍も賢い人たちがこの議論に参加しているが、彼らの見識の高さは認めるものの、リーダーであることが何を意味するかについて提示された模範的な話には私たちのどちらも完全には納得していない。

リーダーシップに関する最も有名な説明の多くは、ジョン・F・ケネディの「人類を月に着陸させる」決意のような演説をもとにしていて、あまり役に立たない【※1】。たしかに、今日でもJFKの演説には、すべてを投げうって宇宙探検に人生を捧げようという気にさせる力がある。だが、JFKの偉大な演説をリーダーシップの指針として使うと思うと、気後れを感じることもあるはずだ。「私の演説スキルでは誰かにごみを捨てさせるのが関の山だ。それに、いくら大胆な目標を掲げて回っても、自分や組織に何らかの恩恵をもたらすとは思えない。おそらく、私はリーダーではないのだろう」。有能なリーダーとなるには、すぐれた演説家でなければならないのだろうか？

JFKの前の大統領、ドワイト・D・アイゼンハワーはリーダーシップを「自分がやってほしいことをほかの誰かに権力によって強制するのではなく、

本人にやりたいと思わせてやらせる術」と言い表した【※2】。私たちは、アイク【訳注／アイゼンハワーの通称】の単刀直入な物言いが好きだ。権力者は野菜を食べさせることができ、リーダーは野菜を好きにさせる。だが、あなたがやってほしいことを誰かにやりたいと思わせるのは、「感化」「説得」、あるいは関わっている動機によっては「操作」とも言える。リーダーシップとは、結局はそういうものなのだろうか？

　先導と追随はセットになっていて、「起点」「目的地」「そのあいだの共有する行程」の3つをともなう。目的地を選ぶのはリーダーなのだろうか？もし、そうであるならば、リーダーシップは共通の目標を選択する分別ということになる。だが、歴史のなかには、明確にリーダーと呼ばれながらも追随者たちを崖から飛び降りさせた人たちがいくらでもいる。

　本当のところ、リーダーシップとは何なのだろうか？

　私たち2人は、キャリアの初期にリーダーシップの本質を探し求めていたとき、リーダーシップについて書かれた多くの本がある種の論理的誤謬を犯していることに気づかざるをえなかった。その誤謬については、ビジネススクールの教授であるフィル・ローゼンツワイグが、著書『なぜビジネス書は間違うのか』（日経BP、2008年）のなかで詳しく分析している。そのハロー効果が発生する仕組みはこうだ。組織行動学のある研究者が、成功している組織はよいリーダーシップのある組織に違いないと想定する。この研究者は、そうした成功している組織のなかで正式な権限を持つ人たちがしていることに着目する。そして、それらの行動がリーダーシップを構成すると論理的に考え、それについて本を執筆する。企業の成功は、リーダーたちに光を放つ光輪を与えるのだ。

　当然ながら、リーダーシップの専門家の出した結論は、たまたまそのときの株価が非常に高かったどこかの企業のCEOの個性を反映したものだ。おもしろいことに、当該企業の株価が大幅に下落しても、そうした専門家が自分の書いた本を自主的に回収することはめったにない。

　リーダーシップに関する本がすべて近視眼的な、大物経営者の武勇伝というわけではない。なかには、膨大な数の調査を活用し、あらゆる種類と

規模の組織に関する広範な研究をもとに書かれたものもあるが、やはり「成功」のケーススタディで始まっている。これらの本は、手を尽くしてリーダーシップ行動と呼ばれるものを数多く収集していて、そこには、これまで人類に推奨されてきたあらゆる美徳が含まれている。話をきちんと聞くスキルは、ビジネスにおいて重要だろうか？　それは間違いない。話をきちんと聞くスキルはあらゆる人間関係において重要だ。では、そのスキルはリーダーシップと呼んでいるものの典型なのだろうか？　それは、疑わしい。もし、すべてがリーダーシップだというのなら、リーダーシップは特別なものではないことになる。

　要するに、リーダーシップについて書かれてきた内容の多くは、単に私たちの希望や夢を反映したものなのだ——私たち全員が切望する成功についての夢と、私たちに対して正式な権限をもつ人たちの行動に関する希望を。私たちはCEOや政治家には高潔であってほしいと望んでいる。彼らが持ち前の美徳を理由に、その地位に上りつめたと思いたいのだ。そして、私たち自身も高潔となり、権力を握って大事を成し遂げたいと考えている。

　たしかに、私たち2人はリーダーシップという言葉に少しばかりアレルギーがあるのかもしれない。2人ともかつて偉大なリーダーを崇拝したために破滅に向かったドイツという国と深く込み入った関係があるからだ。とはいえ、リーダーシップを「(現時点で)成功している経営幹部がしていること」とか「私たちが上司に望む行動」と定義することに、大きな意味があるとは思えない。これらの定義では、ただのマネジャーはしないがリーダーはすることがわからない。また、私たちが所属する組織のなかで取り組んでいる問題を解決する役には立たない。

　そこで、サクセスストーリーから過去に遡る代わりに、ある問題に前向きに取り組んでみよう。非常に現実的でよくある、だがとても厄介な、「自分の子どもが通う学校のベイクセール【訳注／学校などが資金集めのために手作りの菓子などを販売するバザー】を企画する」という問題だ。

社会的ジレンマとは？

　あなた自身のベイクセールの体験は、当然ながら私たちのものとは大きく違うかもしれない。私たちの場合はベイクセールを催す正式な権限は存在しない。そのため、十分に貢献しても、あまり貢献しなくても、あるいは、まったく貢献しなかったとしても、称賛されたり罰を与えられたりすることはない。ベイクセールの売上は課外活動の資金として使われ、すべての子どもたちのためになる。だが、あなたがベイクセールの開催に手を貸そうが貸すまいが、あなたの子どもは恩恵を受けることになる。それならば、そもそもなぜ貢献する必要があるのだろうか？　なぜ、ほかの親たちにやらせて傍観していないのか？

　もし全員がそうした態度をとれば、当然ながら、ベイクセールを開催することはできない。

　この慎ましいベイクセールは集団行動の問題である「社会的ジレンマ【※3】」の1つの例だ。社会的ジレンマは生活に浸透している。多くの例が否定的に捉えられているのは、集団行動がうまくいかないことが多いからだ。過放牧や魚の乱獲が誰にとっても貴重な天然資源を破壊するとわかっているにもかかわらず、個々の当事者に草原や漁場を極限まで利用するのを自制させるのは非常に難しい場合がある（この種の社会的ジレンマを表すのに使われる一般的な用語に「コモンズの悲劇」と「囚人のジレンマ」がある）。私たちはうまく協力し合えないときもあるが、共通の利益のためになんとか協力することも多い。それは当然だ。そうでなかったら、ムーンショット、労働組合、企業はもとより、ベイクセールだってなくなってしまうだろう。

　私たち人間のすばらしいところは、たとえ偉そうに命令する正式な権力をもつ人がそばにいなくても、（ときには）社会的ジレンマを克服することだ。実際のところ、ほかの人に大変な仕事をさせておいて自分は傍観する、常習的な「タダ乗り屋」は少ない。たいていの場合、私たちは行動経済学者のいう「条件付き協力者」であり、ほかの人たちもやっているのだと思

う限り、喜んで集団の仕事に貢献する【※4】。ベイクセールが実現するのは誰かが手を挙げて「私、やります。一緒にやってくれる人はいますか?」と申し出るからだ。それによってあなたは、この親がやるということだけでなく、ほかの親たちもそれを知って同じく名乗りを上げるだろうということがわかったのだ。そうなって初めて、ベイクセールの準備が始まる。

Leaders enable collective action by building and nurturing
the belief that everyone is working toward a common goal.
リーダーは、全員が共通の目標に向かって働くという確信を
形成して助長することで、集団行動を可能にする

「私、やります。一緒にやってくれる人はいますか?」と言うのは簡単に思えるが、おそらくあなたは過去のつらい経験から、それほど簡単ではなく、その言葉だけではなかなか望む結果が得られないとわかっている。次のセクションでは、ビジネスではどういった種類の社会的ジレンマが生じているかを見ていく。そして、組織がリーダーシップなしにどうやって社会的ジレンマを克服しているかを考察する。それから、全員が共通の目標に向かって働くという確信を形成して助長する、具体的なリーダーシップ行動を調べることにする。だが、まず最初に社会的ジレンマという問題から取り掛かることが、私たちがリーダーになる際にいかに役に立つかを見てみよう。

　1つには、ベイクセールの例からリーダーシップはどんな正式な役割とも関係ないのがわかる。社会的ジレンマの克服は誰でもできることだ。インターンからCEOまで、誰であろうと、最初に手を挙げて「私がやります」と言える。考えてみると、「率先する」という言葉の意味は「最初に手を挙げる」ことにほかならないのでは?　社会的ジレンマに関しては「最初に手を挙げる」のは「集団の目標のためにアイデアを提供する」とか、「組織のために目標を選ぶ人物となる」を意味するとは限らない。だが、最初に乗り出すことで事を始める人物になるかもしれない。それは、組織

をやる気にさせる「エンパワリング」以外のなにものでもない。

この最初の一歩を踏み出すのは、排他的にならずに組織に力を与えることでもある。誰よりも先にその行動に加わる最初のフォロワーも「追随」が何を意味するのかを示すことでリーダーと言える。最初のフォロワーは、事を始めるうえでリーダーと同じくらい重要な存在であり、そのあとに続く数人のフォロワーについても同じことが言える。

このようにリーダーシップを見るのは、「率先する」という行為を組織の成功や組織目標の価値から明確に切り離すことでもある。誰かが目標に向かって最初に乗り出したあとで、それがまずいアイデアだったとわかる場合がある。歴史上の最も悲惨な出来事の多くは、紛れもなくリーダーと呼ばれるべき人たちに扇動されて起こった。リーダーシップがよい目的にも悪い目的にも同じように機能するツールであるという事実は、私たち全員にどんな目標を追求するか、そしてその目標が私たちの価値観と合っているかどうかを慎重に考えることを余儀なくさせる。

ビジネスにおける社会的ジレンマ

ベイクセールの例は最も純粋なかたちで社会的ジレンマを説明していて、そこには、解決策を強要するいかなる正式な権限も存在しない。組織にはたいてい階層がある。だが、同じ階層のなかでも社会的ジレンマは発生する。

多くの社会的ジレンマは、努力を出し惜しむ状況（尻込みやタダ乗りともいう）で起こる。たとえば、条件付き協力者はプロジェクトを完了させるために進んで残業するかもしれないが、それは、ほかの人たちが各自の役割を十分に果たすと確信している場合に限られる。

より微妙な（そして、より有害な）問題が、情報や専門知識を出し惜しみする場合に発生する。あなたは販売担当者で会社のソリューションを売り込むかなり説得力のある方法を考案し、それによってつねに同僚よりも多く売っているとする。あなたは、その知識を惜しみなく同僚と共有するだろうか？　ほかの人たちもそうしているのがわかっていれば、あるいは、

それがチームの標準的な協力状況ならば当然そうするだろう。だが、ほかの人たちも同じようにしてくれるとは期待できない環境では、条件付き協力者は自分の知識を共有するのに二の足を踏むかもしれない。

そのほかにも、情報に基づいた社会的ジレンマは、過ちやリスクを隠蔽せずに公にする場合に起こる。その場合も、条件付き協力者は誰かほかの人、とくにマネジャーが率先してそうすると思っているときは進んで前に出て問題を報告するだろう。

社会的ジレンマは、個人の利益と集団の利益が対立するときに起きる。だが、「個人の利益」と「集団の利益」の対立がすべてではない。社会的ジレンマは、より大きな組織のチーム間でも、同じように頻繁に起こるのだ。縄張り争いや資源をめぐる競争は、個人としては無私無欲な聖人のごときチームリーダーたちによって争われることもある【※5】。あなたは、自分のチームの予算獲得のために陳述する際、チームのニーズに基づいて主張をするのか、それとも、ほかのチームリーダーも同じことをするだろうからと20%増を要求するのか？　リーダーシップは、共通の目標を明確にして、誰もがそれに向かって働いているという考えを醸成することで、こうした社会的ジレンマを克服している。

▎競争優位性としてのリーダーシップ

組織は私たちが説明したように、リーダーシップなしに首尾よく社会的ジレンマを克服し、偉業を達成することができるのだろうか？　もちろんできる。多くの組織は、手数料、昇進、ストックオプションといったインセンティブを使って社会的ジレンマを克服し、個人とグループの利益調整を図っている。実際、組織階層の主要な目的の1つは、インセンティブを設定し調整を加えて従業員が共通の目標に向かって協力するように仕向けることにある。

だが、インセンティブ制度は、費用が掛かるし、破壊的な方法で操作されることがある。GEがそのいい例だ【※6】。GEは、2000年には世界で最も価値のある（時価総額の高い）会社だったが、20年後には分社化されてい

る。1980年代と1990年代という、GEが全盛期を迎える前の20年間、ジャック・ウェルチがCEOとしてこの会社を率いた。彼の経営哲学は、インセンティブを中心に展開するアメとムチ方式だった。ウェルチがもたらしたイノベーションの1つは、スタック・ランキング【訳注／相対評価で従業員にランクづけをする評価制度】で、上位20%の社員にストックオプションやボーナスが支給され、下位10%の社員は解雇された。それも毎年だ。

ウェルチの「ランク・アンド・ヤンク」制【訳注／従業員の成果を毎年ランク付けして下位10%を解雇する制度】の下では、経験を共有したり、差し迫ったリスクを明かしたりする気にはなれないかもしれない。それでも、ウェルチが指揮を執っていたあいだ、GEの株価は1982年の約8ドルから2000年の絶頂期には400ドルにまで上昇した。ウェルチの制度は効果を発揮しているように思われ、アメリカ企業のあいだで広く模倣された。ウェルチはリーダーシップ神話がつくりあげられた大物経営者の1人だった。

しかし、2001年にウェルチが引退してしばらくすると、ウェルチ神話はGEの富とともに綻びを見せ始めた。GEをあれほど価値のある会社にした要因の多くは、パートⅠでまさに説明したように、投資家の利益期待に応えるという信頼性に基づくものだった。だが、結局のところその信頼性のすべてが、安く買って、高く売り、顧客を満足させつづけ、資産を賢く使うという、GEの活動によるものとは限らないことがわかってきた。GEが見せていた一貫性の大部分は、利益の不安定性とかつてないほど厳しい国際競争に直面していた中核的な産業ビジネスにおける利益創出力の低下を会計操作によって隠していた結果だったのだ。ウェルチがGEのために構築したインセンティブ制度は非生産的な方法で行動を形づくった。ウェルチと彼の側近たちは株式型のインセンティブ制度で少なくとも短期的にはいい思いをした。しかし、投資家、顧客、そして従業員は長期的にはそれほどいい思いはしていなかったかもしれない。

組織は構成員である個人のインセンティブが完璧に調整されているときはうまく機能する。だが、インセンティブをもとにしたマネジメントのコストとリスクを考えると、こうしたグループはインセンティブだけに頼ら

ずに集団行動を可能にする協力的な文化をもつ組織に打ち負かされてしまうかもしれない。協力的な文化においては、メンバーが単に私腹を肥やすのではなく共通の目標と成功の共有に全力を注いでいるのだと誰もが信じているのだ。

リーダーシップの実践

それでは、協力的な文化を醸成するために何ができるのだろうか？　先に述べたように、「私、やります。一緒にやってくれる人はいますか？」と言うだけなら簡単だ。しかし、誰かがあなたを信用し、ほかの人たちもあなたを信用していると思うかどうかはまた別の問題だ。勘違いしないでほしいのだが言葉は重要だ。とはいえ、1人でベイクセールをやる事態にはならないことを人に納得させるには言葉だけでは十分とは言えない。

人間のありとあらゆる美徳を重要なリーダーシップ能力とみなすリーダーシップ本は、厳密には間違ってはいない。もちろん、私たちが敬服し信頼する人たちは「私、やります！」という言葉を信用させるのにさほど苦労はしないだろう。だから、ぜひとも一番いい自分であってほしい。いい聞き手で、率直で、共感的で、楽天的で、繊細で、赤ん坊に微笑みかけ、母親の誕生日には電話を掛ける……。それらをすべて、よいリーダーになるためでなく、それ自体を目的として実践してほしいのだ。

私たちとしては、協力的な文化を構築する際に正式な権限を持つ人が実践すると、とりわけ効果があると思える3つの行動を強調したい。詳しく見ていこう。

①ビジョンを伝える

リーダーは頻繁に（ときには何度も繰り返して）共通の目標と共通の利益について語る。組織が大きいほど、そして分業が複雑なほど、組織の目標をどんどん小さな目標に細かく分解しなければならない。第一線で働いていると、局所的なパフォーマンス指標の最大化に努めるためにあまりにも簡単に大局を見失ってしまう。大局を見失うと、ほかの人たちもそうだ

と思い込んでしまう。リーダーが全体的なビジョンと目標を定期的に伝えていれば従業員はそれらを覚えていて、ほかの人たちも覚えているものと信じ、力を尽くすことができる。

プロのスピーチライターはいざ知らず、リーダーはビジョンを伝えるのにJFKレベルの修辞的なスキルを必要とするのだろうか？　そんなことはない。どう伝えるかではなくビジョンを伝えるかどうかが共通の思考をつくり出すのだ。

②ロールモデルになる

私たちがリーダーシップを考える際の数多い枠組みのなかに、学生アパートでの調理師としての仕事がある。それまで料理の経験がなかった私たちは6人ほどのグループを率い、全員で力を合わせて約100人分の夕食を業務用のキッチンで調理していた。そんな状況では、とにかくつくればいいという姿勢になるのはいとも簡単だった。別の状況だったならば、真の食事体験を目指して努力することもできるのだが。

私たちはその試練から何を学んだのだろうか？　いったいどうやって未熟でやる気のないメンバーを容易にマッシュポテトと見間違えるような麺を食卓に出す代わりに、パスタをアルデンテで茹でるよう仕向けたのか？　それには、期待値の設定、フィードバック、そしてときには意欲を与えるようなスピーチが必要だった。だが多くの場合、それはより名誉あるデザートづくりの作業をほかの人に譲って、焦げた油まみれの鍋を洗うことを意味していた（ジェームズ・クーゼスとバリー・ポズナーは画期的な著書『リーダーシップ・チャレンジ』（海と月社、2014年）のなかで、この重要なリーダーシップの実践を「模範となる」と呼んでいる）。

のちにマネジメント職に就いてみて、私たちはロールモデルとして行動するのは、袖をまくり上げるよりもはるかに難しいことに気がついた。自分がしていることを人に認識してもらわなければならないからだ。重要なプロジェクトを完遂するためにあなたがチームと一緒に夜遅くまで働くのには、そのプロジェクトの本質的価値とあなたのコミットメントを示す象

徴的価値の両方がある。だが、あなたが遅くまで働いているのを誰も見ていないとするとその象徴的価値は失われてしまう。そこにパラドックスが存在する。あなたは、はたから見てわかるように率先して行動する必要がある。だが、あなたが自分の貢献を認知させるべく努力すればするほど実際の貢献につながる努力は減っていく。あなたは品評会に出される馬ではなく、才能ある役馬でなければならないのだ。

（1）ごく普通の行動、（2）あなたがやっていることを確実に認知させること、（3）ときにはほかの人に乗り出す機会を与えるほうが重要なので自分は何もしないこと。これら3つのバランスを取る行為が、私たちが過去20年間で認識したリーダーシップが果たす役割の主要な特徴だった。このバランスを取る行為においてはあなた自身の改善すべき余地のある領域が途切れることなく次々とわかってくるはずだ。

③協力的な行動を承認する

　前章で承認がいかに人をやる気にさせるかについて述べた。承認はまた、組織の協力的な文化が健在であることをアピールするという別の目的も果たしている。

　だが、協力的な文化を促進するために個人の業績にスポットライトを浴びせるのには、負の側面もある【※7】。とくに、承認に値するようなすぐれた業績を挙げた人が繰り返しスポットライトを浴びていると組織内のほかの人たちは、その卓越した成果に依存するようになるかもしれない。あなたは、学校のベイクセールに志願して称賛されたことがあるだろうか？おわかりだろう。ほかの親たちは、翌年もあなたにスポットライトが当たるのを喜んで傍観するだろう。

　協力を支える行為、ビジョンを伝える、ロールモデルになる、ほかの人の協力的な行動を承認するといった行為は誰でもできるが、マネジャーはその立場が広く認知されているためにより大きな影響を与える。結局のところ、リーダーシップは、スキルや性格特性の独特な組み合わせというよりも正式な権限が大きくなるにつれて増大する責任なのだ。

ビジネスにおけるリーダーシップ

　リーダーシップに対する私たちの思いはかなり曖昧なものだ。一方では、「私、やります。一緒にやってくれる人はいますか？」と言ってくれる人の必要性を痛感している。社会的ジレンマに直面したときに自分の正式な役目であろうとなかろうと最初に手を挙げたり、誰かほかの人が最初に手を挙げたらすぐあとに続いたりするほど身に染みている。他方で、集団行動を企画して動機づけするのに個人のリーダーシップに依存する場合の危険性もわかっている。何度も繰り返して最初に手を挙げるには超人的な努力が必要となる。私たちの誰もがビジネスリーダーには超人的な美徳が備わっていると思い込む傾向があるのはそのためだ。

　だが、超人など存在しない。自分やほかの人に途方もない働きを期待しても、幻滅するだけだ。さらに悪いことに、判断をペテン師に委ねてしまう危険もある。そうした輩は、超人を装って、私たちを破壊的で場合によっては自己破壊的とも言える目標へと導くのだ。

　私たちは真の社会的ジレンマが発生したときに、必ず最初に行動を起こして先導してくれる人を尊敬し見習おうとする。同時に、私たちの経験では、ビジネスの価値はリーダーの高尚なスピーチや超人的な行為よりもむしろ、平凡なインセンティブの巧みな管理や、足並みのそろったチームの集団的努力からより着実に生まれている。

　このあとのいくつかの章が、リーダーの性格ではなく、分業における専門化した貢献を調整するための手段に焦点を当てているのはそのためだ。

第15章の要点

リーダーは、全員が共通の目標に向かって努力しているという信念を積極的に築いて助長することで、集団行動を可能にする。

生活全般、とくにビジネスは、社会的ジレンマに満ちている。私たちは条件付き協力者として、ほかの人たちもそうしていると思える限り、喜んで貢献する。

インセンティブの仕組みは社会的ジレンマを克服すると考えられる1つの方法だが、費用が掛かるし、実直さに欠ける当事者によって操作される恐れがある。マネジャーが協力の基準を確立している会社は、インセンティブだけに頼っている企業に対して競争上の優位性をもつことになる。

誰もがリーダーとして行動することができるが、リーダーとしての認知度が高いほど、以下のような行動をする際に大きな影響力をもつ。

- 組織のビジョンを伝える
- 協力的な行動の模範を示す
- 協力的な行動に注意を喚起し承認する

10週目

集団的意思決定とその基本的枠組み

第16章

集団行動と意思決定

フィットネスバイクの会社ペロトン（Peloton）を設立し、新型コロナウイルス感染症のパンデミックのあいだに大きな成功へと導いたCEOのジョン・フォーリーが、2022年2月に突如としてその地位から退いた。投資家グループのブラックウェルズ・キャピタルがフォーリーの退任を要求したのだ。フォーリーは当時まだ主要株主だったので、抵抗することもできたはずだった。だが、彼はそうしなかった。いったい何が起きたのだろうか？　パンデミックが終盤に入り、ワクチンを接種した人たちがオフィスやジムに戻り始めても、フォーリーはあいかわらず成長主導の明るい未来を信じていた。だが、成長はあとかたもなく消えて倉庫はバイクでいっぱいになり、サブスクリプションの売上は減少し、生産設備は稼働を停止した。ブラックウェルズ・キャピタルはフォーリーの業績をひたすらこき下ろすプレゼン資料を公表した【※1】。65ページにおよぶスライドは、フォーリーがCEOにふさわしくない理由をこと細かに説明していた。

「ペロトンの経営は著しく間違っていた」というのが、ブラックウェルズの資料のなかで最も長い章のタイトルだった。おもに批判の的となったのは何か。それは、戦略、需要予測、安全性の問題、幹部社員の雇用の全般にわたる「不適切な意思決定」だった。

　2022年1月の状況を見ると、フォーリーの賭けはたしかに裏目に出ていた。だが、不適切な意思決定の責めをフォーリーと経営陣に負わせていいのだろうか？　いい意思決定をいいものに悪い意思決定を悪いものにしているのは、いったい何なのだろう？　フォーリーは成長に賭けて、成長は実現しなかった。いい意思決定とは、つねに未来を正しく予見する水晶玉を持つことなのか？　私たちは意思決定には単なる予測以上の意味があると考えている。ペロトンが楽観的な見通しを立てたときのように、私たちが不確実性の下で意思決定をするときは意図したとおりの結果になる場合もあれば、ならない場合もある。

　本章とこのあとの3つの章では、組織の意思決定の仕方が中心的なテーマとなっている。第11章でマネジメントの基本的な課題は分業体制の下で専門家集団の行動を調整することだと指摘した。調整には、多くの側面が

あり、どの仕事は並行して行うことができ、どの仕事は順番に行わなければならないかといった基本的な問題もその1つだ。こうした調整の問題はほとんどが機能的専門知識の領域に入る。エアロバイクの製造、保険引受、音響工学に同じように適用できるルールは、(あるとしても)ごくわずかだ。だが、組織全体で調整するのが最も重要で最も難しいのはおそらく意思決定だ。R&D部門が個人顧客向けの製品を開発する一方で、マーケティング部門が法人顧客向けのブランドコンセプトを打ち出すような場合は、この会社の意思決定プロセスがどこか著しく間違っていることになる。

　もちろん、意思決定は組織がするのではなく人がするものだ。あなたはマネジャーとして選択肢を提案する、重要な決断を下す人に情報を提供する、チームにどんな決定がなされたかを伝える、あるいは自分で決断を下す、といったかたちで意思決定に貢献することになるだろう。おそらく最も重要なのはあなたが意思決定のプロセスを形成することだ。

▍意思決定主体としてのチーム

　あなたと友人一行がレストランを選ぶのに苦労したことがあるのなら、チームにおける集団の意思決定がいかに難しい場合があるかおわかりだろう。ましてやそれがペロトンのように数千人規模の企業だったら、あるいはアマゾンのように数十万人規模の企業だったら、どれだけ難しいだろう？だが、規模の大小にかかわらず組織は「チーム」という最も基本的なグループを活用して1つの主体として活動してきた。大きな組織がチームに細かく分割されているのか、それとも小さなチームの成長と統合によってできるのかはたいして重要ではない。商業的、軍事的、公的といったさまざまな目的を持つ組織がある程度は独自に決断できる小さなグループに分かれている。そして、この決断はチームのリーダーによってなされる場合もあればチーム全体としてなされる場合もある。

　組織のあるべき規模について厳密なルールはないが、効果を発揮するには10人未満がいいという点で、多くの人の意見が一致している。アマゾンの創立者であるジェフ・ベゾスは、「ピザ2枚ルール」を推奨している【※2】。

このルールは、チームはピザ2枚でお腹がいっぱいになれる人数でなければならないというものだ（もし、読者がアメリカ以外で本書を読んでいるのならば、アメリカのピザはたいてい3、4人用だということを念頭に置いてほしい）。

おそらくあなたは、仕事や遊びでいくつかのこの規模のチームに属しているはずだ。マネジャーとしては少なくとも2つのチームのメンバーである可能性が高い。1つはあなたが率いるチームで、もう1つはあなたのマネジャーが率いるチームだ。パトリック・レンシオーニがリーダーシップについて書いた名著『あなたのチームは、機能してますか？』（伊豆原弓訳、翔泳社、2003年）のすぐれた洞察の1つは、あなたのマネジャーが率いるチームを第1のチーム、あなたが率いるチームを第2のチームとして区別し、この2つのチームに優先順位をつけた点だ。どちらのチームも重要だ。だが、第1のチームはより高い忠誠心を要求する。私たちはたいてい前章で説明した社会的ジレンマを個人と個人、もしくは個人と巨大な集団組織のあいだの対立という観点で考えている。だが、複雑な組織は個人だけで構成されているわけではない。部門、機能、そして究極的にはチームといった、それ自体が集合体である組織をつくっているのだ。あなたは組織全体の目標ではなく、第1のチームと第2のチームの目標に向かって無私無欲に働くことができる。そして、第1のチームのために献身的に働くことで自分の領域が組織全体の目標に合っていることをより確信することができるのだ。

いくつかの要因が「チームがうまく協力できるかどうか」に影響していて、うまく協力している状態を定義する方法がいくつかある。そのチームは具体的な目標を達成しているか？ 楽しんでいるか？ 一緒に過ごしているか？ ある意味、生き残るために新しいメンバーを受け入れて古いメンバーと決別しているか？ これらはすべて興味深い質問だ。私たちはあなたがマネジャーやリーダーとして、いかにチームの意思決定方法を構築して組織目標を達成するかに重点的に取り組んでいく。

あなたはマネジャーとしてチームの意思決定プロセスに参加することに

なるだろう。そして、あなたが一般社員からなるチームを率いていようと取締役会のメンバーに納まっていようと同じ基本的な指針の多くが適用できる。すべての意思決定を正しく行う方法を学ぶことはできないが、たいていの場合に物事を正しく行えるような意思決定プロセスを構築することはできる。そして、その決定がもたらすと思われる利益が費用を上回るような、意思決定プロセスの構築方法を学ぶことは可能だ。

ビジネスとゲーム、そしてビジネスゲーム

このあとのいくつかの章では、意思決定プロセスの構築が正確には何を意味するのかを見ていく。まずは、「決定」が何を意味するかを思い出してほしい。決定は少なくとも2つの異なる行動が可能な場合に行われる。私たちは自分たちのビジネスにおいて、会社をどう経営するかを決めるだけでなく、技術的な意思決定を行うスペシャリストでもある。そして、経営幹部とビジネスシミュレーションを行って、現実世界でどのように意思決定をするかについて議論している。私たちは『レイルロード・タイクーン』や『シヴィライゼーション』といった戦略ゲームを生み出したシド・マイヤーに大きな影響を受けてきた。マイヤーは、ゲームを「興味深い意思決定の連続」と定義した。私たちは、ビジネスこそ興味深い意思決定の連続だと考えている【※3】。

意思決定を興味深いものにしているのは、行動の選択肢が相互に排他的で結果が不確かな点だ。もし選択肢が相互に排他的でなかったら、どちらもやればいいだけの話で意思決定は必要ない。そして、もし結果が確実ならば何でもやったほうがいいに決まっている。その場合も意思決定は不要となる。こうした見解は取るに足りないと思えるかもしれないが、意思決定プロセスと意思決定の結果を区別するものだ。

ここで、以下のようなサイコロゲームを考えてみよう。

① 6面サイコロを2個転がしたとき、次の2つの相互排他的な結果のどちらが起こるかを、あなたに予測してもらう

－予測1：出た目の合計が2と8のあいだ

－予測2：出た目の合計が9と12のあいだ

②サイコロを転がして、出た目を合計する（合計は2と12のあいだとなるはず）

③もし、あなたの予測が当たれば私たちがあなたに1ドルを支払い、そうでなければあなたが私たちに1ドルを支払うものとする

　普通のサイコロだったら、「予測1（合計が2と8のあいだ）」に賭けるほうが得策と言える。そうなる頻度が高いからだ。今度は、あなたが「予測1」を選び、出た目の合計が10になった場合を考えてみよう。あなたは負けたことになり、1ドルを私たちに払う義務が生じる。それは、あきらかにあなたの望む結果ではなかった。だが、どんな意味であなたは間違った選択をしたのだろうか？　もう一度やるとしたらあなたは別の選択をするだろうか？　利用可能な情報を考えると、あなたがそうするとは思えない。私たちだったらそうはしない。

　だが、あなたはあなたの意思決定プロセスに一段階つけ加えて、最初にサイコロをじっくり見たいと申し出るかもしれない。そして、1つのサイコロの全面が6であることに気づいたならば別の予測を選ぶはずだ。もし、あなたが最初のゲームで負けたことで自分を責めたとしたら、それはあなたの選択のせいではなかったということになる。あなたがゲームに置いた前提が間違っていたのだ。逆に言うと、もしサイコロが公正なものだとわかれば、このゲームには興味深い意思決定が関わっていないことになる。そうなると、重要なのは、どちらに賭けるかではなく、私たちを説得してできるだけ多くゲームをすることだ。

　ゲームをもう一段階、複雑にしてみよう。私たちは転がす前にサイコロをあなたに見せるのには同意するが1面を見せるごとに0.05ドルを請求することにする。その条件が加わったなら、あなたは最終的な決断をする前にいくつの面を見ようとするだろうか？

　パートⅠで論じたように、結果と確率の観点で決定モデルをつくるのは

意思決定のきわめて重要な側面だ。だが、情報を集めてそのモデルを伝えること自体が費用（時間、労力、お金の面で）となり、意思決定の際に考慮しなければならない。昔話に同じくらい魅力的な2つの干し草の山のあいだで決断ができずに餓死してしまうロバの話がある。このロバは、どちらか一方の干し草の山を選ぶ合理的な理由を見つけることができずに意思決定のループに陥ってしまったのだ。それは、哲学者が好む不条理なエッジケース（特殊な事例）の一種だが、重要なポイントを示している。現実世界のロバには、人間と同じように内面の意思決定プロセスが備わっていて、掛かる費用がほかの可能な選択肢がもたらす利益を超えてしまう前に行動を抑止する。組織はその抑止メカニズムに倣う必要がある。よい意思決定とは、間違った前提を明確にし、たいていはよい結果をもたらすプロセスをもっていて、その費用が検討中のいかなる選択肢がもたらす利益も超えないようにしている。

　本章の後半では、チームが犯す構造的な意思決定の誤りを特定し、それを回避するための仕組み構築に役立つシンプルなフレームワークについて見ていこう。だが、その前に……。

▌コンテンツの罠

　正しい集団決定方法をチームに伝えるのに覚えやすい頭字語を使って、枠組みを簡単に説明できればどんなにいいだろう。だが、チームはある枠組みを学んで受け入れたとしても実際の意思決定に直面すると、どんなベストプラクティスも放棄してしまうことがよくある。

　私たちがそれを知っているのは、そうした事例を嫌になるほど目にしてきたからだ。私たちのビジネスシミュレーションはチーム行動を観察する小さな実験室のようなものだ。すでに50以上の国々で小さなスタートアップから世界的な大企業の経営陣まで、さまざまなチームを観察してきた。その過程で同じ状況を繰り返し何度も見ているのだ。

　私たちのシミュレーションにおいて、あなたは5人からなるチームに所属しているとする。そして、1つのバーチャル企業を任されて、似たよう

な３つのチームと競っている。あなたの最初の仕事は３つの市場セグメントのうち、どれをチームの目標とするかを決めることだ。市場規模、プリファレンス（好意度）、価格、投資コスト、操業コストといった必要なデータはすべてそろっている。私たちはゲームデザイナーとして、この決定が哀れなロバのジレンマとよく似たものになるよう設計した。３つの市場セグメントを同じくらい魅力的な干し草の山になぞらえたのだ。あなたのチームがどのセグメントを選ぶかは重要ではない。重要なのは、選択をすることだ。そうしないと、資源が広く分散されてしまうだけでなく、さらに悪いのはチーム内で相反する動きをしてしまう恐れがあることだ。

　通常、私たちはチームが意思決定をするのに30分ほどの時間を与えている。だが、どれだけの時間があるかはそれほど重要ではない。私たちのプログラムのいくつかでは、午後に競争がスタートし、各チームは夕食を取りながら戦略を練るのだが、結局は夜の11時になってもバーで議論をしている。彼らはいったい何をそんなに議論しているのだろうか？　時間が許せば、ほとんど何でもだ。与えられたデータをすべて分解して彼らのために設計されたバーチャル世界の経済学についてストーリーを考え出す。そのストーリーは私たちがあえてプログラムするよりもはるかに複雑なものだ。

　彼らが唯一、議論しないのはチームとしていかに意思決定をするかだ。それは彼らがめったに注意を向けることのない問題だ。その結果、彼らは時間切れになるまで各セグメントの相対的な利点について堂々巡りの議論を続け、その遂行をどうするかを話し合う時間がなくなってしまうのだ。結局はチームのパフォーマンスが損なわれることになる。

　本当のところ、私たちがシミュレーション用のチームをつくるのは、この失敗を経験させるためだ。私たちが彼らに最初に意思決定の方法を見つけなければならないと示唆することはない。そのため、必ずしもフェアとは言えない。その埋め合わせとして、１ラウンドが終了したあとにゲームをいったん止めて私たちの意図を明かしている。意思決定そのものよりも先に意思決定プロセスを定義してそれにしたがわなければならないことを

明確に示すのだ。そして、競争に勝つチームはたいていこの教訓を肝に銘じているチームであるという観察結果を彼らと共有している。そのあと、チームとしてどのように協力していくかについて話し合うよう明確に指示し、次のラウンドへとチームを送り出してから成り行きを見守るのだ。

　すると、誰かがこんなことを言い始める。「それは、ビョルンの興味深い洞察だ。私たちの意思決定プロセスにおいて、何が機能して、何が機能しなかったのだろうか？」。それに対して、間髪を入れずに誰かがほぼ間違いなくこう答えるだろう。「このラウンドでは、価格を下げる必要があると思うのだが……」。そして、ふたたび喧々諤々の議論が始まる。

　チームが協力する方法について議論するのをこれほど難しいと感じ、自分たちのしていることについて話すのをこれほど易しいと感じるのはなぜだろうか？

「そういうものだ」というのが私たちの答えだ。人は課題に直面すると、正面から取り組もうとする。詳細を知り、解決策を見つけて、それを遂行し始める傾向がある。心理学者のいう「アクション・バイアス」だ。解決すべき問題があると、じっとしていられない。たとえ、何もしないのが妥当な対応だとしても、だ。アクション・バイアスが強みにしても弱みにしても（その両方だ）、私たちは個人的には行動に傾くのが当然だと考えている。そのうえ、マネジャーになるのを切望している人、すでに昇進している人、あるいは事業を始めようと決めた人はおそらく平均的な人よりもアクション・バイアスが強い。そして、誰もが経験からときにはアクション・バイアスによってトラブルに巻き込まれることがあるにしても、私たちの成果は機会を見逃さずに捉えることで生まれると知っている。

　個人のアクション・バイアスにともなう問題は集団行動を麻痺させる可能性があることだ。簡単に言うと、一緒に働いている5人は誰がいつ話すか、そして対立する意見をどのようにして1つの行動方針にまとめるかについて合意する必要があるのだ。そうした事前の合意がないと、チームの議論は知的な口論でしかない。一歩引いてエンゲージメントのルールをつくるためには、目の前の問題に取り組もうとする自分のアクション・バイ

アスを克服しなければならない。このバイアスを克服するのは大変だ。私たちが決定する内容は、真に抗しがたい魅力を持っているからだ。

　私たちの友人であり協力者でもある、リーダーシップ専門家のニック・オボレンスキーは、これを「コンテンツの罠」と呼んでいる。私たちは、「飛んで火に入る夏の虫」のごとく、意思決定のコンテンツに惹かれる。私たちはどのように意思決定すべきかを十分に検討せずに物事を決め、それに重点的に取り組んでいく。結局のところ、人から尊敬されるためには、いいアイデアと洞察を提供し、説得力のある議論をする必要があるからだ。プロセスについて話してもそれほど感動を呼ばない。少なくとも最初のうちは、まったくつまらないことがある。

　そこで、集団的な意思決定の枠組みとベストプラクティスに飛びつく前に、しばらく立ちどまって、コンテンツの罠について検討するのがいいと思う。個人的な関係を含むどこかのチームでのあなた自身の経験について考えてみてほしい。あなたはどんな対立を解決しようとしているのだろうか？　論争の内容について議論するのに、どれくらいの時間を費やしているのか？　議論をして結論に達するプロセスを形成するのに、どれくらいの時間を充てたのか？　賭けてもいいが、あなたは私たちと同じようにしばしば「コンテンツの罠」に捉われているはずだ。この罠から抜け出す第一歩はそれを認識することだ。

　シミュレーションをベースにした私たちのトレーニングプログラムのチームのような新しくつくられたチームは、協力のための作業プロセスの作成に関して、やるべきことが最も多い。彼らは自分たちに向いている仕事があるにもかかわらず、よりたやすくコンテンツの罠を知るようにもなる。あまりにも明白で気づかずにはいられないのだ。心理学者のブルース・タックマンはチーム形成のプロセスを覚えやすいように韻を踏んで、「フォーミング（forming：形成期）・ストーミング（storming：混乱期）・ノーミング（norming：統一期）・パフォーミング（performing：機能期）」というモデルを使って説明している【※4】。それは、かなりわかりやすい説明だ。チームが協力して働き始める（フォーミング）とメンバーのあいだで対立が

生じる（ストーミング）。チームはエンゲージメントのルールを確立する（ノーミング）ことで生産的に対立を管理する方法を学ぶまでは、首尾よく目標に到達する（パフォーミング）最終段階に到達することはない。フォーミング、ストーミング、ノーミング、パフォーミングはスポーツチームを題材にしたあらゆる映画のプロットの概要とほぼ一緒だ。

　現存するチームは、すでにエンゲージメントのルールを定めているかもしれない。そうしたルールには意図的に選ばれるものもあるが、多くは知らぬ間に取り入れられる。ある意味、確率された規範をもつチームは、新しいチームよりも重大なリスクに直面している。自分たちのプロセスを信頼しているために、コンテンツに飛びついても安全だと思っているからだ。だが、自分たちがいかにうまく協力しているかという前提のせいで、より効果的に協力できる可能性があることがわからないのだ。彼らはまた環境が大きく変わって、過去に機能したものが、もはや機能しなくなっているのに気づかない。こうしたチームにとってコンテンツの罠は明白でないために、はるかに厄介な問題となる。

▍意思決定の単純なモデル

　希土類元素、化石燃料、そして、そんなことがあってはならないのだがきれいな空気と水はいずれ使い尽くされてしまうかもしれない。だが、意思決定の枠組みが不足することは当面なさそうだ。私たちはたくさんありすぎる頭字語をさらに増やすことは控えて、ほとんどの意思決定プロセスにある「意思決定を定義する」「結論に向けて慎重に検討する」、それから「実行する」という、3つの異なる局面を観察するにとどめたい。

①定義する

　意思決定に関する取り組みの多くは行動の選択肢を特定し、想定される結果とその確率を評価するという真の決定点に直面したときになって、ようやく認識されるようになる。以下のような構造的な誤りはよく目にするものだ。

- 一方で重要な決断を蔑ろにして、他方でささいなことを大げさに騒ぎたてる
- 実際には見るべき状況が２つあるのに、どちらか一方しか見ない。逆に言うと、それほど明快ではないがより魅力的かもしれない選択肢を検討する前に、限られた範囲の明快な選択肢に捉われている
- コスト、利益、確率について間違った仮説を立て、十分に検討せずに行動を起こす。反対に、分析ばかりしていて世界に取り残されてしまう

②慎重に検討する

　選択肢を明確にしてそれを評価したとしても、理性的な人たちは取るべき行動について意見が合わないかもしれない。行動方針について合意できないときは、少なくとも、メリットとデメリットを比較するのをいったんやめて１つの選択肢を選ぶというプロセスに合意する必要がある。

③実行する

「ダイエットすることにした」と口にするのと、実際にやり遂げるのは別の話だ。

　このあとの章では、集団的な意思決定のこの３つの局面について詳しく調べていく。

第16章の要点

　個人の活動を調整するうえで、最も重要で難しい側面の１つが、集団の意思決定だ。

　組織は、連動したいくつもの小さなチームで構成されていて、これらのチームが基本的な意思決定主体となっている。

　不確実性の下では、決定のもたらす結果の質が、意思決定プロセスの質の指標となるとは限らない。

　適切な意思決定には、間違った前提をあきらかにするプロセスがある。それはたいていの場合よい結果をもたらし、その費用は検討中のどの選択肢がもたらす利益も超えない。

　アクション・バイアスによって、チームは「コンテンツの罠」に陥り、意思決定プロセスを検討する前に、意思決定の内容を重視するようになる。

　意思決定において、よく見られる構造的な誤りには以下のものがある。

- どの決定が重要かを誤認する
- 検討する選択肢が少なすぎるか多すぎる
- 関連するデータを集められない。データ収集に時間を掛けすぎている
- 意思決定がなされるメカニズムを定義できない
- 実行できない。上から下へと向かう決定を、最後までやり通すことができない

11週目

組織の意思決定のフレームワーク

第17章

「決定」を定義づける

前章で意思決定における定義段階を「意思決定をする必要性を認識する」「選択肢を見つける」「選択肢を比較するためのデータを集める」という3つの作業に分解した。これらの作業をそれ自体が論理シーケンスだと解釈したくなるかもしれないが気をつけなくてはいけない。意思決定は反復プロセスであることが多いのだ。そして、実際には目の前の選択肢を評価しているあいだに最善の（そして、予期せぬ）選択肢が見つかることがある。あるいは、何日も掛けて調べたあとにその決定はそもそも間違っていて、あとから考えるともっと明白な選択肢が別にあったことに気がつくこともある。最も魅力的な選択肢が、定義づけの作業を飛ばして、小さくて取り消し可能な手段に飛びつき、もっと大きくて取り消しができない決定を伝えるためにデータを生み出すものだと気づく場合もある。

本章ではチームが決定を定義する際に犯しがちな種類の構造的な間違いに対する解決策を見ていく。まずは、関連のある意思決定に確実に取り組む方法と選択肢を対応可能なくらいに絞り込む方法に目を向けることにする。

戦略を通して意思決定を減らす

私たちは、毎日、いくつの意思決定をしているだろうか？　ネットで検索してみるとその答えのばらつきの大きさに驚くに違いない。70回。3万5000回。結局は「意思決定」をどう定義するかという問題になる。しかし、あきらかなのは、じつに多くの意思決定が無意識のうちに行われているということだ。

たとえば、歯について考えてみてほしい。私たちはあなたが歯を磨いているものと思っている。あなたには歯を磨かないという選択肢もある（お勧めはしないが）。あなたは、どんな感覚でその選択をしているのだろうか？　あなたの選択は意識してではなく、習慣によって行われているのだ。だが、もし人に聞かれたら、あなたは歯を磨く理由をいくらでも説明することができる。それは、あなたの生活の在り方に関するより重大な選択につながる習慣的行為だ。1日に2回歯を磨くのは、より大きくて長期的な、

あえて言うならば「戦略」を実行しているのだ。「ジグ」には当然のように「ザグ」がついてくるように、人は（できれば）人生を進むためのより大きな計画に導かれて、自動運転状態で行動している。それは、いいことだ。毎晩、歯を磨くよりも3分間をもっと有効に使う方法があるかどうか分析するところを想像してみてほしい。

　組織は個人よりもはるかに多く意思決定をしており、スケールの小さい決定については、自動化を考える必要もある。自動化が有用なのは、こうした小さな決定が重要でないからではない（歯を磨くのは重要だ）。だが、小さな決定のすべてに時間と関心を費やしていては、膨大な費用が掛かってしまう。人は直面する山のような可能性を整理できるように包括的な指針や人生の計画を持っている。そして、組織は……はたしてどうだろうか？

　広い意味で組織が行った、ある意思決定を見てみよう。1967年にスウェーデンが国として実施したものだ。スウェーデンは「ホーゲルトラフィークオムレーグニンゲン（Högertrafikomläggningen）」というなんとも魅力的な名前の決定により、自動車の対面通行を左側通行から右側通行に切り替えた【※1】。この変更にはいくつかの理由があった（この決定を促進したのは、スウェーデンと国境を接している国々が右側通行であるために、左側に運転席がある車の比率が高かったからだ）。だが、一般的に考えて、わざわざ切り替えなくてはならない、道徳的もしくは実用的な理由はない。真顔で「道路の右側を運転する——なんてすばらしいアイデアだ！」などとはとても言えない。誰もが道路の同じ側を運転する限り、どちら側を運転しようと一向にかまわない。そうでなかったら、大混乱が起きてしまうが。

　ホーゲルトラフィークオムレーグニンゲン（この単語の読みに思いっきり手こずってほしい）は、重要な何かを説明している。日常的な決定を単純化するような包括的な決定は、まさに死活問題となり得るが内容は完全に恣意的なものになることがある。これから、企業が意思決定に何らかのガードレールを供給するために使う1つのメカニズムを見ていく。それが「戦略」だ。

　ビジネスにおいて戦略ほど乱用されている言葉は少ない。戦略について

は、ページが許せば論じていたかもしれない、魅力的な概念やモデル（ゲーム理論、ポーターのファイブフォース【※2】、リソース・ベースド・ビュー【※3】といった）がたくさんある。そうした考え方の多くは企業がいかにして参入する市場を選ぶか、そしてその市場でみずからをどう位置づけるか、といった問題に焦点を当てている。本当のところは経営陣でさえその種の決定をすることはあまりない。

　業界紙が企業の戦略をすばらしいとべた褒めするか、その失敗をあざ笑うかは戦略の賢愚ではなく、戦略がどれだけうまく実行されたかによるところが大きい。私たちが意思決定の指針として、戦略を重点的に扱うことにしたのはそのためだ。戦略はビジネスにおける、あらゆるチーム、あらゆる階層、あらゆる機能においてなされる決定を調整してまとめるメカニズムだ。たしかに、市場の選択に関しては賢いものと愚かなものがあるかもしれない。だが、戦略に課される最初のテストは全員に道路の同じ側を運転させることができるかどうかだ。戦略は、競合他社、顧客、サプライヤーを相手とするため、3次元チェスの複雑な動きのようなものになり得る。だが、私たちが互いに衝突しないようにするための取り決めでもあるのだ。

　ビジネススクールの教授であるロジャー・L・マーティンにとって、戦略は選択が急な流れのように組織のなかを滝のごとく落ちていくものだ【※4】。マーティンは、選択について次のような話をしてくれた。ある銀行の経営陣が、戦略として、投資銀行業務ではなくリテール・バンキングに重点的に取り組むという戦略を選択をしたとしよう。それは、すばらしい出発点であり、おそらくは投資のための資本配分に関するいくつかの意思決定の指針となるはずだ。だが、この戦略を選んだことは具体的には何を意味するのだろうか？　リテール・バンキングの責任者は成功するリテール・バンキングとは最善のカスタマーサービスだと結論づけるかもしれない。もう一度言うが、その決定は何を意味するのだろうか？　カスタマーサービスの責任者はすぐれたカスタマーサービスはふさわしい人をテラーとして雇い、適切に教育を施すのがすべてだと結論づけるかもしれない。その決

定は、各支店の採用判断だけでなく、人事部門が策定する採用計画や配属計画の指針にもなる。結局のところ、個々の窓口係もたとえば1人の顧客の固有のニーズに応える方法を選択するといった場合に判断力を行使する必要がある。

マーティンが言いたいのは、組織のトップにいる経営幹部が選択をして、下の階層の人たちが単にそれを実行するというように、「戦略」と「遂行」を区別して考えると判断を誤る危険があるということだ。意思決定はあらゆる階層で行われなければならない。「遂行」は指示にしたがうのがすべてではない。トップの決定やビジネス全体にわたる決定と歩調を合わせて、下流でも決定をすることなのだ。

戦略は必然的にトップが考案し下に伝えるものなのだろうか？　実際には、同じバンキング戦略の話を逆の視点から語れるかもしれない。窓口係のメアリーは顧客には3つのカテゴリーがあり、それぞれが異なるニーズと期待を持っていそうだと考えた。そして、それぞれのグループに対して違うアプローチを取ることで仕事をより速く誰に対しても笑顔でこなせるようになることに気がついたのだ。彼女は井戸端会議の際に、その知見を同僚に伝えた。同僚たちも、彼女のアイデアが気に入り、真似をするようになった。すると、支店の業績指標は急速に改善し、毎年恒例の支店長研修でメアリーの支店はなんと模範支店に選ばれたのだ。リテール・バンキング部門の責任者はその理由を調べてみて、メアリーが始めたベストプラクティスに気がつき、それを全支店に展開した。メアリーのいる銀行は競合他社を抑えて、ある銀行業界雑誌から名誉あるベストカスタマーサービス賞を授与された。この銀行の経営幹部は自分たちの銀行がリテール・バンキングに競争優位性を持っているのを知って、リテール業務により多く投資することに決めた。この銀行のCEOは「リテールで勝つ」という戦略を発表し、5年間にわたって株価が上昇するのを目にしてから、引退して『Pure Courage: Leading a Business from the Front（純粋な勇気——最前線から事業を率いる）』というベストセラーとなる回顧録を書きあげた。

戦略は、見識あるトップのすばらしい洞察力から生まれるものだろうと、

下から湧いてくる現実に対するトップの遅ればせながらの承認によるものだろうと各レベルでの決定の範囲を制限する。戦略を意思決定における制約として使えば、チームに力を与えることができる。選択肢が多すぎるとスーパーマーケットで2ダースの種類のバターを前に途方に暮れるように選択ができなくなってしまう。意思決定のプロセスを可視化する一般的な方法として、選択肢が枝分かれしていくデシジョンツリー（決定木）がある。戦略はその枝を刈り込んで、組織を自動運転モードにする。明確に策定された戦略は可能な選択肢を制限することで意思決定のプロセスに掛かるコストを大幅に削減する。

　企業のビジョンや行動方針も選択の幅を狭め、組織の全階層のチームがよりよい決定により速く到達できるようにしている、決定のためのもう1つの重要なガードレールは、企業の価値観だ。ただし、それは、その価値観が本物で組織の全員が共有しており、バリューステイトメントが企業の不正行為を隠蔽するためのものではない場合に限られる。実際、ビジネスの教授であるジム・コリンズとジェリー・ポラスは、ビジョンと価値観を企業が持つ永続的な成功を享受する能力のカジュアルな要素に押し上げた【※5】。

　そして、当然ながら、企業は、固有の日常的な仕事に対処するために枝を刈り込むメカニズムをほかにも持っている。企業方針マニュアルのような、それほど高尚でも感動的でもないツールでも選択肢の数を制限するのに、同じくらい効果があるのだ。

┃自動運転モードにともなうリスク

　読者はスウェーデンが、ホーゲルトラフィークオムレーグニンゲンの恩恵を受けたかどうかを知りたいと思っているのではないだろうか？　この変更によって、交通事故による死亡者数は減ったのだろうか？　目立った長期的な影響は見られないというのが大方の意見で、左側通行か右側通行かという選択は真に恣意的なものだという事実があきらかになった。だが、

詳しく調べてみると、自動化された意思決定に関してきわめて興味深いことがわかった。スウェーデンが切り替えを実施したあと、最初の数日間は交通渋滞が何度か発生し、事故率がわずかに上昇した。その後、初期の異常な状態がすぎると事故の件数が通常よりも減っていった。切り替えが期待どおりに功を奏したかのようだった。だが、1969年までには、事故率はふたたび切り替え前の水準に戻ってしまった【※6】。いったい、何が起きたのだろうか？

　事故率が一時的に減ったあと望ましくない通常のレベルに戻ったのには理由がある。新しいルールに慣れるまで、いつもより慎重に運転していた運転手たちが新しいルールが習慣になるやいなや以前のあまり慎重でない運転に戻ってしまったのだ。スウェーデンの切り替えの最終的な結果は自動化された意思決定にともなう危険を示している。自動化された行動に頼っていると、環境の微妙な変化を見逃してしまい、破滅的なリスクに対して弱くなってしまう恐れがある。スウェーデンの交通政策の変更によって一時的に自動化が中断され、運転手の関心がふたたび道路に向けられるようになったのだ。2トンの鋼鉄を載せた車を時速65マイル（約105キロ）で運転している場合はそれが当然なのだが。

　私たちは、個人として自動運転で行動する際のマイナス面にどう対処すればいいのだろうか？　カーネマンのベストセラー『ファスト＆スロー：あなたの意見はどのように決まるか？』のタイトルは、行動経済学の最も重要な洞察の1つを捉えている【※7】。カーネマンは私たちの思考システムにはファスト（速い）ものとスロー（遅い）なものの2つがあると提唱している。ファストな思考システムは、相手が怒っているかどうかといった自然の環境が私たちに突きつける課題の多くについて、一瞬で判断を下すのにきわめてすぐれている。だが、統計値を分析するといったことはあまり得意ではない。むしろ、完全に苦手としている。スローな思考システムは統計の扱いには長けているが、多くのエネルギーを消費するので重要でない限りは作動する気配がない。

　ファストな思考システムはつい批判したくなる。行動経済学に関する拙

速な説明を聞くと、自分が昼夜を分かたず努力する必要がある偏見を抱えた非理性的な生き物に思えてくるからだ。だが、ファストなシステムの偏見はバグと仕様のようなものだ。私たちが草むらにある長くて灰色をしたものが蛇なのか小枝なのかを分析することで貴重な瞬間を失うのを防ぐメカニズムなのだ。私たちに備わっている意思決定のメカニズムは、住宅ローンやマーケティング・キャンペーンの世界のために設計されたものではないかもしれない。だが、今日の課題にふさわしくない場合があるからといって、そうしたメカニズムを簡単に却下できる、もしくはつねに却下すべきだという結論にはならない。

　行動経済学の現実的な重要点はよりよい切り替えメカニズムが必要だということだ。ファストなシステムの偏見にもかかわらず、というより、その偏見によっていつスローなシステムを作動させ、いつファストなシステムを作動させるべきかがわかるようなメカニズムなのだ。

　似たようなことが組織にも言えるだろうか？　言える。そして、私たちは一定の環境の下で戦略によって制限された組織の自動化された意思決定を意図的に中断させるようなチームの意思決定プロセスを構築しなければならない。だが、それはいったいどんなものなのか？

　個人的に私たちの生活には3つの基本的な課題が関わっている。

- **いま現在の日常的な決定に対処することで生き残る**
- **長期的な計画を立てて準備することで目標を達成する**
- **行く手に起こりうる大混乱に対応する**

　組織も同じ3つの課題に直面している。企業は戦略と価値観を使って、どの製品の価格を変えるか、いつプロモーションを行うか、どのマーケティング活動を進めるか、どんなコスト構造を維持するかといった直接的な費用と便益がわかりやすい日常的な決定を単純化して加速させているのだ。

　だが、長期的な影響をもたらす決定ほどパートⅠで見たように結果と確率を予測するのが難しくなる。そうした決定には経営幹部が選ぶ会社全体

の戦略とその戦略のチームレベルによる実行といった戦略そのものの策定が含まれる。

チームがどのように将来を形づくるかを決めるときは、つねに結果がどうなるかに関して、対立する意見を明確にする。意見が対立するのは将来に関して知り得る真実が少ないからだ。対立や異議が生じたときはチームは自動化されたプロセスを中断する必要がある。第18章では、対立が生じてもチームが力を合わせて先に進むために使えるメカニズムを見ていく。

対立は解決したり避けたりすべきものに思えるが、チームが直面するきわめて現実的な問題は、対立や異議が表面化すべきときに隠されたままでいる可能性がある。対立は組織に対する予期せぬ（あるいは「予測不能」な）脅威が生じると、見向きもされなくなってしまうことが多い。第19章では、とくに危機に直面したときに異議をうまく使って自動化を中断させる、いくつかのベストプラクティスに目を向ける。とりあえず、意識的な努力を必要としない決定を自動化する方法を議論してから、注意を払う必要がある決定に直面したときに選択肢を特定して評価するのに役立つテクニックを見ていくことにする。

選択肢を検討しデータを収集する

どの選択肢を検討するか、どこでデータを探すか、データを集めるのにどれだけの時間と費用を使うか、データを具体的にどう使うかは、取り組んでいる状況によってかなり変わってくる。休日のパーティーを予約する、社内プロジェクトの締め切りを設定する、新しいリサーチサイエンティストを雇う……。それらはすべて、異なる分野の専門知識を必要とするもので本書の範囲を超えている。だが、可能な選択肢を見つけて、その結果と確率を評価しようとするときにうまくいかない構造的な問題が存在する。

チームは決定を伝える際にすべての選択肢やデータをあきらかにできないことがある。チームの誰かが重要な情報を提供しない場合があるからだ。そのメンバーは情報を漏らすと個人的に不利益を被る、もしくはチームに害がおよぶと考えているのかもしれない。それは第15章で探求した社会的

ジレンマのケースだ。

　だが、全員が最もチーム志向の行動を取っているときでも、チームはたびたびメンバーが提供するすべてのアイデアや情報を活用するのに失敗することがある。現実に目を向けよう。容易に議論に参加する人もいれば、そうでない人もいる。多くの人は目立ちたがり屋と引っ込み思案のスペクトラムのどこかに位置している。引っ込み思案の人は意見を主張するのが苦手だ。物静かなチームメンバーが思い切って自分の考えを伝えようとしても、悪意はないがやかましい同僚に押しのけられてしまうことがよくある。その影響は自己増幅しがちだ。自分の意見が人に影響を与えないとわかるとその価値を疑うようになり、共有する自信がますますなくなってしまうのだ。

　ある人の貢献の重要性とそれを表明する熱意の量とのあいだには相関がない。それでは、チームはどうやって集団としての潜在力を十分活用できるのだろうか？　１つのアプローチは引っ込み思案の人たちにより積極的になれるようトレーニングやコーチングを提供して個人の行動を変える責任を本人に負わせるというものだ。トレーニングは役に立つ場合もあるが、このアプローチはすぐに逆効果となるかもしれない。

　人が積極的でないと見られるのは声の質といった身体的特徴を含む、本人が制御できない要因によるところが大きい。そのうえ、話したがらない理由の１つはアクティブリスニング（積極的傾聴）やリフレクション（内省）といった、ほかのスキルを使うのに忙しいためだ。そうした点をふまえれば重要な洞察や創造的なアイデアをなんとか伝えてもらうことは可能だ。最後に、私たちは意識的に実践することで、行動を変えることができる。だが私たちのコミュニケーションの習慣は、ほぼ間違いなく、私たちを私たちたらしめるものの大部分を占めている。そして、無理をして自分の気質に合わない行動を取るとうそっぽい印象を与えてしまうリスクがある。うそっぽい印象を与える人が信頼を得るのはかなり難しい。

　私たちが個人的アプローチよりもチームの全能力を活用する手順型アプローチを好むのはそのためだ。手順型アプローチとは、どんなものだろう

か？　チームが意思決定を定義し検討するときは議論が体系化されていないことが多い。そうした自由形式の議論は、ブレインストーミングには効果を発する場合がある。洞察やアイデアが予期せぬかたちで衝突し合い、新しい可能性が生まれるからだ。だが、議論が体系化されていないと、最も声が大きく最も積極的に意見を述べる人が会話の主導権を握ってしまうので、一歩下がって内省するのを好む人たちの居場所がなくなってしまう。手順的な解決策として、高度に体系化され儀式化されているとさえ言える進め方に時間を使うと、驚くほど効果があるかもしれない。

　私たちは多くのチームが独自の創造的で効果的なやり方を考え出すのを目にしてきた。なかには、きわめて単純なものもある。どんな意思決定の会議でも普通に見られることだが、多くのチームが各参加者を順番は完全に任意ながら、強制的に討論に参加させている。チームによっては各メンバーに2分を与えて検討中の問題に関する意見を述べさせ、時計まわりに部屋を一周させるところもある。重要なのは、ほかの人は誰も口をはさんではいけないことだ。このやり方は、「ラウンドロビン」とも呼ばれている。

　意思決定を決定の内容や関係者の性格とは関係なく所定のルールや手順にしたがわせるという考えはかなり古くからある。それは、みずからを「法によって統治されている」と定義する近代国家の土台なのだ。国家は憲法によって政治的決定のための一連の規則を定めている。立法機関は議会規則を採用して、審議や意思決定を構造化している。たとえば、米国上院の有名な議事妨害が、そのいい例だ。住宅協同組合、労働組合、PTA、企業の取締役会といったさまざまな組織がロバート議事法（米国陸軍少佐のヘンリー・マーティン・ロバートが、19世紀に作成した議事進行規則の手引）を使って議論を構造化することもある【※8】。

　ロバート議事法のような包括的な憲章を採用するのは、ビジネスにおける典型的なチームにはやりすぎかもしれない。だが、いくつかのメカニズムやラウンドロビンのような手法を使うことでチームはメンバーのアイデアや洞察をすべて活用する以上のことができるようになる。

第17章の要点

多くの組織的な調整の問題は、全員に道路の同じ側を運転させるのと似ている。全員が同じ選択をする限り、どちら側を選ぼうとかまわない。

企業の戦略は、対外的には、競合関係への対応に役に立つが、対内的には、全員に道路の同じ側を運転させるのに役に立つ。戦略は、組織のあらゆる階層で、意思決定のための選択肢の数を制限する。

チームは、選択肢を検討して結果を予測するとき、メンバー全員のアイデアや洞察を活用できないことが多い。積極的に発言しないメンバーのあら探しをするよりも、手順的な解決策を導入して確実に全員の声を聞けるようにするほうが、はるかに生産的かもしれない。

ラウンドロビンのような単純で効果的な手法によって議論を構造化することで、最も声高な意見が、同じくらい有用だが静かな意見をかき消してしまわないようにすることができる。

11週目

組織の意思決定のフレームワーク

第18章

組織としての熟考とその遂行

マネジャーのチームが私たちのトレーニング・シミュレーションをする
ときに、議論を終わらせて1つの明確な結果を選択する手順を定義できな
いことがよくある。選択プロセスが事前にきちんと定義されていないと、
チームが堂々巡りして貴重な時間をつぶしているあいだに世界のほうが先
に進んで彼らのために選択をしてしまうこともある。クロージング・メカ
ニズムや決定を下す方法はたくさんあるが、私たちは、「コンセンサス（合
意）」「多数決」「独裁」という3つのおおまかなタイプに焦点を当てていく。

これらのメカニズムには、それぞれ強みと弱みがあるが、それらはどう
やって比べればいいだろうか？　この3つの意思決定手順を検討する際は
以下の疑問をみずからに問うことになる。

- **選択プロセスは時間やそのほかの資源の点で、どれくらいコストが掛か
るか？**
- **チームメンバーはどの程度その決定にコミットしているか？**
- **説明責任はあるのか？　チームは、その決定の結果からどの程度まで学
ぶことができるか？**

①コンセンサス

私たちのリーダーシップ・トレーニング・シミュレーションでは、参加
するチームが自分たちの意思決定をコンセンサス主導型だと述べることが
多い。どう見ても違うときでも！　この偽りの陳述はコンセンサスが実際
には到達するのが難しく時間が掛かるプロセスでも、いかに目指すべき理
想だと思われているかを示している。全員が合意していれば、入手可能な
情報を使って最善の選択肢が選ばれ、誰もがそれに全力を尽くすはずだか
ら？

コンセンサス型の意思決定は、困難だが魅力的な理想に見えるかもしれ
ないが、ダークな側面を持っている。コンセンサス型の意思決定は、社会
的ジレンマを生み出すのだ。なぜなら、誰かがコンセンサス構築のプロセ
スから外れてしまうことがあるし、選ばれた選択肢が、譲歩の産物である

場合が多いからだ。こうした譲歩は、費用が掛かり、不適切で、かなりの弊害をもたらすことがある。「よし、ジェーンの戦略計画でいくことにしよう。ただし、トムの部門が10%増の予算を確保し、ディックが昇進して、来年はハリエットの戦略計画を実施することが条件だ」。コンセンサスの構築は氷河のように進みが遅く、結果として誰も関心をもたないような、がらくたの寄せ集めに終わってしまうことがある。

　チームのリーダーシップ文化が面倒な駆け引きを避ける助けになることがある。だが、その場合でも、チームがコンセンサスに達するのは、結果と確率がわかっているような、最も無難な決定をするときだけかもしれない。コンセンサスに達する必要性が新製品の発売や異例な経歴をもつ人物の雇用といった、興味深く重要な決定に取り組むのを阻んでしまう可能性がある。

　最後に、もし、コンセンサスによって動いているチームが、望んだ方向に進まない決定ばかりしているとしたら、そのチームはそうした失敗から何を学ぶことができるだろうか？　誰に責任を負わせ、パフォーマンスの改善に向けて誰を指導し、必要な場合は誰を意思決定プロセスから外せばいいのか？　コンセンサスは、（達成が困難な）理想とはほど遠く、たとえ「首尾よく」成就したとしても独自のリスクを抱えている。

②多数決

　多数決は不毛な議論をともなう効率の悪い駆け引きと、結論に到達するまでの時間の両方を削減し、合意形成を簡略化することができる選択プロセスだ。最も興味深い決定は結果と確率を数値化するのが難しく、さまざまな人が異なる意見を出すものであることが多い。深刻な不確実性に直面すると、チームメンバーはひたすら同意しないことに同意せざるをえないかもしれない。さらなるデータをいつまでも求めつづけて分析麻痺に陥る代わりに、多数決がチームを行動に駆り立てる場合がある。多数決による決定には、少なくとも大多数が同意しているからだ。

　だが、コンセンサスと同じで、多数決の場合も決定した結果がうまくい

かなかった場合に誰が責任を負うべきかが明確とは言えない。状況が複雑で不確かなときは、誰か1人の責任を指摘してもほとんど意味がないかもしれない。だが、日常的な決定に多数決が取り入れられると、間違った選択が繰り返されたとしても責任の所在が曖昧なままになってしまう。

③独裁型

　1人の人物に決断を下させるという、好まれているとは限らないが昔からある意思決定の手順が説明責任の問題に対処している。意思決定の権限が1人の人物に与えられた場合、その人物は、称賛と権威のはく奪という2つの是正措置の対象となり得る。

　リーダーがすべてを決めるチームのメンバーは、まったくの無力なのだろうか？　ある意味ではそうであり、ある意味では違う。チームの役割が選択肢の提案であって、決定への参加ではないときは、説明責任の重さに耐える必要がないので、気が楽な場合がある。決定に関する責任を負わなくてすむのならば、自己検閲をあまり行わずに自由に奇抜なアイデアを提供できるかもしれない。たとえ最初の提案が独裁的な決定者によって拒否されたとしても、そうしたアイデアが出てくるだけで議論を新たな実りある領域に引き込む可能性がある。

　説明責任は独裁型モデルを支持する主要な論拠であり、ほとんどの組織がこのモデルを展開する傾向があるのはそのためだ。多数決やコンセンサスによる意思決定は、独裁型よりも時間が掛かるというのが一般的な認識だ。それは、『スター・ウォーズ』前日譚3部作の中心的なテーマとなっている。そこでは、果てしない論争や銀河元老院の怠慢を排除して、平和と秩序をもたらすというのが、皇帝パルパティーンの謳い文句となっている。だが、独裁的な意思決定者が多数決のチームよりも効率的だったり決断力があったりするとは限らない。賛成か反対か投票するだけならたいした時間を掛けずに結論を下せるからだ。その一方で、私たちは非常に決断力に欠ける経営幹部も何人か知っている。だが、そうした決断力のないリーダーもその優柔不断さが悪い結果をもたらしたときは、責任を負わされる。

いずれにしても、時間が掛かるのは、選択肢を討議して情報を収集する「定義」の段階だ。この段階には、独裁的な決定者の下でも、同じだけの時間が掛かる場合がある。こうしたリーダーは定義段階を早めに切り上げて命令を発することで時間を節約しているように思えるかもしれない。だが、その場合、はたしてチームの全面的な協力を得られるだろうか？　そうした決定者はその論拠を説明するのにちょうど同じくらいの時間を費やさなければならなくなる可能性が高い。独裁的な決定者はコンセンサスや多数決による手順と同じくらい密接にチームを関与させないと、なかなか協力的に動いてもらえないだろう。

組織として連携して遂行する

個人と同じように組織も遂行に失敗することがある。それは、決定が上から下へ伝わる過程で最初の決定やほかの決定とうまく足並みがそろわなくなることがあるからだ。遂行段階は連携がうまくいくかどうかにかかっていて、組織が大きくなるほど連携はますます難しくなる。

当然ながら、決定事項を下のチームに伝えるのが最初の課題となる。そこが第12章で触れたコミュニケーションのループを閉じる能力の見せどころだ。だが、同僚とコミュニケーションを取るのが難しい以上に、同意できない決定の遂行に全力で取り組むのはどう考えても難しい。

3つの意思決定手順のすべてにおいて、私たちは、全員がその決定に賛成しているかどうか確信することができなかった。多数決の場合、少数派は当然ながら同意していない。独裁型の場合は多数派の反対に遭うかもしれない。コンセンサスさえも誰も本当はコミットしていないという妥協のもとに成り立っている可能性がある。コミットメントの欠如はチーム内でも遂行を困難にしかねない。典型的な大企業は多くのチームの行動を連携させなければならない。たとえば、1つのチームが決定を下し、別のチームはほとんど何も言わずにそれを実行しなければならない場合があるからだ。組織は相互に関わり合う多くのチーム全体におよぶ遂行の問題をどのように克服しているのだろうか？

第1に覚えておくと役に立つのが、「合意」対「連携」という区別だ。あなたと2人の友人は好きなレストランに関して、「合意」することはまずないかもしれない。だが、おそらくこうした対立はジャンケンやコイントスで解決してきたはずだ。結果に拘束力があることに全員が同意している限り「連携」することは可能なので、全員が同じ場所に集まり、活発で楽しい時間を過ごすことができる。合意は永遠に達成できないかもしれないが、連携は現実的だ。それでは、組織はどのように連携を図っているのだろうか？

組織は、素朴にインセンティブ、つまりアメとムチを活用している。あなたがある決定に同意しようがしまいがいったい誰が気にするだろうか？あなたは遂行することで報酬を得ているのだ。遂行しなければ解雇されてしまう。それだけの話だ。もちろん、物事はそれほど単純ではない。たとえ、同意していない人の熱意を買ったり、同意しない人を解雇したりすることが可能だったとしても、組織がそれを実行するには膨大な費用が掛かる。本書ですでに述べたように費用の掛かるインセンティブ制度がなくても共通の目標に向けて全員を連携させることのできる企業は、競争上の優位性を持つことになる。

連携を図るのは、意思決定のルールと手順が非常に重要であるもう1つの理由でもあり、「正当性」という政治的概念に関連している【※1】。人は、決定が正当になされたと思えば、個人的にどう思っていようとその決定に拘束力があると認める。

正当な意思決定はどのように生まれるのだろうか？　社会学者のマックス・ウェーバーは正当性の3つの源泉を特定している。それは、「カリスマ性」「伝統」そして「手順」だ。カリスマ性のあるリーダーは正当性を認められるかもしれない。人々はカリスマ的なリーダーの下した決定をリーダーの個性だけをたよりに進んで遂行するだろう（「あなたを喜ばせるために、それをやります」）。カリスマ性のないリーダーや委員会でも、伝統のおかげで正当性を認められる場合がある（「私がそれをするのは……先祖の知恵を誰が拒めるというのだ」）。だが、ここ数世紀は、組織（公共と民間のど

ちらも）が、正当性の根拠を手順に置く傾向がある。ある決定に拘束力があると認められるのは、その決定が事前に全員が承知している手順に則り、決定の中身や決定に関与した人とは関係なくなされたことが明確な場合に限られる。

　採用は組織のあらゆるレベルにおける重要な決定であり、とくにトップレベルの場合はそうだ。経営幹部の地位にあきらかにふさわしい候補者がいても組織は往々にして、厳格で標準的な採用プロセスをたどる。私たちのうちの1人は最高責任者を解雇したばかりの、ある非営利組織の役員になった。CFOのアランが後継者に適任なのは誰の目にもあきらかだった。アランはその組織で10年以上働いていて、取締役やスタッフからの信頼が厚かった。私たちは、それでも、なんとかもう2人の候補者を探しだして吟味した。アランにもほかの候補者と同じインタビューと評価プロセスを経験させた。そして最終的に私たちはアランを選んだ。この採用プロセスは時間の無駄だったのだろうか？　私たちは絶対に必要なプロセスだったと主張したい。正しい手順を踏んだことで、取締役会、スタッフ、組織のメンバーの誰もがその決定が正当なものだと確信できたからだ。アランはその後、いくつかの厄介な組織変更を見事にやってのけた。それは、彼がその仕事に適任であることを誰も疑わなかったからだ。

　前述したフィットネスバイクのメーカーであるペロトンと比較してみよう【※2】。ペロトンの場合、CEOのジョン・フォーリーが株主の信頼を失った採用に関する決定の1つは、フォーリーが自分の妻をペロトン・ブランドのアパレル部門の責任者にするというものだった。この決定は、正規の手順に則ってもいなければ、関係者の意見や性格と無関係でもなかった。そのために正当性を認められなかったのだ。

　チームがルールに基づいたプロセスにしたがって決定をするときは、たとえ個人的には懐疑的であってもその決定に拘束力があると認めるのは、チームメンバーだけではない。意思決定プロセスの外にいる人たちにも同じことが言える。

熟考のための意思決定手続きを比較する

　それでは、ほかのものよりもすぐれている意思決定の手順はあるのだろうか?　まず、最も重要なのは、明確な意思決定プロセスを確立することだ。どんなプロセスでも、たいていはないよりましだ。プロセスがないと、チームが入手可能な情報を集めて共有し、さまざまな選択肢(それほど目立ってはいないがより創造的なもの)を検討したあと、明確な決定を下し規律をもってそれを実行する可能性は低い。

　コンセンサス、多数決、独裁型の決定のどれがあなたのチームに合っているかは組織全体や場合によっては国の文化をはじめとする、多くの要因にかかっている。私たちは多数のグローバル企業と仕事をしてきたが、そうした企業が苦労しているのは、チームが世界中の人々で構成されているときに起こる、意思決定の規範の衝突だ。

　だが、たしかなことが1つある。それは、チームはさまざまなタイプの意思決定に直面するということだ。意思決定を分類する方法はたくさんある。私たちのトレーニング・シミュレーションでは先に述べた3つの基本的な課題を中心に意思決定を設計している。

- いますぐ日常的な意思決定をすることで、もう1日生き延びる
- 長期的な目標を設定し、それを達成するための規範と手順を確立して目標に向かって進む
- 予期せぬ危機やチャンスに対処する

　こうした異なる状況においては、別の選択プロセスが多少は効果的かもしれない。たとえば、日常的な意思決定をするときは、当然ながら使えるデータをある程度持っていなければならない。マーケティングチームは、どの業界セミナーに参加すべきか定期的に判断を迫られるかもしれない。分業においては誰かがある分野に関して、チームのほかのメンバーよりもより多くの専門知識を身につけることになるだろう。こうした「セミナー

のスペシャリスト」は、他者からのインプットを求めているとはいえ、自己の裁量で判断するのに最適なポジションにいる。

　一方、それに対し、合意がないときに連携するにはチーム全員が正当性のあるプロセスに同意しなければならない。チームの規約を制定したり改訂したりする際に将来の意思決定を正当性のあるものと確実に認めさせるには、コンセンサスが唯一の方法となる。

　最後に予期せぬ危機に遭遇した場合、結果や確率はわからないし知りようもない——危機が予測できないのは、まさにそのためだ。全員が連携して前進できるような結論に最も早く到達するのは多数決かもしれない。

┃プロセス保護者（ガーディアン）

　この時点で、あなたは「コンテンツの罠」について忘れてしまっているかもしれない。そうに決まっている。それが、罠が罠たるゆえんだ。チームメンバーはチームにおいて、さまざまな公式・非公式の役割を果たすことができる。独裁的な決定者、共同決定者、熱心な支持者、アジェンダ設定者……。見落とされがちな役割がプロセス保護者だ。プロセス保護者はチーム全体と、チームの個人的・集団的行動を観察して、チームがみずからに課したコミットメントから逸脱したときには待ったを掛ける。そして、否応なしに落ちてしまうコンテンツの罠から引き戻すのだ。プロセス保護者の役割は、いくつかのサブロールに分けることができる。どれも同じ人物が果たす必要はないし、チームのリーダーが果たす必要もないものばかりだ。そうしたサブロールには会議の予定どおりの進行を支えるタイムキーパーや議論の流れを管理するモデレーターがある。ラウンドロビンのような慣行的な手法を取り入れているモデレーターもいる。

　プロセス保護者は私たちのリーダーシップチームが議論を構成する際に力を発揮することがある。各ミーティングが始まる前に私たちはそれぞれの議題項目を目的ごとに分類している。それには、ある問題を議論したうえで、ミーティング中に結論に達しなくてもいいのか、それともミーティング中に最終的な決定をしなければならないのかをチームに伝える意図が

ある。この規律を行使すれば、ミーティングの目的を達成しやすくなる。それによって、伝えるべき内容がだらだらとした議論のなかでどこかに消えてしまうこともなく、「伝えるべき」もしくは「議論すべき」項目に対して、十分な議論がされないまま早まった決定が下される心配もなくなる。

　率直に言おう。プロセス保護者というのは報われない役割だ。誰もがコンテンツの罠に浸って心地よく感じているときに、プロセス保護者は人々をそのコンフォートゾーンから容赦なく追い出すからだ。さらに目立ちたがり屋には発言を控え、引っ込み思案には積極的に参加するよう、丁重に依頼する。なかにはこの役割をそつなくこなせる人もいるかもしれないが、たとえうまくこなしてもパーティーを白けさせている嫌なやつ扱いされて、がっかりすることがある。プロセス保護者がより効果を発揮できるようにする、3つのテクニックがある。

①プロセス保護者を正式に指名する

　仕事としてプロセス保護者の役割を果たすときは、たとえ介入したとしても、本人も同僚も個人攻撃とは捉えない。

②感謝の気持ちを表明する

　こうした役割は気苦労が多い。チームのリーダーだけでなく、各メンバーもプロセス保護者という重責を担う人を支援する責任を負う必要がある。

③役割を交代する

　先にも述べたが、この役割をより自然に担える人もいる。だが、この役割とそれを果たす人に感謝することを学ぶには、実際にその立場を経験してみるのが一番だ。

　プロセス保護者は感謝されない役割になりがちなのと、既存の関係や人間関係の力学によって、どのチームメンバーにとってもプロセス保護者の役割を効果的に果たすのが難しくなる場合があるので、ときには外部のモ

デレーターにその役目を任せてみるのもいい。

第18章の要点

集団の意思決定に関する典型的な決定メカニズムには、コンセンサス、多数決、独裁型、の3つがある。

これらのメカニズムにはそれぞれ、コスト、コミットメント、説明責任に関わる強みと弱みがある。

異なるタイプの意思決定は、異なる意思決定手順を必要とする場合がある。

- 日常的な決定
- チームの規範（意思決定のルールを含む！）設定に関する決定
- 予期せぬ危機やチャンスに直面したときの決定

意思決定が、確立された規範にしたがってなされるときは、正当性を認められ、チームメンバーは、たとえ個人的には同意していなくても、足並みをそろえてその決定を実行に移す可能性が高い。

誰かをプロセス保護者に指名して、チームを確実に規範にしたがわせるのが効果的な場合がある。その役割は、分割や交代が可能で、外部の誰かに委託することもできる。

12週目

「人」と「組織」をマネジメントする

第19章

「意見の相違」がもつ力

私たちのトレーニング・シミュレーションの1つでは、参加チームに早い段階でプラス（＋）／デルタ（∆）というシンプルな手法を使って、自分たちの業績を評価するよう求めている。まず、ホワイトボード上に2つの欄を設ける。1つはうまくいっていること（プラス）用で、もう1つは改善すべきこと（デルタ）用だ。それから、チームにフリーディスカッションでその両方について意見をまとめるよう依頼する。必ずといっていいほど誰かがプラスとしてこんな意見を出してくる。「私たちはチームとしてうまくコミュニケーションを取っていると思う」。すると、テーブルを囲んでいる（あるいはオンラインの画面上の）多くのメンバーがすぐさま同意してうなずく。「うまくコミュニケーションを取っている」というのはどういう状態なのか説明を求めると、コンセンサスにいかに早く到達するか、雰囲気がいかに友好的で平等か、といった答えが返ってくることが多い。「調和のとれた」「礼儀正しい」といった言葉も聞こえてくる。

　誰かが立ち上がって、「私たちは効果的にコミュニケーションを取っているとは思わない」などと言い出すことはめったにない。放っておけば、チームは演習の終わりまでずっと自分たちのチームワークはすばらしいと主張しつづけるだろう。たとえ、あらゆる客観的指標が彼らの最終結果がひどいものであると示しているとしても、だ。だが、コミュニケーションがうまく取れていてもいい結果が保証されるわけではない。おそらくこうしたチームは機能性にすぐれていながらも、不運や強力なライバルに苦しめられてきただけなのだろう。

　次に私たちは、プラス／デルタ手法に加えて、厳格な順番で部屋を一巡するラウンドロビンの実施を指示した。重要なのは各メンバーにプラスとデルタの両方を共有するよう要求する点だ。この演習はときに調和という幸せな幻想を打ち砕くことがある。一貫して会話を支配していたのは、最初に「すぐれたコミュニケーション」や「コンセンサス」を自慢していた人たちだった。当然ながら、彼らはコミュニケーションが円滑だと思い込んでいたのだ！　だが、とくに自己主張をあまりしない人たちは必ずしもコミュニケーションがうまく取れているとは思ってはいないことが、だん

だんとわかってきた。実際は、多くの人がチームの下した決定に不安を感じていたのだ。その不安は意思決定プロセスにおける定義と熟考の段階では一度も出てこなかったものだ。

「集団浅慮」を回避する

　体系化されていないプラス／デルタ演習で起きたことは、まさに現実世界のチームで発生する問題を示している。それは「集団浅慮」と呼ばれるもので、この言葉は1970年代に心理学者のアーヴィング・ジャニスによって広められた【※1】。チームディスカッションの早い段階で、誰かが「私たちはコミュニケーションをうまく取っている」といった1つの仮説を口にすると、それをめぐって安易なコンセンサスが生まれる。それは、正確にはコンセンサスではない。誰も波風を立てたいとは思っていないだけだ。そして、この一見、調和のとれた状態においてチームは代償の大きい間違いを最も犯しやすい。

　先に説明したのと似た状況を想像してほしい。あるチームが新しいメンバーを募集しなければならなくなった。すぐに参加可能な有力候補としてオルソンがいる。1人の人物の考えがこんな感じで集団浅慮へと変わっていくことがある。「オルソンを推す意見は、すべてよく理解できる。たしかに、ナイスガイ。個人的には彼がいくつかの場面で判断を誤ったのを目にしてきた。だが、私に何がわかる？　私とオルソンは分野が違う。私の懸念は漠然としたものだ。ほかの人たちはみな、オルソンが最高の人材だと考えているのだから、彼のことをよく知っているに違いない。もし、ここで変に口をはさめば、いざ加速しなければならないときにブレーキを掛けてしまうだけだ」

　どこかで聞いたことがある？　賭けてもいいが、あなた自身がどこかの時点で、このような思考プロセスを経験しているはずだ。スピードに関する最後のコメントに着目してほしい。コンセンサスに基づく意思決定のマイナス面の1つは、時間が掛かりすぎることだ。だが、コンセンサスが自然と早い段階に形成されると、チームはまるで世界最高の効率性、明確性、

正当性を達成したかのような気分になるかもしれない。

　1970年代以降、集団浅慮という概念は徹底的に研究されてきた。その結果、ジャニスのもともとの見方とはかなり違ったニュアンスを持つようになっている。それでも私たちは集団浅慮を使って私たちのシミュレーション実験室と私たち自身のチームで起こった一般的な状況を説明していこうと思う。そして、チームが反対意見を回避したりもみ消したりせず、むしろ助長するために使える、いくつかの戦略を提示したい。連携はひとたび決定がなされて実行する段になると重要になるが、合意はチームによる審議の段階でなされてしまう場合があまりにも多い。

　チームは、効果的に遂行するためのよりよい情報と選択肢を得るために、ある程度の対立を必要とする。あらゆる決定を前に全員一致で合意するチームは、おそらく真に興味深い決定を見きわめる努力を十分にしていないのだ。

悪魔の代弁者

　良くも悪くも、なかには、愛情か恐怖か、あるいはその両方で支配するリーダーに恵まれたチームがある。踊りながら崖から飛び降りるよう誘導するハーメルンの笛吹きのようなリーダーもいれば「私との関係を断てば、この業界では二度と働けないぞ！」と、あからさまに脅す暴君のようなリーダーもいる。マネジャーの多くは予言者でもなければ暴君でもない。チームメンバーの多くも夢見るファンでもなければ、こびへつらうゴマすりでもない。それでも、正式なリーダーの意見はどうしても注目を集めやすいので、チームメンバーたちはすべての事実が出そろい、あらゆる選択肢が検討される前に安易で拙速なコンセンサスを形成してしまう恐れがある。リーダーの好みがグループから一定量の同意を得てしまうと、個人的に反対の声を挙げるのは難しくなりがちだ。誰もグループの場を白けさせたり、気難しい上司の怒りを買ったりしたいとは思わないからだ。

　リーダーの構造的な優位性に対抗できる可能性のある組織的な手法は、少なくとも1回、リーダー抜きで会議を行うというものだ。チームは、と

にかくこれを非公式にやってみるといい。正式にそれを取り入れれば、生まれてくる洞察はどんなものでも表に出しやすくなる。なぜなら、それらは合意された意思決定プロセスの一環で出てきたものだからだ。

集団浅慮の有名な事例は企業の役員室や政治の世界で起こっている。実際、こうした有名な事例には必然的に地位の高い経営陣と、異議を唱えれば自身のキャリアをかなりのリスクにさらすことになる立場のチームメンバーが関与している。だが、グループは媚びたり怖気づいたりしなければならない卓越したリーダーがいなくても、対立を避けるために安易なコンセンサスを追求することがある。

ぴったりの例が私たちのトレーニング・シミュレーションだ。このシミュレーションには任意に選んだ架空のCEOがたくさん登場する。彼らには現実世界ではもちろん、シミュレーションのなかでも誰かを処罰したり昇進させたりする機能はない。それでも私たちは平等な雰囲気を維持するためだけに集団浅慮が発生するのを頻繁に目にしてきた。

意見の相違は決して心地よいものではなく、私たちは誰もが過去のつらい経験から小さな意見の相違が手に負えない状態になり、人間関係を脅かすことがあるのを知っている。それにもかかわらず業績のいいチームは、対立を丁寧に避けたりはしない。彼らは反対意見をチームの有利になるように利用することで関係を修復不能なまでに壊すことなく、目標を達成しているのだ。

安易なコンセンサスは全員の個人的な短期的関心がある1つの行動を中心に集まっているときに生じることがある。だが、このコンセンサスは集団の長期的な利益を犠牲にして成り立っている。これは、社会的ジレンマの典型的な例で、そのジレンマを克服するには普通とは異なるタイプのリーダーシップが必要となる。それが、「悪魔の代弁者」だ。この人物は安易なコンセンサスに異議を唱え、たとえば確率は低いが影響の大きいリスクを強調する。そうしたリスクの楽しい例が、映画『ワールド・ウォーZ』のなかで見られる（楽しいと思っているのは、ゾンビと化した人たちのほうだが）。この映画のなかでは、唯一イスラエルだけがゾンビによる大惨事

に備えるために、国として措置を講じ、悪魔の代弁者という手法の「10番目の人」の原則を適用している。9人全員があるデータの解釈に関して同意していたら、別の解釈を提供するのが10番目の人の仕事だ。映画のなかでは、9人の安全保障のアナリストが、傍受した他国の軍事通信を分析して、ゾンビという言葉が「テロリスト」を示唆していると結論づけた。そのとき、10番目の男が「もし、この言葉が本当は『ゾンビそのもの』を意味しているのだとしたら？」という疑問を口にしたのだ【※2】。

「イノベーションのジレンマ」は、もう1つの例だ【※3】。企業が市場でうまくいっている既存のソリューションを持っているとき、革新的な製品への投資に反対する意見はきわめて強力になり得る。セールス部門とマーケティング部門はそうした製品を市場でどう位置づけたらいいかわかってはいないだろう。製造工程は最適化されずコストが上昇する。そして最も重要なことにイノベーションが市場で勢いを増し始めると、人気があり利益の出る既存のソリューションの売上がしばしばそれに食われてしまう。イノベーションの価値は誰もが認めているかもしれないが、どの個別部門の業績も欠陥が修正されるまでは短期的に劣って見えるかもしれない。経営陣がイノベーションに対して、安易で迅速なコンセンサスを発現させるのは想像に難くない。すでに説明したようにノキアはアップルがiPhoneを発売する何年も前にタッチスクリーンのインターネット適応型スマートフォンを開発していたというのに、それを放棄すると決めたのだ。

　悪魔の代弁者は反対意見を制度化するものだ。だが、1人の人物を悪魔の代弁者に任命するのが本人や組織にとってつねに有用とは限らない。最もうるさ型の反対者であっても、1人で反対するという重荷を背負っていると、精神的に疲れ果ててしまう恐れがある。一方、組織の観点からすると、チームは徐々にチキン・リトル【訳注／声高な悲観論者の意】の予言を無視するようになる。その場合は反対意見が出てくるのを許すような風土とプロセスをつくったほうがよさそうだ。

　私たちは悪魔の代弁者の役割を共有する、1つの手法を説明する。ラウンドロビンを活用して各チームメンバーに個人的にどう思うかは関係なく、

賛成意見と支配的なコンセンサスに反対する意見（これが重要だ）の両方を考え出すよう求めるやり方だ。チームリーダーはその圧倒的な影響力を考えるとせいぜい議論を誘導する役目に甘んじ、もっとあとになるまで自分の考えを述べるのは控えたほうがいい。すでに述べたように、反対意見が出てくるまで議論に一切口を出さないという手もある。

　チームが、反社会性人格障害の独裁者やゾンビによる大災害という想定によって動かされていない状態でのチームの日常的な決定に関しては、「フィスト・オブ・ファイブ」という単純な手法によって、コンセンサスが生まれたのが集団浅慮によるものかどうかを見きわめることができる。3つ数えたらチームメンバーはいっせいに、みんなに見えるように手を挙げるのだ。その際に提案をどの程度強く支持するかを指の数で示すことにする。指が0本の場合は完全な反対を、5本の場合はその提案を強く支持していることを意味する。

　チームメンバーにいっせいに手を挙げさせることにより、フィスト・オブ・ファイブはラウンドロビンの弱点を克服している。すなわち、先に出てきた意見があとから出てくる意見に先入観を抱かせてしまうという弱点だ。この手法は熱意の程度を指の数で示すことで、より充実し、より的を絞った検討を可能にする。たとえば、全員がその提案に賛成しているものの誰も熱意を持っていないとしよう。この全員一致だが熱意に欠ける反応は、チームが間違った問いを投げ掛けている証拠となり得る。その提案はこれとは関係のない問題に対するすばらしい解決策なのかもしれない。

　一方、懸念をはっきりと口にするのが難しい人たちは指で反対の強さを示せばいいので、チームは控え目な同僚たちに自分の考えを表明させることができる。そして、もしチームメンバー全員が5本の指で提案を支持する熱意を示すようなことがあれば、それは集団浅慮に届いている証拠なので一緒に逆の立場の提案をする必要があることを理解すべきだ。

　チームの決定が定量的データを用いた予測にかかっているときは、フィスト・オブ・ファイブに似た、より洗練されたアプローチが大きな効果を発揮することがある。各自がそのデータを使って個人的な予測をしてから、

その結果をまとめて、平均予測と個人の予測間の差異の両方を計算するのだ。ハーバード大学教授、ジャン・ハモンドは、スポーツ用品企業オバマイヤーのCEOと仕事をしていたときに、このアプローチを開発した。ハモンドは市場予測担当者が翌シーズンにおけるスポーツ用品の色の嗜好を予測しなければならない会議で、支配的な意見がコンセンサス予測を一貫して歪めているのを目にした【※4】。その解決策は、チームメンバーに議論なしで個人的に予測を書き出させ、その平均を取るというものだった。

このアプローチは、予測の精度を大幅に向上させた。さらに、統計的な思考をするチームメンバーは、いまでは標準偏差（予測がお互いにどれだけ離れているかを示す単純な基準）を使って予測に信頼度を加えることができるようになった。密集した予測は高い信頼性を、分散した予測は低い信頼性を示唆する。こうした評価基準によって、どんな場合には取り消し不能の決定をする前に、もっと多くのデータを集めたほうがいいのかをチームが認識できるようになる。

多様性が生み出すイノベーション

悪魔の代弁者にとって「反対！」と叫ぶのは、いともたやすいことだ。だが、その「反対」は、反論や決定を下すための新たなデータや具体的な選択肢をもたらさない限り、何の役にも立たない。反対することで新たな視点をもたらす必要があるのだ。長いあいだ一緒に仕事をしてきたチームは、すばらしい関係を築いているかもしれないが、メンバーたちは、驚くほど似たレンズを通して世界を見るようになっているかもしれない。

さらに、多くの組織において、チームが似たような経歴を持つ人々で構成されている。そのメンバーはいまの業界にいるというだけの理由で、似たような学歴と職歴を持つようになる。それに加えて、多くの人は誰かを採用するときにうまくやっていけそうな相手を選ぶ傾向がある。実際には、それはインタビューの際にすぐに心が通じた人を採用しがちであることを意味している。その結果、気がつくと、自分自身とかなり似た外見、話し方、考え方、行動の人と一緒に働いているのだ。

この「同じ羽根の鳥は一緒に集まる【訳注／似たもの同士が集まる、の意】」傾向は、歴史的に多くの人々が本人の能力とは何の関係もない理由で職業や権威ある地位から疎外されてきたことを意味する。こうした疎外は拒絶された人々やそのコミュニティ、そして社会全体に大きな犠牲を強いてきた。今日の組織が歴史的に疎外されてきた背景をもつ人々をいかに受け入れるかは重要な政治問題であり、現代の最重要課題の1つとなっている。

　公正性という非常に重要な問題に加えて、私たちはチームが集団で興味深い新たなアイデア、興味深い新たな問題解決法、そして興味深い新たな問題そのものを生み出すのに、コグニティブ・ダイバーシティ（認知の多様性）が必要となる場面を直接目にしてきた。社会科学者のスコット・ペイジは、コグニティブ・ダイバーシティを4つの次元で定義している。

①多様な観点：状況や問題を表現するさまざまな方法
②多様な解釈：観点を分類したり分割したりするさまざまな方法
③多様なヒューリスティック：問題の解を見つけるためのさまざまな方法
④多様な予測モデル：因果関係を推測するさまざまな方法

　ペイジは著書『「多様な意見」はなぜ正しいのか』（日経BP、2009年）のなかで、コグニティブ・ダイバーシティを見せるチームが特定のタイプの問題を（すべてのタイプではないが）解決するのがいかにうまいかを示している【※5】。認知的に多様なチームは、問題解決への異なるアプローチを組み合わせることで、結果と確率の予測が難しい、まさに私たちが興味深いとみなしている決定にうまく対処している。

　コグニティブ・ダイバーシティは、アイデンティティ・ダイバーシティと同じものではないが、ペイジが指摘しているようにアイデンティティ・ダイバーシティのための雇用も、コグニティブ・ダイバーシティをチームに導入する助けになるかもしれない。さらに、異なる学歴や異なる分野の人を雇用することも、チームの認知範囲を多様化するだろう。多様なチームをつくることで、異なるアイデアや解決策を確実に考えだせるようにな

るからだ。

　そうした観点が、はっきりと口にされて注目を集めるには、本章で提案した手順的なアプローチのいくつかをさらに用いる必要があるかもしれない。業績のいいチームは反対意見を避けたり隠蔽したりするのではなく積極的に活用することで目標を達成しているのだ。

第19章の要点

　迅速かつ頻繁にコンセンサスにいたるチームは、集団浅慮の悪い影響を受けているかもしれない。集団浅慮の状態では、決定に反対する意見は、反動を恐れる人や、単にチームの調和を壊したくない人によって抑えられてしまう。

　チームは、よりよい情報や選択肢を生み出し、そして長期的には、対内・対外的な信頼性を維持するために、一定量の対立を必要とする。

　反対意見を制度化するのは、チームを集団浅慮から守るのに役に立つかもしれない。「悪魔の代弁者」は、有名な例だ。実際には、チームは、異議を唱える責任をうまく共有していて、誰か1人がレピュテーション（評判）・リスクに直面することはなく、チームが1人の反対意見を無視する習慣をつくることもない。

　コグニティブ・ダイバーシティを持つチームを構築することで、異なる意見がしっかり出てくるようになる。アイデンティティ・ダイバーシティのための雇用も、コグニティブ・ダイバーシティの強化に貢献することがある。

12週目

「人」と「組織」をマネジメントする

第20章

「責任を負う」とはどういうことか？

2017年4月9日、シカゴ・オヘア国際空港のユナイテッド航空の職員は、厄介だがありふれた状況に直面していた【※1】。その日、ケンタッキー州ルイビルに向かう最終便となる3411便は完売していて満席だった。ところが、関係のない遅延のせいで翌朝の別のフライトに乗務できるよう、クルーをルイビルまで運ぶことができるのは3411便しかない状態だった。もしクルーがケンタッキーに到着できないと何百人もの旅客が翌日に遅延の影響を受けることになる。ユナイテッド航空の現地スタッフは予約変更を受け入れてくれるボランティアを募ろうとしたが、それがうまくいかないと次の手段を取った。運賃を支払ってすでに着席していた乗客から4人を選んで、強制的に飛行機から降ろして予約を変更させようとしたのだ。

乗客を飛行機から降ろすという決定は、じつはこの日初めてオヘア空港でなされたものではなかった。ずっと以前に会社の方針としてどこか別の場所ですでに決められていたのだ。自動化された意思決定の典型的な例だ。そして、航空会社の観点からすると、顧客満足を計算するのはいたって簡単だった。4人の乗客よりも数百人の不都合の方が重要だ。しかし、もしあなたが犠牲となる4人の乗客の1人だったなら、物事は少し違って見えるだろう。

飛行機から降ろされることになった4人のうちの1人が69歳の医師、デイビッド・ダオだった。ダオは翌日ルイビルで治療する患者がいたために飛行機を降りることを断固として拒否した。ユナイテッド航空の現地管理職員は飛行機に乗り込むと、空港治安当局の職員に引きずり降ろさせるとダオを脅した。ダオがそれでも席にとどまっていると、その管理職員は脅しを実行に移した。双方の思惑が激しく対立するなか、ダオは保安職員によって降機されるのに抵抗し、鼻の骨折と前歯2本の欠損という負傷を負って血だらけになった。

この一部始終を別の乗客がスマートフォンで録画していた。その映像はすぐにソーシャルメディアにアップされ、当然ながらあっという間に拡散された。

ユナイテッド航空のCEO、オスカー・ムニョスは、翌日すぐに反応した。ムニョスは、わずか数週間前に広報業界紙の『PRウィーク』から「コミュニケーター・オブ・ザ・イヤー」という賞を贈られていた。そのため、ユナイテッド航空の株主たちは、人災に加えて、PR危機にも発展してしまったこの事態にムニョスが最善を尽くして対応してくれるものと期待した。だが、その期待は大いに裏切られてしまった。ムニョスは、4人の乗客を「再搭乗」させたことを婉曲的に謝罪し、社内に向けてはメールを発信した。そのなかでムニョスは従業員に対する支援を言明するだけでなく、被害者であるダオのことを「破壊的でけんか腰」だと描写したのだ。

今の時代、社内メールはいつだってワンクリックですぐに一般の目に触れることになる。今回も24時間以内にメディアの否定的なコメントが散見されるようになり、顧客はボイコットをすると脅すようになった。パートⅠを読んだ方ならば、おそらく想像がつくと思うが、ユナイテッド航空の将来キャッシュフローに対する投資家の信頼は地に落ちてしまった。そして、ユナイテッド航空の市場価値は10億ドル近く下落した。

4月11日、ムニョスはメールに関して謝罪をした。翌日、このCEOは報道番組の『グッドモーニングアメリカ』で、初めて公開インタビューを受け、その場でダオに直接謝罪した。あまりにもささやかで遅きに逸した感がある謝罪だった。ムニョスは取締役会会長の候補だったが、4月21日に昇進は見送られた。ユナイテッド航空を糾弾する何百というニュース記事のなかには、ほんの数週間前にムニョスを「コミュニケーター・オブ・ザ・イヤー」に選んだ『PRウィーク』のものもあった。編集長のスティーヴ・バレットは、こう書いている。「いつかは、この出来事とその後の対応が、危機の際にしてはならない対応例として教科書に載ることだろう」

▌「正解の選択」は何だったのか？

ここには、学ぶべきパブリックリレーションズの教訓があるが、より深く掘り下げてさらに学ぶべきことがまだある。ムニョスは、いかにして、わずか2週間のうちに「コミュニケーター・オブ・ザ・イヤー」からPR災

害にまで身を落としてしまったのだろうか？　また、いったいどんな状況下で事件の責任をダオに負わせるようなメールを書いたのだろうか？

　ユナイテッド航空は、ライバルのコンチネンタル航空と2010年に合併していた。合併や買収はパートⅠで検討した株主価値の投資対効果検討書をもとに進められる。しかし、合併の場合によくあることだが、ユナイテッド航空の経営幹部たちは2つの労働力とマネジメントの文化を統合する難しさを甘く見ていた。合併を正当化した価値創造の主張を現実のものにするために、ユナイテッド航空のマネジメントは費用の削減を図って、合併後の数年間の収益性改善に重点的に取り組んだ。よく知られているように、休憩室のコーヒーカップまで撤去していた。合併後の文化統合の難しさと露骨なまでの費用削減のせいで、ユナイテッド航空は従業員満足度では最下位近くにランクされてしまった。

　2015年にCEOに就任したとき、ムニョスは航空業界のアウトサイダーだった。彼はユナイテッド航空が抱えている多くの問題をすべて解決するだけの専門知識が自分にないことを十分に理解していた。それでも、急いで対応する必要がある重要な問題が1つあった。それは従業員の士気だ。ムニョスは、エンゲージしていない従業員が顧客を笑顔にできるはずはないと思っていた。そこで、航空会社に特有の問題に対処するために、彼に足りない専門知識を持つ幹部を雇い、価格設定や運航といった分野に関する意思決定の権限を委ねたのだ。それから、自分のエネルギーを従業員の満足度向上につぎ込んだ。その動きは功を奏した。数カ月もしないうちにムニョスはおもな労働組合交渉を成立させることができた。そして、こうした努力が認められて、「コミュニケーター・オブ・ザ・イヤー」に選ばれたのだ。

　3411便の事件が起きたとき、ムニョスには2つの選択肢があった。慣慨した大衆に迎合するか、従業員の擁護者としての役割を選ぶかだ。オヘア空港で働くチームを公に非難（PRの専門家が提案しそうな行動だ）すれば、チームとの信頼構築に費やした年月を台無しにしかねなかった。結局、ムニョスはマスコミから攻撃され、株価は事件のあと数日打撃を受けたが、ユ

ナイテッド航空は長期的には転換を遂げた。株価は回復し、ムニョスはやがて取締役会長に昇進した（そして2021年に引退した）。

世間の評判を犠牲にしても従業員に忠実でいるべきだという彼の最初の直感は、ユナイテッドとコンチネンタルの両航空会社の社員がようやく1つにまとまってエンゲージした労働力となったという信号を送っていたのだろうか？　ムニョスは最終的にユナイテッド航空のあらゆるステークホルダーの要求を調和させるという難事を成し遂げたのだろうか？　株主価値を守ったのか、それとも破壊したのか？　ステークホルダーの価値はどうか？

私たちはこうした問題を決定的に解決できたらよかったのだが、ビジネスに関しては最終的な答えは永遠に出せそうにない。ビジネスは、スポーツと比べられることが多く、企業の株価の動きは、しばしば勝ち負けという枠にはめられる。だが、ビジネスは勝つか負けるかの競争よりもはるかに複雑だ。企業はステークホルダーの利益が密接に絡み合う1つのシステムだ。そうした利益は一致するときもあれば、対立するときもある。このシステムはあまりにも複雑で不確実性が大きすぎるために、ゲームの厳格なルールにしたがうことができない。また、たとえ勝利を宣言したいと思ってもそれができる終点が存在しないのだ。

責任回避しないマネジャー

おそらく事業経営で最も難しいのは、マネジャーがほかの人たちを代表して決定を下さなくてはならないことだろう。こうした決定には、異なるステークホルダー間のトレードオフだけでなく、現在と将来のあいだのトレードオフも関係している。

私たちは個人的に、将来を想定して、明日の目標を実現するために今日つらい選択をすることがある。長期的な利益のために現在の痛みを選ぶのは痛みに直面して利益を得るのがあなた1人の場合は仕方がない。だが、あなたの決定がほかの人に負担を強いる場合は、事態はもっと難しくなる。マネジャーは結果に対して自分が責任を負わないような選択を頻繁にして

いる。結果として、従業員が解雇されたり、サプライヤーが締めつけられたり、年金基金の配当が枯渇したりする。痛みと利益を組織のなかでつねに等しく共有することは不可能だ。私たちはマネジャーとして、双方の利益となる解決策を探している——無い物ねだりになる場合もあるのだが。

この課題はマネジャーにとって必要な能力を示している。それは、ほかの人たちの代わりに厳しい決定をする意欲だ。最近の研究によると、私たち人間は責任を回避する傾向があり、つまり、決定を下してほかの人たちに負担を強いるような真似をしたがらない【※2】。人に負担を課すには、自分が精神的な負担を負わなければならないからだ。またこの研究は、なかには責任を回避せずに平気でほかの人たちに負担を課す人たちがいることも示している。

こうした、責任をあまり回避しない人たちは、当然ながら自分をリーダーの地位にふさわしいと考えている。結局、ある心理学的特性を持つ人だけがマネジメントの地位に向いていると言えるのかもしれない。そして、おそらくその特性は最も魅力的なものとは掛け離れている。反社会性人格障害の自己陶酔的なCEOたちについて、メディアが騒ぎ出すきっかけがここにある。彼らには共感する能力が欠如しているのだ!

マネジメントは天職である

最後に私たちは別のアプローチを提案したいと思う。ほかの人たちに負担を課すのが嫌だという理由でキャリアに関する野心を抑制してはいけない。あなたが責任を負わないのであれば、誰かほかの人が負ってくれる。そして、その誰かは、信頼を構築し約束を遵守すること、ムーンショットやベイクセールを阻む社会的ジレンマを克服すること、行動を調和させるために意思決定を構造化すること、そして、すべてのステークホルダーのために持続可能な価値を創造することこそがマネジメントだと理解していないかもしれない。

世界は資源や知識や多様で突飛な才能を出し合わなければ対処できない問題や機会に満ちている。私たちは、マネジャーとして、問題を解決し、

快適なものをつくり出す手助けをしているだけではない。人生のかなりの部分を過ごす職場が誰もが一緒に働く純粋な喜びを経験し、非常に有意義な関係を築けるような場所になるよう、その環境を整えてもいるのだ。

　私たちがサービスを提供してきたグローバル企業やトレーニングを行う機会があった何千人ものマネジャーにとって、分業の厳しい論理によって管理される、販売、マーケティング、製造、配送、研究、人事、法務、その他の機能特化における専門知識が制限要因になることはめったにない。制限要因とは、木を見て森を見る能力であり、その両方を測定可能な資源（数値）と、込み入った人間関係（人）の集まりだと同時にみなすものだ。

　マネジメントは、困難でときに挫折感をもたらす。だが、究極的には最も満足の得られる仕事の1つだと言える。

　何よりも、本書のなかで紹介しているアイデアが、読者が謙虚さと自信を持ってマネジメントの階段を1段上がる一助となればと願っている。

謝辞

　本書は、私たちが20年間にわたり、フォーチュン500企業で若手や上層部のリーダーたちに、リーダーシップとビジネス感覚を教えながら学んだことをまとめたものだ。

　私たちは専門的なキャリアを形成するうえで、じつに多くの人たち——学生、クライアント、ビジネスパートナー、そしてEnspire LearningやAbilitieで協働させていただいた何百人もの人たち——にお世話になった。

　同僚であるリーダーシップ・チームメンバーには、とりわけ感謝している。本書の内容に大きな影響を与えてくれただけでなく、私たちが本書の執筆で忙しいときには、本業のほうをカバーしてくれた。

　以下に挙げる多くの人たちは、同僚としてリーダーシップに関する貴重な知識を提供してくれた。時間を掛けて原稿を読み批評してくれた人もいる。ディートン・ベドナー、ジュリア・ボイコ、セス・カプラン、マット・コンファー、マイク・ダロス、アンドレアス・ディットリヒ、カレン・デューブ、メーガン・ファナル、ベン・グレイザー、ショーン・ヘネシー＝シエ、ジョエル・ホック、マリアンヌ・インマン、ペレ・ジョン、セバスチャン・ユーリッヒ、レベッカ・カルー、ポーラッシュ・モフセン、ジョアナ・オニール、リューク・オーイングス、トレイ・レイノルズ、アドリアン・テイラー、イェルク・ウーデ、マイケル・ワトキンス、ニック・ホワイト、ポール・ウッドラフ。

　私たちの共同作業は、実績の乏しい私たちを信じてくれた、ハーバード・ビジネス・スクールのジャン・ハモンド教授の関与なしでは始まらなかった。また、いまは南西部神学校で教えているスティーブン・トムリンソン教授の助言と支援、そして友情がなかったら、私たちは創造性を発揮できなかったかもしれない。さらには多くの教師やメンターが、本書でその要点を簡潔に論じている考えに目を向けさせてくれた。ラリー・カーヴァー、エルヴァ・グラッドニー、ロバート・ケイン、タチアナ・シェーンバルダ

ー＝クンツ、ロイド・ウォーカー、そしてテキサス大学・プラン2・リベ
ラルアーツ・プログラム、ハーバード・ビジネス・スクールのMBAプロ
グラム、ミュンヘン・ルートヴィヒ＝マクシミリアン大学の哲学・政治・
経済エグゼクティブ・マスターズ・プログラムの学生や教授たちだ。

リサ・シャノン、リア・スピロ、ダン・アンブロシオをはじめとするア
シェット・ゴーのすばらしい人たち全員にも大変お世話になった。彼らは
本書の企画を信じて、私たちの構想を実現に導いてくれた。

最後に、私たちの家族──ビルハルト家のキルステン、アーロン、カー
ター、エヴァン、クラックラウアー家のエミリー、アンナ、エマ、そして
ロレイン・ロイ──の支援と忍耐に深く感謝している。

私たちが本書の執筆に没頭しているあいだ、すべての面倒をみてくれて
ありがとう。

用語集

accounts payable（買掛金）：仕入れた財やサービスの購入代金として、サプライヤーに支払う額の残高。買掛金は貸借対照表では流動負債に分類される

accounts receivable（売掛金）：財やサービスの販売代金として、顧客から回収する額の残高。売掛金は貸借対照表では流動資産に分類される

accrual accounting（発生主義会計）：売上と営業費用を損益計算書に記録する会計方法。実際に現金が支払われたときではなく、顧客が財やサービスを受け取った時点、もしくは費用が発生した時点で認識する

action bias（アクション・バイアス）：不確実な状況において、何もせずに見ていたり、行動を促す追加のデータを待ちながら検討していたりするのではなく、目に見えるような行動を起こすほうを好む傾向

agreement versus alignment（「合意」と「連携」）：意思決定において、2人以上の当事者が同じ行動を取ることを好むのが「合意」。一方、全員が個人的な好みに関係なく、選ばれた行動を支持し実行することに尽力するのが「連携」。連携を実現するには、たいていの場合、当事者全員が意思決定プロセスの正当性を認めていなければならない

amortization（償却）：無形資産の費用を耐用年数に応じて体系的に配分する会計手続き。資産の使用によっては主要な費用項目とみなされることがある。償却率はたいてい、当該資産の種類に応じた会計基準によって決められる

assets（資産）：個人や組織が所有するリソースで、金銭的に価値があり、将来、収益をもたらす源泉となるもの。資産は企業の貸借対照表に記載され、左側の資産の部を構成する

assets, intangible（無形資産）：企業が将来、収益を生むために所有する物質的な実体を持たない資産。無形資産には、特許、ライセンスをはじめとするさまざまな権利が含まれる

assets, tangible（有形資産）：将来、収益を生むために企業が所有する物質的な実体を持つ資産。有形資産には、土地、機械装置、工具などが含まれる

balance sheet（貸借対照表【バランスシート】）：3つの主要な財務諸表のうちの1つで、株式を上場している企業は株主に公開し、規制機関（例：米証券取引委員会）に届け出る義務がある。貸借対照表（財務状態計算書と呼ばれることもある）は企業の資産を一方に、その資産に対する他者の請求権を負債（債権者の権利）もしく資本（株主の権利）として他方に配置している

bankruptcy（破産）：個人や企業が債権者に対して金融債務の返済ができなくなった場合に救済措置として、債権者が債権を可能な限り回収できるようにする法的手続き。破産手続きにおいては、債務残高をできるだけ多く返済できるよう債務者の資産を現金化する。企業の破産の場合は資産を清算した結果が債権者の債権残高を超えた分は、すべて企業の所有者に属するものとする

breakeven analysis（損益分岐点分析）：固定費と変動費の両方をちょうどカバーするのに必要な売上高を決める、定量的なビジネスツール。損益分岐点では売上高と総費用が合致していて、利益はゼロとなる。損益分岐

点を下回ると企業は損失を被り、上回ると利益が生じる。損益分岐点分析によって企業家は提供する製品やサービスの商業的妥当性と価格戦略を決めることができる

bundle（セット販売）：2つ以上の製品やサービスをまとめ、セット価格で販売することにより、より大きな顧客価値を提供して売上を増やす販売方法

cannibalization business（カニバリゼーション）：1つの企業の製品同士が競合した結果、価格と利益率の低い製品が価格と利益率の高い製品を凌駕して、企業全体の売上と利益を減少させてしまうこと

capital financial（金融資本）：将来の利益を生み出す資産の資金調達をするために投資家が企業に提供する金融資源

cash-based accounting（現金主義会計）：現金取引だけを認識する単純な会計処理法。現金主義会計は単純なビジネスモデルを持つ小企業が取り入れている。経済活動（財やサービスの顧客への引き渡し、サプライヤーへの支払い、資産の消費など）のタイミングと、キャッシュフローのタイミングが大幅に食い違うビジネスモデルの場合は、企業の財務の健全性について間違った姿を伝えてしまうことがある

cash flow model（キャッシュフロー・モデル）：ある事業プロジェクトの金銭的影響を説明するもので、現金の収入と支出、そしてそれがいつ発生するかを報告する。キャッシュフロー・モデルはたいていスプレッドシートで作成され、プロジェクトのNPVを計算し、ステークホルダーとのコミュニケーションを図り、資金計画を策定するのに使うことができる

cash flow statement（キャッシュフロー計算書）：3つの主要な財務諸表

のうちの1つで、株式を上場している企業は株主に公開し、規制機関（例：米証券取引委員会）に届け出る義務がある。キャッシュフロー計算書は一定期間（たいていは四半期か1年）における企業の現金の流入と流出を表示する計算書

closing the loop（コミュニケーションを完結させる）：メッセージの受け手が聞いた内容をオウム返しに繰り返して送り手に伝えることで、送り手の意図が正しく届いたことを双方で確認できるコミュニケーション手法

cognitive diversity（コグニティブ・ダイバーシティ【認知の多様性】）：視点、解釈、問題解決法、予測モデル化法に関するグループ内での違い

common-sizing（コモンサイズ化）：通貨建ての財務結果（米ドル建て粗利のような）を、共通の基準（米ドル建て売上のような）に対する比率で表示すること。コモンサイズ化により、異なる製品や事業部門間、あるいは企業間の経年的な比較が可能になる。損益計算書の項目は、たとえばグロスマージン（売上高粗利率）のように、たいていは売上高に対する比率で表される

conditional cooperators（条件付き協力者）：社会的ジレンマに直面している人が、集団の利益のために個人の短期的な利益を諦めるのは、ほかのメンバー全員が同じようにする（つまり、集団の目標を犠牲にして個人の利益を追求する人がいない）と思える場合に限られる

consensus（コンセンサス）：メンバー全員が正式に合意した場合のみ、既定もしくは現行の選択肢以外の行動を選択する集団の意思決定プロセス

content trap（コンテンツの罠）：意思決定のプロセスの前にあるいはそれを飛ばして、決定の内容（選択肢、影響、確立など）を重視する集団の

行動選好

continuing value（継続価値）：将来のある日における資産の価値で、その資産がその日以降に生み出すと予測される将来のネットキャッシュフロー予測に基づいている。継続価値は将来のネットキャッシュフロー、予想される成長率、そして資本コストを考慮に入れている

contribution margin（貢献利益）：製品の販売単価と、１個当たりの変動費との差額。貢献利益がプラス（価格が変動費を上回る）の場合は少なくとも理論的には十分な量を販売すれば固定をカバーできる。貢献利益がマイナスの場合はいくらたくさん売っても利益は生まれない

cost of capital（資本コスト）：投資家が投資にともなうリスクと、お金の時間的価値の埋め合わせとして、最低限必要とする投資利益率

cost of sales（売上原価）：企業が顧客に販売する財やサービスの製造や配送に掛かる直接的な費用。売上原価には、原材料費、人件費、製造や配送に関連した固定費などが含まれている。売上原価は企業の粗利益やグロスマージンを計算するのに使われ、営業費用の構成要素となっている。この費用は主要な事業が製品の販売である企業では販売利益、サービスの提供がある企業ではサービス原価と呼ばれることもある

cost structure（コスト構造）：企業のビジネスモデルにおける、固定費と変動費の相対的な重みづけ。コスト構造は売上の変動が、どの程度、利益の変動につながるかを決める。変動費の比率が高いほど売上が減少したときや売上の予測が困難なときに、コストをコントロールしやすい。固定費の比率が高いほど売上が増えたときに利益率が向上するが、売上が見込みを下回ると大きな損失を被る

current assets（流動資産）：企業が 1 年、もしくは 1 営業期間のどちらか長いほうの期間に、現金化もしくは消費する予定の資産。流動資産には、現金、売掛金、在庫、企業が保有する短期債務証券などが含まれる。流動資産は企業の短期債務とキャッシュフローのニーズに対応する能力を示すもので貸借対照表に記載される

current liabilities（流動負債）：企業が 1 年以内に返済予定の負債とその他の債務。流動負債には、買掛金、短期債務、長期債務のうち 1 年以内に返済予定の金額などが含まれる。流動負債は企業の貸借対照表に記載される

current portion of long-term debt（長期債務のうち 1 年以内に返済予定の金額）：今後 1 年以内の元本の返済が契約で決められている長期負債。長期債務の一部がローンの期間中に元本が償却されるか、あるいは長期債務だった負債の返済期限が 1 年以内に迫ったために流動負債となる場合もある

customer payment terms（顧客支払条件）：企業が提供した財やサービスの対価として、顧客がいつ、どのように支払いをするかについて、契約で合意された条件。顧客に認められる典型的な支払条件に、NET15（引き渡し後15日）、NET30、NET60、NET90などがある

customer segmentation（顧客セグメンテーション）：顧客グループを共通するニーズや嗜好によってより小さなセグメントに分割して、製品やサービスとマーケティングメッセージを各セグメントのニーズにより正確に合わせるマーケティング戦略

debt（負債）：個人や企業が債権者に対して負っている債務。負債は元本（返済すべき金額）、期間（返済を完了しなければならない期間）、そして、

債権者が犠牲にしたお金の時間価値とリスクフリー利率を埋め合わせるための金利で決まる

default（債務不履行【デフォルト】）：債務者が債権者に対する契約上の義務を果たせない状態。一般的には、元本か、利子か、その両方を、契約で定められた日に返済できない状態をいう

depreciation（減価償却）：有形固定資産の取得費用を耐用年数にわたって体系的に配分する手続き。減価償却費は、損益計算書に記載される費用だが、資産の使用によっては、主要な費用カテゴリーに起因する場合もある。償却率は資産の種類ごとの会計基準によって決まる

devil's adovocate（悪魔の代弁者）：集団の意思決定において、速く簡単で偏ったコンセンサス（集団浅慮）に反対意見の視点と解釈をもって対抗する手続き的なアプローチ。悪魔の代弁者は、反対意見を述べる責任を特定の人物、サブグループ、あるいは意思決定機関全体に負わせることを制度化するものだ

discounted cash flow (DCF) analysis（割引キャッシュフロー法）：不確かな将来のキャッシュフローを評価して投資判断をするための金融数学の手法。DCF分析には、有限もしくは無限の範囲にわたるキャッシュフローを予測した後、資本コストを使って現在価値に割り引く作業がともなう

discounting financial（割引）：資本コストが掛かるため将来キャッシュフローの現在の価値は将来キャッシュフローの額面よりも低くなければならないことを認識した対応

disruption in business（大変革）：市場力学の急激で大規模な変化であり、技術やビジネスモデルのイノベーションによって引き起こされることが多

い。大変革は通常は顧客行動の重要な変化や市場シェアの変化を特徴とし、しばしば新規参入者には有利に、既存のプレーヤーには不利に働くことがある

dividend（配当）：株主への現金による利益の分配で、通常は企業の営業キャッシュフローを財源とする。配当の金額と支払うタイミングは株主の利益を代表しているか、みずからが株主である企業の取締役会が決めることが多い

dumping in business（ダンピング）：市場シェアを拡大し、競合企業を市場から締め出すために損を出して販売するビジネス慣行。そのあとで価格を利益の出る水準に引き上げることができる。輸出企業が現地の企業をその市場から締め出そうとする試みは、法律や国際貿易協定で禁止されている場合がある

engagement（エンゲージメント）：組織目標を達成するために従業員が職務明細書に書かれている以上に自発的な努力をする傾向。ギャラップは組織のエンゲージメントの状態をおおまかに3つに分類している。「エンゲージしている」従業員は自発的な努力をいとわない。「エンゲージしていない」従業員は自分に求められている最低限の基準にしたがう。「まったくエンゲージしていない」従業員は組織目標の達成の妨げとなる

equity financial（純資産価値）：おおまかに言うと、会社や資産の所有者持分をいう。貸借対照表では、エクイティは企業が資産を売却し、負債の支払いに充てたときに株主に残る価額となる。企業の株主持分（または株式）を指すのにも使われる

expected value（期待値）：確率的現象の結果の長期的な平均値。相互排他的な個別の結果に確率を掛けて、得られた数値を合計して計算する

expenses（費用）：一定期間に企業が消費する資源。原材料費、人件費、現金、有形・無形固定資産の部分的な消費などが含まれる

factoring（ファクタリング）：非金融企業がすぐに現金化を図り顧客による不払いのリスクを回避するために、売掛金を割り引いて金融サービス企業に売却することを可能にする金融サービス

first team, second team（第1のチーム、第2のチーム）：パトリック・レンシオーニが提唱している枠組みで、あなたが率いるチームとあなたのマネジャーが率いるチームを区別している。第1のチームと第2のチームの集団的利益は対立する可能性があり、マネジャーが一貫して第2のチームよりも第1のチームの目標の追求を優先しているチームのほうが、グローバルな組織目標の達成と縄張り争いのような内部対立の回避に長けているだろう

fist of five（フィスト・オブ・ファイブ）：集団的意思決定の基本的な手法で、提案された行動をどの程度支持するか、いっせいに片手を挙げて指の数で示すというもの。指が0本の場合は完全な反対を5本の場合はその提案を強く支持していることを意味する

fixed costs（固定費）：一定期間の操業度や売上の増減によって変わらない費用で機器のレンタル代、地代、人件費などが含まれる

forming, storming, norming, performin（フォーミング【形成期】、ストーミング【混乱期】、ノーミング【統一期】、パフォーミング【機能期】）：チームが協力して働き始める（フォーミング）と、対立が生じる（ストーミング）。対立に対処するためにエンゲージメントに関するルールを導入する（ノーミング）チームはやがて個々のメンバーの強みと協調的な行動を活かし、反対意見を生産的に活用するようになる（パフォーミング）

free cash flow（フリーキャッシュフロー）：企業が従業員、サプライヤー、債権者、税務当局に対する支払い義務を遂行し、現在の事業水準を維持するために必要な設備投資を行ったあとに残る現金。フリーキャッシュフローは株主に分配したり、負債の支払いに充てられたり、成長機会を追求するのに使われたりする

gross margin（グロスマージン）：ある期間における、売上に対する粗利益の比率。グロスマージンはパーセンテージで表示される

gross profit（粗利益）：ある期間における、売上高から売上原価を差し引いて得られる利益

groupthink（集団浅慮【グループ・シンク】）：全員が同意しているからではなく、各メンバーがほかの人たちが同意していると思い込んでいるために、グループがある行動に関してコンセンサスに達するという集団行動における現象。誰も反対意見を述べて、調和的な協力を壊したいとは思っていない。アーヴィング・ジャニスが最初に命名し提唱した概念

growth, inorganic（インオーガニックグロース）：買収や合併によってほかのビジネスの売上を取り込むことで達成される売上の増加

growth organic（オーガニックグロース）：新規顧客の獲得、既存顧客の購入促進、自社開発の新製品発売などにより達成する売上の増加

inflation（インフレーション）：時の経過とともに通貨単位当たりの購買力が低下すること。インフレーションは投資家が将来のキャッシュよりも現在のキャッシュを好む一因であり、資本コストに影響する情報となっている

innovator's dilemma（イノベーターのジレンマ）：イノベーションに関する１つの概念。クレイトン・クリステンセンが提唱するイノベーターのジレンマは確立された既存の企業がしばしば画期的なイノベーションの導入や新興企業のイノベーションへの対応に失敗する理由を説明している。既存の企業が真に画期的な（漸進的とは対照的な）イノベーションを導入するのが遅いのは、短期的には既存の顧客基盤がイノベーションに関心がなく、導入したとしても、現在の利益率と信頼性が高い売上を利益率と確実性に劣る売上に置き換えるだけだからだ

intent versus impact（意図と影響）：コミュニケーション理論における、ある人物が別の人物に送ったメッセージが送り手が意図もせず予期もしない影響をもたらすことがあるという考え

interest（利息）：金融資源（元本）を使用する見返りとして貸し手に支払われるもので、通常は期間と利率が具体的に決められている。金利または利率（たいてい％で表示される）は、ローンの元本に適用され、借り手が貸し手に支払う利息を決める。利率は想定される借り手の債務不履行のリスクに比例する

intrinsic value（本質的価値）：企業の株式を含む、資産の価値。当該資産が耐用年数にわたって（たとえ耐用年数が無限に長いとしても）生み出すと期待されるキャッシュフローに基づいている。本質的価値は資産がもたらすと想定されるキャッシュフローだけをもとにしていて、ほかの人が将来その資産をどう評価するかといった推測は考慮していない

inventory（棚卸資産）：企業の原材料、仕掛品、まだ顧客に引き渡されていない製品。棚卸資産の金銭価値は企業の貸借対照表に流動資産として記載され、在庫と呼ばれることもある

―――――――――― 用語集 ――――――――――

investments（投資）：将来の利益創出を目的に金融資産を流動性の低い固定資産や無形資産に投じること。投資家は投資を行う人。特定の金額を特定な期間、定められた利率で提供する貸し手、もしくは利益やほかの株式投資家へ資産を売却することで生まれるキャッシュフローを引き出すために投資する、株式投資家（オーナー）の場合もある

legitimacy political（政治的正当性）：権威体系の特性。正当性を持つ権威は、その決定を部下が権威の優先事項を共有しているいないにかかわらず実行してくれると合理的に確信できる。社会学者のマックス・ウェーバーは、正当性のある権威の基盤を「カリスマ的」「伝統的」「法的（手続き的）」なものに区別している

liabilities（負債）：個人または組織が債権者に対して負っている金銭的な義務。利息をともなう場合もあれば、ともなわない場合もある。負債は企業の貸借対照表に記載される

majority rule（多数決）：各参加者が好む行動を選択し、最も多くの人に選ばれた結果にグループがしたがうという集団意思決定の手続き。多数決には、単純多数（過半数）、特別多数（3分の2超といった）、相対多数、優先順位付投票制といった、さまざまな投票制がある

mergers and acquisitions (M&A)（合併と買収）：合併では2つの法人が管理と運営を新しい結合後企業に統合する。買収ではある企業が別企業の資産の支配権を得て、その債務に対して責任を負う。M&A活動は新体制が重複する費用の削減、顧客とサプライヤーに対する市場における力の増大、ビジネスモデルの統合による業績の予測性向上によって、株主のためにサム・オブ・ザ・パーツ（部分の総和）より大きな価値を生み出すという前提に基づいている

net cash flow（ネットキャッシュフロー）：一定の期間における、企業の現金の収入と支出の合計

net margin（純利益率）：企業の売上に対する純利益の割合。純利益率はパーセンテージで表示される

net present value (NPV)（正味現在価値）：ある投資に関連する、現在および将来期待される総キャッシュフローの現在価値の合計

net profit（純利益）：ある期間における企業の売上から総費用を差し引いた額

noncurrent assets（非流動資産【固定資産】）：企業の資産のうち、流動資産以外のもの。非流動資産は12カ月もしくは企業の営業循環期間の長いほうの期間に現金化が予定されていない資産。非流動資産には、工場、土地、設備のほか、特許権、ライセンス、営業権といった無形資産が含まれる

noncurrent liabilities（非流動負債【固定負債】）：企業の負債のうち、流動負債以外のもの。当該債務に対して権利を持つ債権者は12カ月以内に債務の履行を求めることができない。12カ月以内に元本の返済期限が到来しない債務や通常は契約で支払い予定が定められていない株主持分などが含まれる

operating expenses（営業費用）：企業が一定期間に標準的な営業活動で消費する総資源の額。営業費用には、支払利息、税金、特別損失以外のすべての費用が含まれる

operating margin（営業利益率）：一定期間における、企業の売上に対する営業利益の割合。営業利益率はパーセンテージで表示される

operating profit（営業利益）：一定期間における、企業の売上から営業費用を差し引いた額

option value（オプション価値）：意思決定者がそうする義務を負わずに将来ある行動を取る機会があることに見いだす価値。現金を保有していると投資と消費の両方を含む、将来ほぼ無限の行動を取る機会を得ることができる。そうした選択肢のなかから選ぶというオプションは機会のどれか1つが選ばれると失われてしまう。このオプション価値の喪失は、投資家が将来の現金よりも現在の現金を好む1つの理由であり、オプション価値は資本コストに影響を与えるデータの1つとなっている

overhead（間接費）：事業ポートフォリオのなかのいずれかの製品やサービスの製造や販売に直接関連していない費用

paid-in capital（払込資本）：企業の設立時に株主が企業に投資した金融およびその他の資源。払込資本は貸借対照表の資本の一部となっている。企業が設立以降に投資家から追加の資本を調達する場合は貸借対照表に資本剰余金として記載される

perpetuity（永久年金）：決まった額の現金の定期的な支払いが永久に続くことを約束する投資

plants, property, and equipment (PP&E)（有形固定資産）：企業が所有し、財やサービスを生産するために長い期間にわたって使用する有形資産（土地を含む）。PP&Eの貨幣価値は企業の貸借対照表に資産として計上され、各資産の耐用年数で減価償却される

plus/delta exercise（プラス／デルタ手法）：グループの有効性を評価し、集団行動のための改善分野を見つける、簡単なグループ考察の手法。グル

ープの各メンバーはチームが現在うまくやっていて継続すべきこと（プラス）と、チームが将来やり方を変えるべきこと（デルタ）を挙げるよう求められる。プラスとデルタはモデレーターがホワイトボード上の各欄にまとめ、あとで進展があったかどうかを判断するために参照する

presence（プレゼンス）：現在の目の前の状況、とくにそのとき交流している人々を注意を払って認識している精神状態。過去の出来事を思い返したり、将来の出来事を予測したりするのに夢中な精神状態と対極をなす

present value（現在価値）：将来のキャッシュフローを資本コストを用いて現時点まで割り戻した価値

process guardian（プロセス保護者）：チームの行動を観察し、チームが合意している規範や手続きから逸脱したときに注意を促す（通常は非公式な）役割。プロセス保護者の仕事にはタイムキーピング、グループ演習のモデレーション、議論のファシリテーションなどがある

profit（利益）：一般的には一定の期間における、企業の売上高と消費された資源の額との差額

profit and loss statement (P/L)（損益計算書）：株式を上場している企業が株主に公開し、規制機関（例：米国証券取引委員会）に届け出ることが義務づけられている3つの主要な財務諸表のうちの1つ。P/L（income statementと呼ばれることもある）は、一定期間（たいていは四半期か1年）における、企業の売上と費用を記載している

public goods（公共財）：非排除的（誰もその使用を妨げられない）で、非競合的（ある人の利用がほかの人にとってのその財の利用可能性や品質を低減させない）財やサービス。公共財には、空気や水、公共スペース、

用語集

防衛や公安などがあり、通常は税金を使って政府が賄っている

razor blade model（カミソリ刃モデル）：企業が寿命の長い製品を販売し、その製品の有用性を維持するために顧客に追加の付属品やサービスを購入させるビジネスモデル。製品は原価に近い価格で付属品はかなり高い利益率で販売される。このビジネスモデルの名称は顧客がカミソリを購入したあと同じメーカーの替刃を買わなくてはならないケースにちなんでいる

research and development（R&D）（研究開発）：顧客価値の増強、製造費用の削減、またはその両方の観点から行われる新製品の創出や既存製品の改善に向けた企業の活動。R&Dに使われる資源（原材料や労力を含む）の貨幣価値は、損益計算書では営業費用の別項目として記載されることが多い

retained earnings（利益剰余金）：企業の純利益でまだ投資家に分配されていない部分を蓄積したもの。貸借対照表における資本の構成要素

return on investment（投下資本利益率）：投資家が投資によって得る純利益の投資額に対する比率。投下資本利益率は通常パーセンテージで表示される

round robin（ラウンドロビン）：大勢の前では自分の考えを進んで話そうとしない人を含め、グループ全員からアイデアや情報を引き出すために考案されたグループ演習。各チームメンバーは特定の順番で中断せずに話す時間を与えられ、そのあいだはほかの人に邪魔されることはない。ラウンドロビンは自分の考えを話したがらない人から情報を引き出すのと放っておくと会話を牛耳ってしまう人を抑えるという2つの効果がある

sales（売上）：顧客に販売される財やサービス、あるいはその貨幣的な価

値

selling, general, and administrative expenses (SG&A)（一般管理費）：顧客に自社の製品やサービスを購入させるため（販売およびマーケティング費）と、製造・販売活動と直接には関係なく事業を営むため（一般管理費）に消費される資源の価値。SG&Aは営業費用の構成要素

shareholder（株主）：企業の株式を1株以上保有する個人や組織

shareholder value（株主価値）：配当または持ち株のほかの投資家への売却によって期待される将来キャッシュフローを通して、企業がオーナーのために創出する価値。株主価値は、企業の将来のネットキャッシュフローを割り引いたものから生まれる

short-term debt（短期借入金）：支払期日が1年以内に到来する有利子負債。短期借入金は企業の貸借対照表で流動負債として記載される

social dilemma（社会的ジレンマ）：2人以上の当事者が協力的な行動を取ることで集団にとって有益な結果を達成するような状況において、各当事者がより小さな個人的目標を追求することで、集団の利益が危険にさらされる可能性があること。その例として、公共財の提供と、希少な資源の保護がある。こうした例は「コモンズの悲劇」や「囚人のジレンマ」という言葉でも知られている。最も有害な社会的ジレンマでは、個人が自己中心的だからではなく、ほかの人たちが自己中心的であることを恐れ、集団の目標が全員の貢献がなければ達成できないとわかっているために自身の目標を追求する場合だ。社会的ジレンマは、インセンティブ（報酬と罰則の両方）によって個人の成果を変えて、集団と個人の利益をうまく調整することで克服できる。あるいはリーダーが集団の利益を達成するために全員が力を尽くすという考えを植えつけることでも社会的ジレンマを克服で

きる

sole decider（独裁的な決定者）：1人の人物が意思決定権を持つ、集団の意思決定手順で、グループのメンバーが独裁的な決定者が下す決定が正当なもので、たとえメンバーが個人的に同意していなくても拘束力があると認める限りにおいて機能する

taxes（税金）：個人や組織が居住もしくは経済活動をする地を管轄する政府機関へ支払うもの。税金は企業の営業外費用となる

time value of money（貨幣の時間的価値）：現在保有している現金は将来保有する同額の現金よりも価値があるという基本的な考え方で、一定のレベルの利息が得られるリスクフリーな貯蓄方法が存在するという事実に起因している

trade working capital（営業運転資本）：企業がサプライヤーからの購入や顧客への販売といった日常的な営業活動を行うのに必要とする資本の額。営業運転資本は、企業の売掛金に在庫を足して買掛金を差し引いたものと定義される

two-pizza rule（ピザ2枚ルール）：アマゾンのジェフ・ベゾスが提唱する、チームの規模に関する一般的な規則。すなわち、チームはピザ（アメリカンサイズの）2枚で十分に満たされる規模に抑えるべきだというもの

variable cost（変動費）：生産高や売上高によって、比例的に増減する費用。たとえば、原材料費、直接人件費、販売手数料などがこれに当たる

working capital（運転資本）：企業の流動資産と流動負債の貨幣的価値の差額

zero-sum game（ゼロサムゲーム）：1人の関係者の利益が他の関係者全員の損失によって賄われるという戦略的な相互関係。横ばい、もしくは縮小している市場における市場シェア獲得競争がその例だ

注

はじめに
※1 「答えは1人。彼女が電球をしっかりと持っていれば世界が彼女の周りを回転する」。いくつもある電球ジョークの1つにすぎない
※2 2018年から2019年にかけてアメリカで授与された修士号の数は197,089（アメリカ教育統計センター『教育統計ダイジェスト』）
※3 「フレンドスター（2000年代初期のSNS）」とは何かって？　ごもっとも……
※4 Jeffrey L.Cruikshank, Delicate Experiment.

序章
※1 General Electric Company, "GE Plans to Form Three Public Companies."
※2 その会議では成果が出なかったが、のちにGEは私たちのクライアントとなった。実際のところ、2021年11月のGEの大規模な分社化が管理者に伝えられたのは我が社がGEのハイポテンシャル・リーダーのために実施したトレーニング・ワークショップの最中だった

本書の概要
※1 これらの概念は非営利組織にも適用できるが、その議論は本書の範疇を大きく超えるものだ。

第1章
※1 For the "biggest," "Analyse This," Economist. For the "dumbest," see Denning, "Shareholder Value, 'the World's Dumbest Idea.'"
※2 冗談ではない。ブラック・ショールズ・モデルの発案者であるマイロン・ショールズとロバート・マートンの2人は、その功績によりノーベル経済学賞を受賞し、自分たちの洞察をもとにヘッジファンドを設立した。彼らのファンドであるロングターム・キャピタル・マネジメントは、金融システム全体を巻き込んで1998年に破綻したことで知られている
※3 上場企業の株主が家や電話を所有するのと同じ意味で本当の所有者なのかどうかは、物議を醸す問題だ。財産の所有権と合資会社の歴史といった興味深い話題に目を向けることもできるが本書では取り上げない。また便宜上、株主は人として語ることにする。実際には、これまで述べてきた（GEとノキア）ような上場企業の株主は、人の場合もあれば、年金基金のような機関投資家の場合もある。機関投資家は高度な知識をもつ投資の専門家を雇っていて、その人たちがその機関のステークホルダーに代わって投資を行う
※4 Nokia Corporation, Nokia in 2007.

第2章
※1 すでにファイナンスの経歴をお持ちなら最後の2パラグラフには言いたいことがたくさんあるだろう。それはわかる。債務（debt）と株式（equity）の契約をまとめる方法はたくさんあり、あらゆる種類の投資嗜好を刺激する、刺激的な組み合わせが存在する。そして、利息、税金、利益の相互作用と何百もの管区における何千もの法規制が組み合わさって、弁護士や会計士にとってはお菓子屋状態になっている。だが私たちの多くにとって、ここでは基本的な説明で十分だと考えている

第3章

※1 Gary Dahl dies at 78; creator of Pet Rock, 1970s pop culture icon　普通の石をペットとして扱う「ペット・ロック」を発案したゲイリー・ダウル（Gary Dahl）は、1個約4ドルの商品として販売したところ、アメリカで大流行して100万個以上を売った。

※2 O' Brien, "Nokia's New Chief."

※3 LafargeHolcim, Ltd., Integrated Annual Report 2020, 8-9.

※4 Lehne and Preston, Making Concrete Change.

※5 もちろん投資家の資金だ。だが、役員報酬にしばしば株やストックオプションを含めて利益を投資家とうまく調整するのは、まさにそのためだ——少なくとも理論的には。それが実際に機能するかどうかは……意見が異なると言うにとどめておこう。

第4章

※1 確率論と呼ばれる数学分野は不確実な将来を把握する1つの手段を表している。だが、確率が何を意味するかについての解釈はきわめて物議を醸すテーマだ。詳しくはドナルド・ギリース『確率の哲学理論』（日本経済評論社、2004年）参照。タイトルを見ただけで確率が私たちの望むほど簡単ではありえないことがわかる。

※2 「起こりうる最悪の結果が存在する」とか「それには具体的な金銭的動きがある」というのは「地球は太陽の周りを回っている」といった事実とは異なる。もし私たちのフードトラックがサルモネラ菌の大流行を引き起こし、医療費や訴訟による懲罰的損害賠償に数百万ドルかかるとしたら、イングリッドはその債務すべてを負わなくてはならないのか？　有限責任という法的概念のもとでは、オーナーとしての損害に対する責任は、投資分に限られていてそれ以上はない。だが、組織がオーナーの責任を限定して企業として法人化することを認めたのは社会政治的な選択だった。この選択は別のものとなっていたかもしれない。実際、歴史上の長い期間、オーナーは所有する会社が引き起こした損害については全面的に責任を負っていた。

※3 ケインズ『雇用, 利子および貨幣の一般理論』（岩波書店、2008年）

第5章

※1 Palantir Technologies, Annual Report 2021.

※2 驚いたことに、経済成長をもたらす原因について経済学者の意見は一致していない。私たちが毎年、喜々として少しでも多くの財やサービスをつくろうと励んでいるのは、なぜだろうか？　『Ownership Economics』のなかで、グンナー・ヘインソーンとオットー・スタイガーは、成長の根本的な理由は借金をしている人が感じるプレッシャーにあると主張している。返済の約束を守るために、借り手はひたすら消費するよりも多く生産しなければならない。約束を守らなければならないという絶え間ないプレッシャーが、着実に余剰を生み出し、それが経済全体を潤している

※3 買掛金と多くの借入金との重要な違いはほかにもある。フードトラックのようなビジネスではたいていは何かを担保に入れることで融資を受けられる。そうやって借り入れた資金を使ってトラックを購入した際、銀行がそのトラックを差し押さえる可能性のあることが契約に明確に書かれていた。銀行のトラックに対する被担保債権はサプライヤーの債券を含むその他のすべての債券よりも優先される。債権の優先順位やどれが保証されていてどれが保証されていないかは株主にとってはどうでもいいことばかりだ。彼らは個人的に企業が約束を破る可能性がどれだけあるかを考えなければならないからだ

※4 会計士は流動資産をより広く定義していて、企業が売上をあげるために使うと思われる資

産は、たとえ１年以上保持されるものであってもすべてそこに含まれている。たとえば、蒸留所はウイスキーの在庫を熟成するまで何年も保持することがある。

※5 AT&T Inc., 2021 Annual Report.

※6 私たちは複雑な状況をかなり単純化している。貸借対照表上では「その他の固定負債」が1300億ドルある。わずかな額とはとても言えないが、その構成はかなり難解となっている。たとえば、その約半分は「繰延税金負債」だ。この負債はまだ果たされていない重要な約束と言える。だが、その数字に何らかの影響を与えるようなマネジャーはAT&Tにはほとんどいない。

第7章

※1 Based on Mayfield, "NetFlix .com, Inc."

※2 アマゾンは2021年のアニュアルレポートのなかで、237億9500万ドルの在庫、245億4200万ドルの売掛金、725億3900万ドルの買掛金があり、結果として運転資金が240億200万ドルのマイナスであることを報告している。なんとアマゾンは、242億ドル以上、投資家から調達しなくてすんでいたのだ（Amazon.com, Annual Report 2021.）。

※3 For a first-person account of the Dell story, see Dell, Play Nice but Win.

第8章

※1 Uber Technologies, Inc., 2021 Annual Report.

※2 Barro, "Congestion Pricing."

※3 マイクロソフト・ゲーミングのCEO、フィル・スペンサーは、「ゲーム機は、実際は赤字で市場に販売している。誰かが地元の小売店でXboxを買ったら、我々はその販売に対して100ドルから200ドル程度の補助金を支払っている」と語った（WSJのインタビューにて）。

※4 カミソリ刃モデルの発明はジレットによるものだが、どうやらライバル企業が最初に展開したようだ。そしてジレットのパテントが切れてから、ようやくこのモデルを正式に取り入れたのだった。Picker, "Razors-and-Blades Myth(s)."

※5 さらに強調しておく。社内メールの内容は、CNBCで報道された。Bosa and Browne, "Uber Tells Staff."

※6 2022 annual report from Uber Technologies, Inc.: https://s23.q4cdn.com/407969754/files/doc_financials/2023/ar/2022-annual-report.pdf.

※7 2023 press release from Uber Technologies, Inc.: https://s23.q4cdn.com/407969754/files/doc_earnings/2023/q2/earnings-result/Uber-Q2-23-Earnings-Press-Release.pdf.

第9章

※1 Netflix, Inc., "First Quarter 2022 Earnings."

※2 ティム・コラー、マーク・フーカート、デイビッド・ウェッセルズ『企業価値評価　バリュエーションの理論と実践　第7版上下』（ダイヤモンド社、2022年）

※3 「でも、ちょっと待って」と、あなたは考えている。「もし投資家がほかの投資家の下調べを借用し、その投資家もまた別のところから借用しただけだったとしたら、これはすべて１つの大きなミラーハウスにすぎないのではないだろうか？」。まあ……あながち間違っているとは言えない。株式市場の動きは本書の範疇ではない。あえて言うならば、こうした借用すべてによる１つの影響として、個々の株式と市場全体がバブルと呼ばれる現象のなかで、組織的に過大評価されたのはたしかだ。このバブルは、より洞察力の鋭い（そしてたいていは頑固な）借用者たちが物事が手に負えなくなってある程度の下調べを自分で行

うようになると、はじけてしまう。ほかの人たちがこうした先駆的な懐疑論者から借用し始めると、株価はさらに不当なまでに下落するかもしれない。

※4 ターミナルバリューという、気分があまり盛り上がらないような表現を目にすることもあるかもしれない。継続価値（あるいはターミナルバリュー）の公式には成長率が組み込まれることがある。キャッシュフロー（CF）が、ある成長率（g）と最低利益率（r）で成長を続けると期待する場合、永続価値は以下のように求められる。

$$永続価値 = \frac{CF}{(r - g)}$$

成長率が高いほど永続価値が大きくなることに留意してほしい。それは、gが大きいほど、分母が小さくなるからだ。しかし、もし成長率が最低利益率よりも大きかったらどうなるのだろうか？　その場合は全体の数がマイナスになってこの計算は無意味になってしまう！　成長率は最低利益率よりも低くなければならないのだ。そして、それはきちんと計算ができるようにするための単なるルールではない。最低利益率を成長率よりも高く設定するのは「長期にわたる高い成長率は非現実的である」ことを意味している。そのとおりだ。無限に成長しつづける企業があったらとしたら、いずれは世界を飲み込んでしまうだろう。

第10章

※1 Netflix, Inc., "First Quarter 2022 Earnings," 4.

※2 Netflix, Inc., "Fourth Quarter 2021 Earnings," 2.

※3 企業とは違い、プロジェクトにはたいてい寿命がある。典型的な投資プロジェクトは重要な装置の購入といったものだ。そうした装置には予想耐用年数というものがあり、それによって何年分のキャッシュフローを予測し、割り引いて、分析に含めるべきかが決まる。また、一般的にプロジェクトには初期の現金投入（投資）がともない、それが評価に影響を与える。初期投資はたいていプロジェクトの開始時に起こるために割り引かれない。

第11章

※1 アダム・スミス『国富論』

※2 私たちのグローバル分業が正確にはどれくらい画期的で恐ろしいかは、ポール・シーブライト『殺人ザルはいかにして経済に目覚めたか？──ヒトの進化からみた経済学』（みすず書房、2014年）を参照のこと。

※3 このテーマの論文で最も重要なものの1つが、ノーベル経済学賞受賞者のロジャー・コースによって1937年に書かれた。彼のエッセイ、その歴史的な先例、そして企業の理論のさらなる発達については、パターマンとクロシュナーの著作『Economic Nature of the Firm』に書かれている。

第12章

※1 ビジネスの世界における信頼について書かれた定評のある作品は、コヴィーとメリルによる『スピード・オブ・トラスト──「信頼」がスピードを上げ、コストを下げ、組織の影響力を最大化する』（キングベアー出版、2008年）

※2 多くの人が聞いたことのあるホッブズの『リヴァイアサン』の有名な引用に「人間は自然状態では、みな互いに戦うので、人生は不快で、野蛮で、短い」という一節がある。だが、より深い洞察は人間の心理状態の描写したもので、なぜ愛情ではなく戦争を好むのかを説明している。「人間の自然の状態には、争いの主要な原因が3つある。第1に競争、第2に

相違（不信）、そして第3に栄光だ」（ホッブズ『リヴァイアサン』）

※3 「名声を打ち立てるには20年掛かるが、台無しにするには5分あれば足りる」がウォーレン・バフェットの言葉だという話はインターネット上で広まった。最も近い発言を確認できるのは、バフェットが2003年にネブラスカ大学で行ったスピーチの映像だ。そのなかでバフェットは『フォーチュン』誌が彼の会社であるバークシャー・ハサウェイをアメリカで3番目に優良な企業に選んだことに触れ、「ここまで来るのに37年掛かったが、37分で失ってしまう可能性がある。もっと早く失うことだってありえる。5分で失うこともできる」（バフェット『Warren Buffett Lecture』）。有名な引用そのままではないが、同じ気持ちが伝わってくる。

※4 ポール・ハーシィ、デューイ・E・ジョンソン、ケネス・H・ブランチャード『行動科学の展開：入門から応用へ 人的資源の活用』（日本生産性本部、1978年）

※5 アラスデア・マッキンタイア『美徳なき時代』（みすず書房、1993年）

第13章

※1 Watzlawick et al., Pragmatics of Human Communication.

※2 デヴィッド・グレーバー『ブルシット・ジョブ——クソどうでもいい仕事の理論』（岩波書店、2020年）

※3 Lipnevich and Panadero, "Feedback Models and Theories," for a meta-analysis, albeit primarily in academic contexts.

※4 私たちは、この表現をリーダーシップのコーチであるトム・ヒューから教わった。トムとはエグゼクティブ・リーダーシップ・プログラムの1つを一緒に策定したことがある。だが、連絡を取ってみると、自分の功績にするのを丁重に断ってきた。トム自身、ニュー・ベンチャーズ・ウエスト・コーチングのジェイムズ・フラハティの受け売りだから、というのがその理由だ

※5 これに関するゴットマンの数十年におよぶ研究は、『What Predicts Divorce? (first published in 1994)』に要約されている

※6 人間の交流について、どんな簡単な表明をするのもいかに難しいかを説明しつつ、ゼンガーとフォークマンの「称賛と批判の比率」は、独立した学術論文として出てきたものを引用しているが、ゴットマンの「5.6対1」というビジネスチームのための比率に非常に近いものだった。その研究（Losada and Heaphy, "Positivity and Connectivity"）は、信憑性を疑われ、掲載されたジャーナルから撤回された。現在、閲覧可能なゼンガーとフォークの修正された論文は、こう結んでいる。「ほかの多くの人と同じように、私たちもハーフィーとロサダの研究がデータの不備により正しいものでないと知って動揺した。だが、リーダーは、否定的なフィードバックよりも肯定的なフィードバックを与えるべきだという基本的な前提と根拠は、いまでも正しいと信じている」

※7 私たちの会社は、Center for Creative Leadershipと協力して仕事をしている。そして、彼らのフレームワークはオープンソースとなっている。Center for Creative Leadership, Feedback That Works.

第14章

※1 Gallup, Inc., "Global Workplace 2022," 164.『グローバル職場環境調査』は毎年改訂される。この本がもとにしている2022年度版の報告書は、本書の出版時にはもはや入手できない。だが、最新版（2023年度版）を見る限り、表現はそれほど変わっていない

※2 ギャラップは劇的にこう述べている。「アメリカ、ひいては世界全体が、従業員エンゲージ

メント危機のさなかにある」(Gallup, Inc. "State of the American Workplace Report," 61).

※3 Harter et al., "The Relationship Between Engagement at Work and Organizational Outcomes."

※4 人間の行動の本質的で根本的な推進力である、「遊び」についてのすばらしい議論は、Graeber, "What's the Point?" を参照

※5 ギャラップの元データを見ると、エンゲージしている従業員の比率は2000年には26％だったのが2022年には32％になっている。最高は2020年の36％だ。一方、まったくエンゲージしていない従業員の比率は、2000年には18％だったのが2022年には17％になっている。最高は2008年の20％で、最低は2018年の13％だ（Harter, "Slump Continues"）

※6 Jenisch and Manzoni, "Become a Buddha."

※7 ウィーワーク（WeWork）の茶番劇を考えてみてほしい。このコワーキングスペースを提供する企業は、かつて「世界の意識を高める」というミッションを掲げていた。創立者たちにうまく搾取され、まだ利益を出せないでいたこの会社はそのミッションを「我々のミッションは明日の職場を力づけることだ」という、慎ましいものに修正した

※8 私たちがセッションで使っているコンピューターによるシミュレーションのいくつかでは、参加者の目に見えるエンゲージメントの数値とうまくつき合う登場人物が出てくる。それはシミュレーション設計で必要となる単純化のうちの1つにすぎない

第15章

※1 ケネディは1962年にライス大学で行った演説のなかで「我々が、この10年のうちに月へ行くことを選び、そのほかのことを成し遂げると決めたのは、たやすいからではなく、困難だからです」と語った。Kennedy, "Rice University."

※2 Eisenhower, "Remarks."

※3 ゲームの理論と行動経済学における社会的ジレンマの概念は、経営とビジネスに関する私たちの思考に誇張とは言えないほどの影響を与えている。おそらく私たちの学習手段がビジネスゲームをもとにしているという事実が、それと何らかの関係があるのに違いない。先に述べた、ポール・シーブライト『殺人ザルはいかにして経済に目覚めたか？──ヒトの進化からみた経済学』（みすず書房、2014年）に加え、本章の後半では、ケン・ビンモア『正義のゲーム理論的基礎』（NTT出版、2015年）、サミュエル・ボウルズ『モラル・エコノミー　インセンティブか善き市民か』（筑摩書房、2024年）、ハーバード・ギンタス『ゲーム理論による社会科学の統合』（NTT出版、2011年）、ジョシュア・D・グリーン『モラル・トライブズ　共存の道徳哲学へ』（岩波書店、2015年）、そして『Nida-Rümelin, Die Optimierungsfalle』に言及する。どれもみな、すばらしい情報源であり、本書も多大な影響を受けている

※4 影響力が非常に強い実験研究で、行動経済学者のウルス・フィッシュバッカーとエルンスト・フェールは、公共財ゲーム──社会的ジレンマを生み出すように設計されている──においては、被験者の50％が、条件付き協力者モデルにしたがって行動することを発見した。公共財に貢献すればするほど、ほかの参加者もそれに倣ったのだ（Fischbacher et al., "Are People Conditionally Cooperative?"）。

※5 最も激しい対立のいくつかは利己的な個人のあいだではなく、グループの代表者のあいだで起こっている。事実は、リーダーシップのマニュアルが個人の美徳のカタログのように読めて空々しく思える1つの理由だ。本当に困難なジレンマは、あなたがマネージャーとして、自分のチームの利益とより大きな組織の利益との折り合いをつけなければならないと感じているときに生じる。個人として高潔であれという忠告は、別のグループの要求を慎

重に考慮しているときには腹立たしいほど役に立たない

※6 ウェルチの時代とその後のCEOたちの下での凋落のストーリーは複雑すぎて、すべてを語るにはページがとても足りない。私たちの短い説明は、デイヴィッド・ゲレスのかなり辛口の『ジャック・ウェルチ「20世紀最高の経営者」の虚栄』（早川書房、2024年）や、20年間の軌跡を追ったリソルツの報道『Jeff Immelt Versus Jack Welch』を部分的に参考にしている。

※7 この点に関しては、友人であり協力者でもあるスティーヴン・トムリンソンに大いに感謝している。スティーヴンが私たちの思考、会社、そして本書に与えた影響は計り知れない。

第16章

※1 Blackwells Capital, "Peloton: A Call for Action."

※2 アマゾン・ウェブ・サービスが、ホワイトペーパーの1つ（Amazon Web Services [AWS], "Introduction to DevOps on AWS"）で、そう報告している。その信憑性は誰に問えばいいのだ？

※3 シド・マイヤーは、2012年の「Game Developers Conference」でスピーチを行った。インターネットで広まった、この「興味深い意思決定の連続」という定義は1989年の同会議で彼が口にしたのだという。Meier, "Interesting Decisions."

※4 Tuckman, "Developmental Sequence."

第17章

※1 Savage, "A 'Thrilling' Mission."

※2 たしかな筋から知りたければ、ポーターの『Five Competitive Forces』を参照のこと。簡単に言うと、ポーターは、企業と顧客、サプライヤー、そして3つのタイプの競争相手（現在の競争相手、潜在的な新しい参入者、代替ソリューション）との関係に目を向けるよう提案している。これらの相互関係を分析することで、与えられた市場が株主のために価値を創造する機会をもたらすかどうかを予測することができる。しかし、ポーターのアイデアと、倒産した彼のコンサルタント会社、モニターグループが受けた打撃を詳しく知りたければ、デニングの『What Killed Michael Porter's Monitor Group?』を読むことをお勧めする。

※3 エディス・ペンローズの『企業成長の理論』（ダイヤモンド社、2010年）は、難しすぎず易しすぎない本だが、どのページも洞察に満ちている。おおまかに言うと、リソース・ベースド・ビューにしたがい、企業は内部に目を向けて競争優位をもたらしてくれる資産を見きわめなければならない。言ってみれば、組織は個人と同様に、生来の強みと弱みを自覚する必要がある。競争優位をもたらす資源には、天然資源へのアクセス、地理的な立地、知的財産権のようなわかりやすいものだけでなく、より人に関連した資源もある。たとえば、顧客、サプライヤー、資本市場との信頼関係がそうで、ほかにも、リーダーシップチームの円滑な運営といった言い表しがたい特長もある。

※4 Martin, "Execution Trap."

※5 Collins and Porras, "Building Your Company's Vision," で、著者たちは簡潔に主張を述べている。著名な『Built to Last』では、彼らの洞察に加えて、綿密で膨大な研究手法に関する議論を展開している。コリンズとポラスは強い影響をおよぼしてきたが、非常に公正と言える批判も受けてきた。ビジネスを専門とするフィル・ローゼンツワイグ教授による、ビジネス界の成功する公式への執着（Rosenzweig, Halo Effect）に関する見事な分析は、ビジネス系の文献に蔓延している9つの妄想に言及し、少なくとも4つの妄想に関して、

コリンズとポラスの『Built to Last』の欠点を見つけた。なかでも最も明白なのが「厳密な研究という妄想」だ。

※6 Flock, "Dagen H."

※7 ダニエル・カーネマン『ファスト＆スロー　あなたの意見はどのように決まるか？』（早川書房、2012年）

※8 ヘンリー・M・ロバート『ロバート議事規則』（ロバート議事規則研究所、1986年）

第18章

※1 政治的正当性という概念の見事な概要はピーター『Political Legitimacy』を参照。

※2 Blackwells Capital, "Peloton: A Call for Action," 34.

第19章

※1 アーヴィング・L・ジャニス『集団浅慮―政策決定と大失敗の心理学的研究』（新曜社、2022年）

※2 フォースターの映画『ワールド・ウォーZ』。映画の10番目の男の原則は、おおまかにはイスラエル軍の計画立案者が1973年に第４次中東戦争が勃発したあとに採用した、組織的および手順的な対応に基づいている。当時、イスラエル軍の情報部は隣国が連携攻撃を計画しているという証拠を正しく解釈することに失敗していた。イスラエル参謀本部諜報局は、完全な「悪魔の代弁者」態勢を取り、主流派とは逆の解釈と戦略を検討した。重要なのは、こうした分析が直接トップの意思決定者に伝えられたことだ。Kuperwasser, "Israel's Intelligence Reforms."

※3 この言葉は造語で、その現象は『イノベーションのジレンマ：技術革新が巨大企業を滅ぼすとき』（翔泳社、2000年）で説明されている。

※4 Fisher et al., "Making Supply Meet Demand."

※5 スコット・ペイジ『「多様な意見」はなぜ正しいのか：衆愚が集合知に変わるとき』（日経BP、2009年）

第20章

※1 ユナイテッド航空3411便で起こった出来事を説明するのに、次のものを含む複数のソースを利用している。United Airlines, Inc., "United Express Flight 3411 Review" ; McLaughlin, "Man Dragged Off United Flight" ; and Barrett, "United Airlines Needs to Do Better."

※2 Edelson et al., "Computational and Neurobiological Foundations."

参考文献

Amazon.com. *Annual Report 2021.* Amazon.com, Inc., January 24, 2022. Available at https://s2.q4cdn.com/299287126/files/doc_financials/2022/ar/Amazon-2021-Annual-Report.pdf.

Amazon Web Services (AWS). "Introduction to DevOps on AWS." AWS white paper. Amazon Web Services, Inc., 2023. Available at https://docs.aws.amazon.com/pdfs/whitepapers/latest/introduction-devops-aws/introduction-devops-aws.pdf#two-pizza-teams.

"Analyse This: The Enduring Power of the Biggest Idea in Business." *Economist,* March 31, 2016. Available at https://amp.economist.com/business/2016/03/31/analyse-this.

Anand, Bharat. The Content Trap: *A Strategist's Guide to Digital Change.* New York: Random House, 2016.

AT&T Inc. *2021 Annual Report.* AT&T Inc., February 17, 2022. Available at https://investors.att.com/~/media/Files/A/ATT-IR-V2/financial-reports/annual-reports/2021/complete-2021-annual-report.pdf.

Barrett, Steve. "United Airlines Needs to Do Better. The Airline's Communications Response to Flight 3411 So Far Is Tone Deaf and Is Doing Nothing to Resolve the Situation." *PRWeek,* April 11, 2017. Available at www.prweek.com/article/1430341/united-airlines-needs-better.

Barro, Josh. "Congestion Pricing Only Works If Rideshare CompaniesCare About Losing Money." *New York Magazine,* May 21, 2019. Available at https://nymag.com/intelligencer/2019/05/ubers-irrational-pricing-is-a -problem-for-policymakers.html.

Binmore, Ken. *Natural Justice.* Oxford: Oxford University Press, 2011. Blackwells Capital. "Peloton: A Call for Action." 『正義のゲーム理論的基礎』（栗林寛幸訳、NTT出版、2015年）

Blackwells Capital, 2022. Available at https://www.blackwellscap.com/wp-content/uploads/2022/02/BW_Peloton_Presentation_Feb072022.pdf.

Blanchard, Kenneth H., and Spencer Johnson. *The New One Minute Man ager.* New York: William Morrow, 2015. 『新1分間マネジャー：部下を成長させる3つの秘訣』（金井壽宏監訳、田辺希久子訳、ダイヤモンド社、2015年）

Bosa, Deirdre, and Ryan Browne. "Uber CEO Tells Staff Company Will Cut Down on Costs, Treat Hiring as a 'Privilege.'" CNBC, May 9, 2022. Available at www.cnbc.com/2022/05/09/uber-to-cut-down-on-costs-treat -hiring-as-a-privilege-ceo-email.html.

Bowles, Samuel. *The Moral Economy: Why Good Incentives Are No Substitute for Good Citizens.* New Haven, London: Yale University Press, 2017. 『モラル・エコノミー：インセンティブか善き市民か』（植村博恭, 磯谷明徳, 遠山弘徳 訳、NTT出版、2017年）

Buffett, Warren. "Warren Buffet Speech at University of Nebraska 2003." YouTube video, posted by Zero2one Investing, November 29, 2020. Available at https://www.youtube.com/watch?v=SVIJdHGMl4Q.

Center for Creative Leadership. *Feedback That Works: How to Build and Deliver Your Message.* Greensboro, NC: Center for Creative Leadership, 2019.

Christensen, Clayton M. The Innovator's Dilemma: *When New Technologies Cause Great Firms to Fail.* Boston: Harvard Business School Press, 2016. 『イノベーションのジレンマ：技術革新が巨大企業を滅ぼすとき』（伊豆原弓訳、翔泳社、2000年）

Coates, John. *The Hour Between Dog and Wolf: How Risk Taking Transforms Us, Body and Mind.* New York: Penguin Group, 2013.『トレーダーの生理学』(小野木明恵訳、早川書房、2013年)

Collins, James C., and Jerry I. Porras. *Built to Last: Successful Habits of Visionary Companies.* New York: Harper Business, 2004.『ビジョナリー・カンパニー：時代を超える生存の原則』(山岡洋一訳、日経BP、1995年)

———. "Building Your Company's Vision." In On Strategy, edited by Harvard Business Review, 106-141. Boston: Harvard Business School, 2011.

Covey, Stephen M. R. *The Speed of Trust.* New York: Free Press, 2008.『スピード・オブ・トラスト：「信頼」がスピードを上げ、コストを下げ、組織の影響力を最大化する』(フランクリン・コヴィー・ジャパン訳、キングベアー出版、2008年)

Crevello, Drew, and Lee Eisenberg. *WeCrashed.* Online series, Apple TV+, 2022.『WeCrashed〜スタートアップ狂騒曲〜』

Croom, Simon. "12 Percent of Corporate Leaders Are Psychopaths. It's Time to Take This Problem Seriously." *Forbes,* June 6, 2021. Available at https://fortune.com/2021/06/06/corporate-psychopaths-business-leadership-csr/.

Cruikshank, Jeffrey L. *A Delicate Experiment: The Harvard Business School 1908-1945.* Boston: Harvard Business School Press, 1987.

Dell, Michael. *Play Nice But Win: A CEO's Journey from Founder to Leader.* New York: Portfolio/Penguin, 2021.

Denning, Steve. "What Killed Michael Porter's Monitor Group? The One Force That Really Matters." *Forbes,* November 20, 2012. Available at www.forbes.com/sites/stevedenning/2012/11/20/what-killed-michael-porters-monitor-group-the-one-force-that-really-matters.

———. "Making Sense of Shareholder Value: 'The World's Dumbest Idea.'" *Forbes,* July 17, 2017. Available at www.forbes.com/sites/stevedenning/2017/07/17/making-sense-of-shareholder-value-the-worlds-dumbest-idea/#479e45682a7e.

Edelson, Micah G., Rafael Polania, Christian C. Ruff, Ernst Fehr, and Todd A. Hare. "Computational and Neurobiological Foundations of Leadership Decisions." *Science* 361, no. 6401 (2018). DOI: 10.1126/science.aat0036.

Eisenhower, Dwight D. "Remarks at the Annual Conference of the Society for Personnel Administration," May 12, 1954. The American Presidency Project, University of California at Santa Barbara. Available at www .presidency.ucsb.edu/documents/remarks-the-annual-conference-the-society-for-personnel-administration.

Fischbacher, Urs, Simon Gächter, and Ernst Fehr. "Are People Conditionally Cooperative? Evidence from a Public Goods Experiment." *Economics Letters* 71, no. 3 (2001): 397-404. DOI: 10.1016/S0165-1765(01)00394-9.

Fisher, Marshall, Jan Hammond, Walter R. Obermeyer, and Ananth Raman. "Making Supply Meet Demand in an Uncertain World." *Harvard Business Review,* May-June 1994. Available at https://hbr.org/1994/05/making-supply-meet-demand-in-an-uncertain-world.

Flock, Elizabeth. "Dagen H: The Day Sweden Switched Sides of the Road." *Washington Post,* February 17, 2012. Available at www.washingtonpost.com/blogs/blogpost/post/dagen-h-the-day-sweden-switched-sides-of-the-road-photo/2012/02/17/gIQAOwFVKR_blog.html.

Forster, Marc, director. *World War Z.* Paramount Pictures, 2013.『ワールド・ウォーＺ』

Gallup, Inc. "State of the American Workplace Report." Gallup, 2017. Available at www.gallup.com/workplace/238085/state-american-work-place-report-2017.aspx.

―――. "State of the Global Workplace 2022 Report: The Voice of the World's Employees." Gallup, 2022. Available at www.gallup.com/workplace/349484/state-of-the-global-workplace-2022-report.aspx.

Gelles, David. *The Man Who Broke Capitalism: How Jack Welch Gutted the Heartland and Crushed the Soul of Corporate America—and How to Undo His Legacy.* New York: Simon & Schuster, 2023.『ジャック・ウェルチ「20世紀最高の経営者」の虚栄』（渡部典子訳、早川書房、2024年）

General Electric Company. "GE Plans to Form Three Public Companies Focused on Growth Sectors of Aviation, Healthcare, and Energy." Press release, November 9, 2021. Available at www.ge.com/news/press-releases/ge-plans-to-form-three-public-companies-focused-on-growth-sectors-of-aviation.

Gillies, Donald. *Philosophical Theories of Probability.* London: Routledge, Philosophical Issues in Science, reprint 2010.『確率の哲学理論』（中山智香子訳、日本経済評論社、2004年）

Gintis, Herbert. *The Bounds of Reason: Game Theory and the Unification of the Behavioral Sciences.* Princeton, NJ: Princeton University Press, 2014.『ゲーム理論による社会科学の統合』成田悠輔, 小川一仁, 川越敏司, 佐々木俊一郎 訳、NTT出版、2011年）

Gottman, John Mordechai. *What Predicts Divorce? The Relationship Between Marital Processes and Marital Outcomes.* New York and London: Psychology Press, 2013.

Graeber, David. "What's the Point If We Can't Have Fun?" *Baffler,* January 2014. Available at https://thebaffler.com/salvos/whats-the-point-if-we-cant-have-fun.

―――. *Bullshit Jobs: The Rise of Pointless Work, and What We Can Do About It.* London: Penguin Books, 2018.『ブルシット・ジョブ：クソどうでもいい仕事の理論』（酒井隆史, 芳賀達彦, 森田和樹 訳、岩波書店、2020年）

Greene, Joshua David. *Moral Tribes: Emotion, Reason, and the Gap Between Us and Them.* London: Penguin Books, 2014.『モラル・トライブズ：共存の道徳哲学へ』（竹田円訳、岩波書店、2015年）

Harter, James K. "U.S. Employee Engagement Slump Continues." Gallup, April 25, 2022. Available at www.gallup.com/workplace/391922/employee-engagement-slump-continues.aspx.

Harter, James K., Frank L. Schmidt, Sangeeta Agrawal, Anthony Blue, Stephanie K. Plowman, Patrick Josh, and Jim Asplund. "The Relationship Between Engagement at Work and Organizational Outcomes." 2020 Q12 Meta-Analysis. Gallup, 2020. Available at www.gallup.com/workplace/321725/gallup-q12-meta-analysis-report.aspx.

Heinsohn, Gunnar, and Otto Steiger, with Frank Decker, translator. *Ownership Economics: On the Foundations of Interest, Money, Markets, Business Cycles and Economic Development.* Milton Park, Abingdon, Oxon: Routledge, 2012.

Hersey, Paul, Kenneth H. Blanchard, and Dewey E. Johnson. *Management of Organizational Behavior: Leading Human Resources.* Boston: Pearson, 2012.『行動科学の展開：入門から応用へ：人的資源の活用』（山本成二, 山本あづさ 訳、生産性出版、2000年）

Hobbes, Thomas. "Leviathan." In *Classics of Western Philosophy,* 4th ed., edited by Steven M. Cahn, 473-532. Indianapolis: Hackett Publishing, 1995.『リヴァイアサン1-4、水田洋訳、岩波書店、1954～

1985年）

Janis, Irving L. *Victims of Groupthink: A Psychological Study of Foreign-Policy Decisions and Fiascoes.* Boston: Houghton Mifflin, 1972.

Jenisch, Jan, and Jean François Manzoni. "Become a Buddha to Drive Sustainable Transformation." Video, CEO Dialogue Series, International Institute for Management Development, September 20, 2022. Available at www.imd.org/ibyimd/videos/ceo-dialogue-series/become-a-buddha-to-drive-sustainable-transformation/#.

Johnstone, Keith. *Impro: Improvisation and the Theatre.* London: Bloomsbury Academic, 2018.『インプロ：自由自在な行動表現』（三輪えり花訳、而立書房、2012年）

Kahneman, Daniel. *Thinking, Fast and Slow.* New York: Farrar, Straus and Giroux, 2011.『ファスト＆スロー：あなたの意思はどのように決まるか？』（村井章子訳、早川書房、2012年）

Kennedy, John F. "Rice University, 12 September 1962." Video USG-15-29-2, National Archives and Records Administration, John F. Kennedy Presidential Library and Museum, September 12, 1962. Available at www .jfklibrary.org/asset-viewer/archives/USG/USG-15-29-2/USG-15-29-2.

Keynes, J. M. "The General Theory of Employment." *Quarterly Journal of Economics* 51, no. 2 (1937): 209-223. DOI: 10.2307/1882087.

Koller, Tim, Marc Goedhart, and David Wessels. *Valuation: Measuring and Managing the Value of Companies.* 7th ed. Hoboken, NJ: Wiley, 2020.『企業価値評価：バリュエーションの理論と実践』（マッキンゼー・コーポレート・ファイナンス・グループ訳、ダイヤモンド社、2022年）

Kouzes, James M., and Barry Z. Posner. *The Leadership Challenge: How to Make Extraordinary Things Happen in Organizations.* Hoboken, NJ: Wiley, 2023.『リーダーシップ・チャレンジ』（関美和訳、海と月社、2014年）

Kuperwasser, Yosef. "Lessons from Israel's Intelligence Reforms." Washington, DC: The Saban Center for Middle East Policy at The Brookings Institution, 2007. Available at www.brookings.edu/wp-content/uploads/2016/06/10_intelligence_kuperwasser.pdf.

LafargeHolcim, Ltd. *Integrated Annual Report 2020.* LafargeHolcim, 2021. Available at https://www.holcim.com/sites/holcim/files/2022-04/26022021-finance-lafageholcim_fy_2020_report-full-en.pdf.

Lehne, Johanna, and Felix Preston. *Making Concrete Change: Innovation in Low-Carbon Cement and Concrete.* London: Chatham House, 2018. Available at www.chathamhouse.org/2018/06/making-concrete-change-innovation-low-carbon-cement-and-concrete.

Lencioni, Patrick. *The Five Dysfunctions of a Team: A Leadership Fable.* San Francisco: Jossey-Bass, 2002.『あなたのチームは、機能してますか？』（伊豆原弓訳、翔泳社、2003年）

Lipnevich, Anastasiya A., and Ernesto Panadero. "A Review of Feedback Models and Theories: Descriptions, Definitions, and Conclusions." *Frontiers in Education* 6 (December 31, 2021), 720195. DOI: 10.3389/feduc.2021.720195.

Losada, Marcial, and Emily Heaphy. "The Role of Positivity and Connectivity in the Performance of Business Teams." *American Behavioral Scientist* 47, no. 6 (2004): 740-765. DOI: 10.1177/000276420 3260208.

Lowenstein, Roger. *When Genius Failed: The Rise and Fall of Long-Term Capital Management.* New York: Random House, 2000.『天才たちの誤算：ドキュメントLTCM破綻』（東江一紀, 瑞穂のりこ 訳、日本経済新聞社、2001年）

MacIntyre, Alasdair C. *After Virtue: A Study in Moral Theory.* South Bend, IN: University of Notre Dame Press, 2007. 『美徳なき時代』（篠﨑榮訳、みすず書房、2021年）

Martin, Roger L. "The Execution Trap." *Harvard Business Review*, July 2010. Available at https://hbr.org/2010/07/the-execution-trap.

Mayfield, E. Scott. "NetFlix.com, Inc." Case 9-201-037. Boston: Harvard Business School Publishing, 2006.

McLaughlin, Eliott C. "Man Dragged Off United Flight Has Concussion, Will File Suit, Lawyer Says." CNN, April 14, 2017. Available at http://edition.cnn.com/2017/04/13/travel/united-passenger-pulled-off-flight-lawsuit-family-attorney-speak/index.html.

McLean, Bethany, and Peter Elkind. *The Smartest Guys in the Room: The Amazing Rise and Scandalous Fall of Enron.* New York: Portfolio, 2003.

Meier, Sid. "Interesting Decisions: Presentation at Game Developers Conference 2012." Video posted by Informa PLC, 2012. Available at www .gdcvault.com/play/1015756/Interesting.

Miller, Gary J. *Managerial Dilemmas: The Political Economy of Hierarchy.* Cambridge: Cambridge University Press, 2006.

Morel, Benoit. *Real Option Analysis and Climate Change: A New Framework for Environmental Policy Analysis.* Basel: Springer International Publishing, 2019.

National Center for Education Statistics. "Digest of Education Statistics," table 318.20: "Bachelor's, Master's, and Doctor's Degrees Conferred by Postsecondary Institutions, by Field of Study: Selected Years, 1970-71 through 2018-19." Washington, DC, 2020. Available at https://nces.ed.gov/programs /digest/d20/tables/dt20_318.20.asp?current=yes.

Netflix, Inc. "Fourth Quarter 2021 Earnings Interview. Letter to Shareholders." Netflix, January 20, 2022. Available at https://s22.q4cdn.com/959853165/files/doc_financials/2021/q4/FINAL-Q4-21-Shareholder-Letter.pdf.

———. "First Quarter 2022 Earnings Interview. Letter to Shareholders." Netflix, April 19, 2022. Available at https://s22.q4cdn.com/959853165/files/doc_financials/2022/q1/FINAL-Q1-22-Shareholder-Letter.pdf.

Nida-Rümelin, Julian. *Die Optimierungsfalle: Philosophie einer humanen Ökonomie.* München (Munich): Btb, 2015.

Nokia Corporation. *Nokia in 2007: Review by the Board of Directors and Nokia Annual Accounts 2007.* Nokia, 2008. Available at www.nokia .com/system/files/files/request-nokia-in-2007-pdf.pdf.

Obolensky, Nick. *Complex Adaptive Leadership: Embracing Paradox and Uncertainty.* London: Routledge, 2014.

O'Brien, Kevin J. "Nokia's New Chief Faces Culture of Complacency." *New York Times*, September 20, 2010. Available at www.nytimes.com/2010/09/27/technology/27nokia.html.

Page, Scott E. *The Difference: How the Power of Diversity Creates Better Groups, Firms, Schools, and Societies.* Princeton, NJ: Princeton University Press, 2008. 『「多様な意見」はなぜ正しいのか：衆愚が集合知に変わるとき』（水谷淳訳、日経BP、2009年）

Palantir Technologies. *Annual Report 2021.* Palantir Technologies, February 24, 2022. Available at https://d18rn0p25nwr6d.cloudfront.net/CIK-0001321655/85556454-0b81-40e2-ae70-440ae58aa

622.pdf.

Penrose, Edith T. *The Theory of the Growth of the Firm*. Mansfield Centre, CT: Martino Publishing, 2013.『企業成長の理論』（日高千景訳、ダイヤモンド社、2010年）

Peter, Fabienne. "Political Legitimacy." In *The Stanford Encyclopedia of Philosophy*, edited by Edward N. Zalta. Stanford, CA: Metaphysics Research Lab, Philosophy Department, Stanford University, 2017. Available at https://plato.stanford.edu/archives/sum2017/entries/legitimacy/.

Picker, Randal C. "The Razors-and-Blades Myth(s)." *SSRN Journal*, September 13, 2010. DOI: 10.2139/ssrn.1676444.

Pink, Daniel H. Drive: *The Surprising Truth About What Motivates Us*. New York: Riverhead Books, 2009.『モチベーション3.0：持続する「やる気！」をいかに引き出すか』（大前研一訳、講談社、2015年）

Pistor, Katharina. *The Code of Capital: How the Law Creates Wealth and Inequality*. Princeton, NJ: Princeton University Press, 2020.

Porter, Michael E. "The Five Competitive Forces That Shape Strategy." In *On Strategy*, edited by Harvard Business Review, 56-105. Boston: Harvard Business School, 2011.

Putterman, Louis, and Randy Kroszner, eds. *The Economic Nature of the Firm: A Reader*. 3rd ed. Cambridge: Cambridge University Press, 2009.

Ritholtz, Barry. "Judging GE's Jeff Immelt Versus Jack Welch: The Two Chief Executives of General Electric Co. Were Dealt Very Different Hands." Bloomberg News, June 12, 2017. Available at www.bloomberg.com/opinion/articles/2017-06-12/judging-ge-s-jeff-immelt-versus-jack-welch#xj4y7vzkg.

———. "Fans and Foes of Buybacks Aren't in Disagreement." *Bloomberg News*, November 30, 2018. Available at www.bloomberg.com/opinion/articles/2018-11-30/fans-and-foes-of-buybacks-aren-t-in-disagreement.

Robert, Henry M., William J. Evans, Daniel H. Honemann, Thomas J. Balch, Daniel E. Seabold, and Shmuel Gerber. *Robert's Rules of Order* (newly revised in brief; updated to accord with the 12th ed. of the com plete manual). New York: PublicAffairs, 2020.

Rosenzweig, Philip M. *The Halo Effect...and the Eight Other Business Delusions That Deceive Managers*. London: Simon & Schuster, 2014.『なぜビジネス書は間違うのか：ハロー効果という妄想』（桃井緑美子訳、日経BP、2008年）

Savage, Maddy. "A 'Thrilling' Mission to Get the Swedish to Change Over night." *BBC Worklife*, April 18, 2018. Available at www.bbc.com/worklife/article/20180417-a-thrilling-mission-to-get-the-swedish-to-change-overnight.

Seabright, Paul. *The Company of Strangers: A Natural History of Economic Life. Princeton*, NJ: Princeton University Press, 2010.『殺人ザルはいかにして経済に目覚めたか？：ヒトの進化からみた経済学』（山形浩生，森本正史 訳、みすず書房、2014年）

Smith, Adam. *An Inquiry into the Nature and Causes of the Wealth of Nations*. Edited and with an introduction by Kathryn Sutherland. Oxford: Ox ford University Press, 2008.『国富論：国の豊かさの本質と原因についての研究』（山岡洋一訳、日経BP日本経済新聞出版、2023年）

Snowden, David J. "The Cynefin Framework." YouTube video posted by CognitiveEdge, July 11, 2010. Available at www.youtube.com/watch?v=N7oz366X0-8.

Snowden, David J., and Mary E. Boone. "A Leader's Framework for Deci sion Making." *Harvard Business Review*, November 2007. Available at https://hbr.org/2007/11/a-leaders-framework-for-decision-making

Spencer, Phil. "WSJ Interview: The Future of Gaming." Interview of Phil Spencer by Sarah Needleman. YouTube video posted by XboxBG, October 30, 2022. Available at www.youtube.com/watch?v=ZvsAwfgl6zs.

Telford, Taylor. "'Quiet Quitting' Isn't Really About Quitting. Here Are the Signs." *Washington Post*, August 21, 2022. Available at www.washingtonpost.com/business/2022/08/21/quiet-quitting-what-to-know/.

Tuckman, B. W. "Developmental Sequence in Small Groups." *Psychological Bulletin* 63, no. 6 (1965): 384-399. DOI: 10.1037/h0022100.

Uber Technologies, Inc. "Uber Announces Results for Second Quarter 2023" press release. Uber Technologies, August 1, 2023. Available at https://s23.q4cdn.com/407969754/files/doc_earnings/2023/q2/earnings-result/Uber-Q2-23-Earnings-Press-Release.pdf.

Uber Technologies, Inc. 2022 *Annual Report*. Uber Technologies, February 21, 2023. Available at https://s23.q4cdn.com/407969754/files/doc _financials/2023/ar/2022-annual-report.pdf.

United Airlines, Inc. "United Express Flight 3411 Review and Action Report." United Airlines, April 27, 2017. Available at https://s3.amazonaws.com/unitedhub/United+Flight+3411+Review+and+Ac tion+Report.pdf.

Watzlawick, Paul, Janet Beavin Bavelas, and Don D. Jackson. *Pragmatics of Human Communication: A Study of Interactional Patterns, Pathologies, and Paradoxes*. New York: W. W. Norton, 2014.『人間コミュニケーションの語用論：相互作用パターン、病理とパラドックスの研究』（山本和郎監訳、尾川丈一 訳、二瓶社、2007年）

We Company. "Form S-1: Registration Statement Under the Securities Act of 1933." We Company, August 14, 2019. Available at www.sec.gov/Archives/edgar/data/1533523/000119312519220499/d781982ds1 .htm.

WeWork, Inc. *2021 Annual Report*. WeWork, March 17, 2022. Available at https://d18rn0p25nwr6d.cloudfront.net/CIK-0001813756/2e2e2e66-6dfc-4a67-a399-e3dcd367f452.pdf.

Woo, Elaine. "Gary Dahl Dies at 78; Creator of Pet Rock, 1970s Pop Culture Icon." *Los Angeles Times*, April 1, 2015. Available at www.latimes.com/local/obituaries/la-me-gary-ross-dahl-201504 01-story.html.

Zenger, Jack, and Joseph Folkman. "The Ideal Praise-to-Criticism Ratio." *Harvard Business Review*, March 15, 2013. Available at https://hbr.org/2013/03/the-ideal-praise-to-criticism.

本書内容に関するお問い合わせについて

このたびは翔泳社の書籍をお買い上げいただき、誠にありがとうございます。弊社では、読者の皆様からのお問い合わせに適切に対応させていただくため、以下のガイドラインへのご協力をお願いしております。下記項目をお読みいただき、手順に従ってお問い合わせください。

●お問い合わせされる前に

弊社Webサイトの「正誤表」をご参照ください。これまでに判明した正誤や追加情報を掲載しています。

　正誤表　https://www.shoeisha.co.jp/book/errata/

●お問い合わせ方法

弊社Webサイトの「書籍に関するお問い合わせ」をご利用ください。

　書籍に関するお問い合わせ　https://www.shoeisha.co.jp/book/qa/

インターネットをご利用でない場合は、FAXまたは郵便にて、下記"(株)翔泳社 愛読者サービスセンター"までお問い合わせください。
電話でのお問い合わせは、お受けしておりません。

●回答について

回答は、お問い合わせいただいた手段によってご返事申し上げます。お問い合わせの内容によっては、回答に数日ないしはそれ以上の期間を要する場合があります。

●お問い合わせに際してのご注意

本書の対象を超えるもの、記述個所を特定されないもの、また読者固有の環境に起因するご質問等にはお答えできませんので、予めご了承ください。

●郵便物送付先およびFAX番号

送付先住所　〒160-0006　東京都新宿区舟町5
FAX番号　　03-5362-3818
宛先　　　　(株)翔泳社 愛読者サービスセンター

※本書に記載されたURL等は予告なく変更される場合があります。
※本書の出版にあたっては正確な記述につとめていますが、著者および株式会社翔泳社のいずれも、本書の内容に対してなんらかの保証をするものではなく、内容やサンプルに基づくいかなる運用結果に関してもいっさいの責任を負いません。
※本書に記載されている会社名、製品名はそれぞれ各社の商標および登録商標です。

著者

ビョルン・ビルハルト（Bjorn Billhardt）

Abilitie社CEO兼創設者。テキサス大学で学士号、ハーバード・ビジネス・スクールでMBAを取得。オランダのソフトウェア会社およびマッキンゼー・アンド・カンパニーでコンサルタントおよび企業トレーナーとして活躍後、2015年にAbilitie社を設立。世界中のエグゼクティブや新進リーダーを含む50カ国以上で10万人以上のビジネスパーソンに向け、マネジメントとリーダーシップのスキルを磨くプログラムを提供している。

ネイサン・クラックラウアー（Nathan Kracklauer）

Abilitie社最高研究責任者。テキサス大学で学士号と理学士号、ミュンヘンのルートヴィヒ・マクシミリアン大学で修士号を取得。GEやノキアなどの企業やIMDビジネススクールのエグゼクティブ・エデュケーション・プログラムでリーダーシップ・セミナーのファシリテーターを務める。

訳者

小金輝彦（こがね・てるひこ）

英語・フランス語翻訳者。早稲田大学政治経済学部卒。ラトガース大学にてMBA取得。訳書に『巨大テック企業無敵神話の嘘』『GENIUS MAKERS』（どちらもCCCメディアハウス）、『語り継がれる 人類の「悲劇の記憶」百科図鑑』（共訳、原書房）、『世界で勝てない日本企業 壊れた同盟』（共訳、幻冬舎）などがある。

STAFF
装丁：國枝達也
本文デザイン・DTP：斎藤充（クロロス）
翻訳協力：株式会社リベル

12週間MBA
現代のビジネスをリードするために必須なコアスキルを身につける

2025年4月16日　初版第1刷発行

著　　者	ビョルン・ビルハルト	
	ネイサン・クラックラウアー	
訳　　者	小金 輝彦	
発 行 人	臼井 かおる	
発 行 所	株式会社 翔泳社（https://www.shoeisha.co.jp）	
印　　刷	昭和情報プロセス 株式会社	
製　　本	株式会社 国宝社	

本書は著作権法上の保護を受けています。本書の一部または全部について（ソフトウェアおよびプログラムを含む）、株式会社 翔泳社から文書による許諾を得ずに、いかなる方法においても無断で複写、複製することは禁じられています。

本書へのお問い合わせについては、318ページに記載の内容をお読みください。

造本には細心の注意を払っておりますが、万一、乱丁（ページの順序違い）や落丁（ページの抜け）がございましたら、お取り替えいたします。03-5362-3705までご連絡ください。

ISBN978-4-7981-8562-0　　　　　　　　　　　　　Printed in Japan